Saint Germain révèle...

La Hièrarchie Solaire

NECTAR

Saint Germain révèle...
La Hiérarchie solaire ©

2e édition
ISBN 2-9804752-9-7
Dépôt légal: BNQ, BNC, BNF
4e trimestre 2006

Publié sous licence **exclusive**.
Autorisée par TBSF,
seul propriétaire de l'oeuvre.
TBSF, PAYSON, ARIZONA, USA

Traduit de l'américain par TRADARIZ

Illustration originale de la couverture
Jean-Pierre Beunas,
Croix de Malte violette
Symbole de Saint Germain

Édition électronique: STAPmultimédia
John Stap, Trois-Rivières, Québec
Tél: (819) 694-1622

Éditions NECTAR
25, rue des Berges
Trois-Rivières, G8Y 1A1
Québec, Canada

Téléphone et fax:
(819) 378-6895
www.katarosnectar.com
das@katarosnectar.com

Diffusion PROLOGUE
Boisbriand, Québec
Tél: (450) 434-0306
Fax: (450) 434-2627

CASTEILLA diffusion,
Paris
France-Belgique, Suisse

Tél: 01.30.14.19.57
Fax: 01.34.60.31.32

Agent Litteraire
Gilles LaHeurte
New-York City
Tél: (212) 924-7757

Imprimé au Canada

Données de catalogage avant publication (Canada)
Saint Germain révèle ... La Hièrarchie Solaire

1e édition
Traduit de l'américain
ISBN 2-9804752-9-7
0709B20T40
1. Conscience de soi
2. Conscience
3. Réalisation de soi
4. Nouvel Âge (mouvement)
BF 2006

Saint Germain révèle ...

La Voie de la Conscience

La Hiérarchie Solaire

NECTAR

Déjà paru aux Éditions Nectar :

Le Nectar de la Conscience
JE SUIS CONSCIENCE
- *L'Unité de la conscience*
- *L'Existence, la beauté, la joie*
- *Réalisez la conscience de l'Unité*
- ***La guérison et la santé***
- ***La richesse** véritable, s'y élever*
- ***L'âme soeur**, comment la rencontrer*

- ***Das expose « la lumière », l'activité pleine d'amour des Grands Maîtres Ascensionnés***

Extraits page 290
(333 pages)

Le Nectar de la Conscience
LES 13 PRINCIPES
- *La stratégie de l'ego*
- *La véritable liberté*
- *Retrouvez vos pleins pouvoirs*
- *Réalisez la conscience d'Être*

- **La connexion au Septième Rayon**
- **La multiplication de l'abondance**

- ***Das révèle « l'ombre », l'ego planétaire secret :***
La dictature mondiale et sa chute finale.

Extraits page 289
(333 pages)

Le Nectar de la Conscience
L'EGO ET LE SOI
- *La prise de conscience de SOI par la connaissance du Non-SOI : l'ego*
- *Réalisez le principe :*
JE NE SUIS RIEN ET JE SUIS TOI
- *Le lâcher-prise*
- *La mort ou l'Ascension*

- ***Das révèle les origines secrètes de la Bible : une révélation choc***

Extraits page 288
(333 pages)

Suprême Lâcher-prise.

*Suprême Lâcher-prise vous révèle en profondeur, mais de façon simple, accessible et pédagogique, l'essen-tiel de la connaissance de Soi. C'est **le coeur de la Gnose** qui va vous conduire directement au but : l'ouverture de la conscience, **le véritable lâcher-prise***

Soudain, le Suprême lâcher-prise.
Soudain, la conscience jaillit.

Extraits page 291
(250 pages)

Le Secret de Jésus ***Guérir avec rien***

La Guérison Christique pratiquée par Jésus est une véritable révélation, tant pas son extrême simplicité que par sa grande puissance qui permet, avec la pratique, de vraiment obtenir des guérisons significatives et durables.

Oui, vous pouvez guérir avec rien.

Extraits page 294
(260 pages)

Nous dèdions ce livre a la Hièrarchie spirituelle qui a si aimablement libèrè sa Sagesse pour L'illumination des peuples rèsidant sur cette Planète.

Table des matières page 281.

LES MAITRES ELEVES ECRIVENT LE LIVRE DE VIE

Existence de DIEU. « Au commencement était DIEU. » Et DIEU a dit « QUE LA LUMIERE SOIT, et LA LUMIERE FUT ! » Genèse I : 3

Y a-t-il sur la Terre aujourd'hui, un individu qui ne se soit posé la question une fois dans sa vie : « D'où est-ce que je viens ? » « Pourquoi suis-je ici ? » et « Où vais-je ? » Il vous paraîtrait très étrange de voir un individu rassembler différentes choses pour partir en voyage, prendre sa voiture et conduire quelque temps sur une autoroute très difficile et, alors que vous lui demanderiez POURQUOI il voyage, D'OU il vient et OU il va, l'entendre vous répondre qu'il ne le sait pas et qu'en fait il n'y a jamais pensé ! Et pourtant, voilà la situation dans laquelle se trouvent la plupart des gens aujourd'hui.

Il est possible de déterminer d'où vous venez — de connaître votre raison d'être — et de savoir quel est votre but final — c'est la raison pour laquelle l'instruction de l'édition du « Pont vers la Liberté » est donnée à l'humanité maintenant.

« Un Pont » dit le webster, « procure un Passage sur tout ce qui fait obstacle » — à ceux qui choisissent de l'emprunter. Personne ne choisirait d'affronter un torrent glacial plutôt que de marcher en toute sécurité sur une passerelle soigneusement construite. Des hommes et des femmes sincères sur toute la surface de la Terre aujourd'hui, cherchent «une Voie » au-delà des apparences terrestres de guerre, de famine, de maladie, de pauvreté, d'ignorance et de limitations, vers un Monde de Paix, de Santé, d'Opulence, de Révélation et de Liberté. Une Voie pour laquelle non seulement eux-mêmes, mais tous les hommes pourront profiter de la permanence de l'Age d'Or (La Terre Promise dont on parle dans les prophéties depuis les temps bibliques). Une Voie par laquelle eux-mêmes ainsi que tous les hommes pourront contacter la Volonté Divine et coopérer intelligemment avec Elle, pour élargir les Frontières du Royaume de Dieu.

Le Père a envoyé des Maîtres Spirituels jusqu'aux coins les plus reculés de Son Royaume et les grands hommes et grandes femmes qui ont œuvré à la construction de ces ponts, sur lesquels passe la conscience des hommes et des femmes afin de trouver une paix et une compréhension plus grandes, sont devenus Immortels dans les mémoires de la race humaine. C'est désormais la Volonté du Père que ses enfants connaissent non seulement la petite « passerelle » se trouvant dans leur voisinage, mais qu'ils foulent les passerelles conduisant vers d'autres Fois, d'autres Croyances et que, dans la prise de conscience et la tolérance accrues apportées par cette étude, ils apprennent que la Fraternité et la Foi Universelle sont possibles, et peuvent être atteintes dans le cadre de la doctrine de leur propre Credo.

Toutes les Religions du Monde et tous les Domaines de Recherche Spirituelle qui ont été suscités par la vague de l'Age Nouveau, ont été inspirés par les Maîtres Elevés de la Sagesse, qui se tenaient derrière ces activités et qui, au travers de leurs organisations, essayaient de déverser la force vivifiante qui est la rédemption de la race. Il est regrettable toutefois, que les hommes refusent si souvent de laisser le Soleil briller au travers DE FENETRES AUTRES QUE LES LEURS (conscience intime) !

Ces écoles de pensée qui prétendent être les SEULES détentrices des Enseignements des Maîtres de la Sagesse, font des déclarations que ni le temps, ni les circonstances ne pourront justifier, car les Maîtres Elevés ont leurs disciples et leurs adeptes PARTOUT, ils travaillent par l'intermédiaire de nombreux corps et de nombreux aspects de la Vérité. Il serait sage de rechercher ces faits et de cultiver la capacité de *reconnaître* la VERITE dans les endroits et groupes les moins vraisemblables.

En 1952, en raison de l'approche accélérée de L'AGE NOUVEAU, LE PONT VERS LA LIBERTE fut créé dans le but d'unir les membres de toutes les écoles de pensées et de fois. Celles-ci n'ont pas nécessairement besoin de quitter leurs organisations respectives au point de vue dogmes ou principes. Elles peuvent, par UNE ACTION DE COOPERATION COORDONNEE dans son autodéveloppement, son service mondial, et sur une ligne commune à tous, créer une force plus unie, plus puissante pour le bien de l'individu et de toute la race humaine. Ceci, par des prières journalières dirigées, synchronisées, par des méditations et des visualisations coopératives non seulement pour la protection de l'Amérique mais aussi pour celle du monde tout entier.

« L'Amour Parfait » dit saint Jean « exorcise la peur. » Lorsque nous craignons d'examiner ou de contempler un autre aspect de la Vérité, nous ne sommes pas sûrs de nos propres convictions. Donc, en Amour, entrons dans le Monde de notre Frère et invitons-le, en Amour, à rentrer dans le nôtre... « Prouvez toutes choses, tenez ferme à ce qui est bon », a dit Paul aux Thessaloniens.

La Fraternité Mondiale, telle qu'elle est parrainée par « Le Pont vers la Liberté » et toutes ses publications ne constitue pas l'abaissement de tous les hommes aux sous-standards des couches les plus basses de l'espèce humaine. C'est plutôt l'élévation consciente de toute la race par l'individu, vers les plus hauts standards de maturité morale, éthique, économique, et spirituelle, par une éducation et des conseils appropriés.

LE PONT vient vers vous comme un Messager de Paix, un Annonciateur d'Espérance, une Passerelle sur laquelle votre conscience extérieure peut marcher en sûreté en présence de la Grande Fraternité Blanche. Votre conscience peut partager les plans et tentatives de cette Fraternité. Vous pouvez vous prévaloir maintenant des radiations et des bénédictions que ces connaissances amèneront.

En dépit de toutes les assertions contraires, on vous demande d'examiner les fibres qui sont tissées dans les cordons de Sa philosophie en un JUGEMENT INDIVIDUEL HONNETE ET SANS PARTI PRIS. Posez-vous la question de savoir quel organisme donne en ces temps, ou a précédemment offert, une information de cette nature, avec les bénédictions individuelles qui s'y attachent, et sa valeur spirituelle unissant les énergies de la race avec la Grande Fraternité Blanche. Ceci SANS COMMERCIALISER la crédulité, IDEALISER la personnalité, INTERDIRE la liberté de conscience individuelle, et l'action personnelle dans les limites naturelles de la pureté morale et éthique.

LES BASES DE CETTE INSTRUCTION

— LA LIBERTE pour chaque courant de vie de développer, déployer et UTILISER SES TALENTS pour le bien de la Vie !

— La JUSTICE pour chaque âme s'étant mise au travail, indépendamment des déficiences de caractère personnel ayant pu ternir le plein effet du service.

— L'UNITE des Membres de la Grande Fraternité Spirituelle Blanche, par la coordination et les instructions de la Loi Cosmique Universelle rythmiquement dirigée, selon les besoins de l'heure.

— L'AMOUR ET LA TOLERANCE pour toute vie, qui *unissent* plutôt que *divisent* les peuples de la Terre, les étudiants conscients sur leur chemin et les conducteurs qui ont suffisamment de force pour admettre que le Soleil ne peut pas limiter Son rayonnement à un seul *rayon* !

— La VERITE dévoilée de sorte que tous ceux qui se tournent vers la Fontaine Cosmique puisssent boire à satiété, et qu'aucun ne soit renvoyé dans l'amertume et le vide.

— La PAIX qui provient de la LIBERTE de conscience et d'action dans les limites raisonnables de l'honneur et de la pureté éthique.

L'ACTION par des instructions coordonnées, dirigées, systématiquement distribuées pour la Cause du Bien dans le Monde.

⁂

AU COMMENCEMENT, DIEU...

Le but du « PONT VERS LA LIBERTE » est d'attirer l'attention de l'humanité SUR LA VERITE immortelle éternelle QUE DIEU EST — QUE DIEU EST TOUT CE QUI EST — UN TOUT EN TOUT — PARTOUT PRESENT. Son autre but est d'apporter à ses aimables lecteurs un Mode de Vie simple et pratique. Un mode et un moyen permettant à chacun individuellement ainsi qu'à ceux désirant servir ensemble harmonieusement dans la collectivité, de coopérer facilement et de façon aimante avec Dieu, afin de donner dans la vie quotidienne une image DU ROYAUME DU CIEL qui vit dans la vie Divine ; laquelle bat en chaque cœur physique (« Le Royaume du Ciel est A L'INTERIEUR DE VOUS » — Jésus) !

Le mot « DIEU » tel que nous l'utilisons aujourd'hui, s'écrivait à l'origine avec un double « O » (Dieu = God) comme Good (le Bien) et c'est exactement ce qu'est Dieu : l'Essence, la Substance, la Conscience, l'Intelligence et l'Activité DU BIEN — PARTOUT PRESENT !

Dieu a dit « QUE LA LUMIERE SOIT » — Genèse I:3. Et la création eut lieu à partir de cette Substance-Lumière Intelligente, Irradiée, Obéissante remplissant tout l'Espace. De cette Substance vint tout ce qui est — « ET CE FUT BIEN » ! Genèse I:4.

La Substance-Lumière créée par Dieu était obéissante et elle prit la forme ou la qualité de tout ce que Dieu pensait, ressentait ou disait. Dieu, le Possesseur et le Distributeur de TOUTE VIE pour notre Galaxie, est appelé le Grand Soleil Central. C'est le Soleil derrière notre Soleil physique et c'est la Source dde TOUTE VIE et de TOUTES CHOSES dans la Galaxie tout entière. Notre Galaxie est composée du Grand Soleil Central avec ses Directeurs, Alpha et Omega, et de sept Soleils physiques ayant chacun sept planètes dont notre Terre fait partie en tant que planète dans un Système.

En conséquence, il ne devrait pas être plus difficile d'accepter un Dieu-Mère et un Dieu-Père étant donné que chaque être humain a une Mère et un Père, qu'il soit en Haut comme il en est ici bas. Le Dieu-Père et le Dieu-Mère — NOTRE DIEU EN CE QUI CONCERNE LA TERRE ET LE SYSTEME AUQUEL ELLE APPARTIENT — sont deux Etres divins, appelés HELIOS et VESTA, qui vivent à l'intérieur de notre merveilleux et glorieux Soleil physique. Ces deux Etres donnent la Vie à tout, non seulement sur notre Terre mais pour toutes les planètes du système auquel appartient notre Terre.

Le Dieu-Père et le Dieu-Mère, les bien-aimés HELIOS et VESTA, demandèrent à la Grande Cause Première, Source de toute Création, c'est-à-dire le Grand Soleil Central la possibilité de créer un système de planètes, et de peupler celles-ci de consciences individuelles. La Loi Cosmique exigeait de ces Grands Etres qu'ils prouvent leur capacité à soutenir une radiation d'énergie suffisante pour maintenir la Vie, le Mouvement et la Lumière dans un système planétaire. Ils passèrent avec succès ce stade d'initiation et furent dotés par le Grand Soleil Central, de l'autorité et de la puissance nécessaires à la création d'un univers.

Lorsque les Bien-Aimés Hélios et Vesta furent couronnés de l'autorité nécessaire pour créer un Univers, comme tous les parents aimants, Ils conçurent dans Leur Pensée et Leurs sentiments la taille des planètes, leur emplacement, le nombre de courants vitaux qui résideraient sur chacune d'elle, et de même que les êtres humains font des plans pour un foyer, Ils en imaginèrent un dont Ils retinrent l'image dans Leurs Pensées et Sentiments. Ils firent surgir du cœur même de Leur Etre une grande sphère d'influence. La périphérie de cette sphère d'influence est la frontière de l'Univers dans lequel les planètes, les étoiles et tout ce qui appartient à cet Univers demeurent. Avec le Consentement de « QUE LA LUMIERE SOIT » Hélios et Vesta dévidèrent de Leur propre Moi cette substance universelle (LA LUMIERE) dont l'Elohim a créé les planètes et d'où provient l'existence de TOUTE FORME.

L'OBSERVATEUR COSMIQUE SILENCIEUX

Lorsque la conception fut terminée, un Etre majestueux et puissant fut appelé hors du Grand Silence, ce fut l'Observateur Cosmique Silencieux de cet Univers. Dans sa conscience furent placées les conceptions de toutes les planètes devant appartenir au système. Ce Grand Etre absorba le plan des Parents Divins et accepta la responsabilité de maintenir la CONCEPTION IMMACULEE pour chaque planète, jusqu'au temps où Hélios et Vesta désigneraient le Moment Cosmique où cette planète en particulier pourrait être extériorisée.

L'OBSERVATEUR PLANETAIRE SILENCIEUX

Au moment approprié, un autre Grand Etre fut appelé : L'OBSERVATEUR PLANETAIRE SILENCIEUX, Qui reçut en garde de la part de l'Observateur Cosmique Silencieux, le plan pour la nouvelle planète Terre, acceptant à son tour la responsabilité d'en maintenir la Conception Immaculée jusqu'au moment où le Plan Divin serait accompli dans les moindres détails. Le Grand Observateur Cosmique Silencieux retient les sept planètes de ce Système à l'intérieur de son cœur, alors que l'Observateur Planétaire Silencieux n'en retient qu'une seule.

L'Observateur Planétaire Silencieux prit la responsabilité de maintenir l'Immaculée Conception pour la Terre avec ses rivières, ses océans, ses grandes montagnes, et ses vastes plaines, en mettant à la disposition des Sept Puissants Elohims, Constructeurs de Forme, le modèle qu'ensuite Ils tissèrent à partir de la Lumière Eternelle — Corps d'Hélios et de Vesta.

La première activité de l'Observateur Planétaire Silencieux est de déployer son Corps Causal, qui devient le berceau où la Planète reposera. Les Sept Grandes Sphères, que vous allez connaître, sont les sept bandes de couleurs du Corps Causal de l'Observateur Planétaire Silencieux. Les Grands Esprits Gardiens, les Grands Anges Cosmiques et les Devas viennent de ces Grandes Sphères, créant de ce fait les Sept Royaumes Célestes de la conscience pour les évolutions de la planète.

Les Temples, et l'atmosphère proprement dite, de ces Sphères intérieures sont tissés à partir des mêmes substances et énergies, des couleurs du Corps Causal. De la substance de ce Corps sont tirés les éléments de votre Terre, et tissés les vêtements que sont LES SEPT VEHICULES QUE COMPORTE CHAQUE COURANT DE VIE.

L'Humanité n'a aucune conception de la fidélité, de la consécration, du sacrifice d'un Etre Qui choisit de maintenir le Modèle et le Plan Divins, en tant qu'Observateur Silencieux d'une planète, pendant des millions d'années au-delà du temps prévu à l'origine pour sa perfection. Ce Grand Etre est un prisonnier de l'Amour. Ce grand Observateur Silencieux, béni de notre Terre, a maintenu le modèle tel qu'il était dessiné dans le Cœur d'Hélios et de Vesta, et le modèle pour CHAQUE COURANT DE VIE destiné à manifester la Perfection de Dieu. Il a maintenu, pour VOUS et pour ceux qui ont utilisé la Terre comme une salle d'études dans le passé et ceux qui l'utiliseront comme telle dans l'Avenir, le modèle inchangé qui est la Conception de Dieu que tous doivent extérioriser un jour !

Enfin, le Moment Cosmique pour la naissance de la planète Terre arriva. L'Observateur Silencieux de la Terre se tenait prêt et alors, les Sept Puissants Elohim — Constructeurs Cosmiques de la Forme — furent convoqués.

LES SEPT PUISSANTS ELOHIM

Les Sept Elohim répondirent à l'appel d'Hélios et de Vesta et, se tenant autour de l'Observateur Planétaire Silencieux, étudièrent avec une attention soutenue le plan maintenu dans sa conscience pour la douce Terre qu'Ils eurent la joie, le service et l'occasion de mettre en forme. Leur première activité dans cette direction fut de projeter les Rayons de Lumière Puissants provenant de leurs Consciences combinées pour former la matrice de la nouvelle planète. Lorsque ceci fut fait, Ils convoquèrent à leur tour les Directeurs des Forces des Eléments et les moindres Constructeurs de Forme, l'Ange Devas et les Esprits Elémentaires. Ces Etres magnétisés par la Substance Electronique de Lumière remplirent et façonnèrent la planète suivant les instructions que l'Elohim leur donnait. De même que les constructeurs se réfèrent au plan conçu par l'architecte, de même l'Elohim revient encore et encore à l'étude du Modèle-Lumière maintenu dans la conscience de l'Observateur Silencieux.

DIRECTEURS DES GRANDES FORCES DE LA NATURE

L'Elohim invoqua les Directeurs des Forces de la Nature, le Majestueux Virgo pour la Terre, le Puissant Neptune pour l'Eau et le Bien-Aimé Aries pour l'Air Qui joyeusement répondirent à l'invitation, reconnaissants d'avoir l'occasion de contribuer, avec les dons de Leurs éléments respectifs (terre, eau, air) au confort et au bien-être de la Terre, nouvelle née, et de Ses futurs habitants. Hélios et Vesta fournirent Eux-mêmes l'élément du Feu.

Ensuite prit place l'invocation à l'esprit du Printemps, la Bien-Aimée Amaryllis afin qu'elle vienne et dispense le rythme du Printemps en fleurs et de la beauté de la Nature. Ce bel Etre arriva, répondant à l'appel, amenant avec elle ses légions d'Aides Angéliques et Elémentaires. Leurs énergies combinées revêtirent la douce Terre d'une telle beauté et d'un tel contentement qu'Elle eut l'air d'une dryade superbe portant une couronne de fleurs sur sa tête en attendant d'accueillir les Esprits qui devaient en faire leur résidence.

Neuf cents rythmes consécutifs de Printemps arrivant en pulsations depuis le centre de la Terre, ce grand Soleil Eternel de Pression Egale vinrent et finirent par la rendre de plus en plus belle : les lacs, les grandes rivières, les cascades géantes, les mers de cristal, les montagnes pointant leurs sommets vers Dieu et la Triple Flamme Intégrée, Immortelle de Celui-ci. Ne pensez-vous pas que l'humanité sur le point de recevoir cette Planète comme lieu individuel de résidence, était destinée à de grandes choses ?

Les Elémentaires firent les plus petites et les plus jolies fleurs ; le grand Devas déplia les feuilles sur les arbres ; les puissants Esprits de l'Air travaillèrent activement dans leur propre Elément ; toute la nature travaillant harmonieusement et collectivement à la musique rythmique de la Création.

Pendant toute cette action du grand Elohim et des moindres Constructeurs de Forme, de l'Ange Devas et des membres du Royaume Elémentaire, qui créaient et embellissaient la planète, Hélios et Vesta retiraient du Grand Soleil Central les Etincelles d'Esprit, courants de vie individuels, qui devaient être les bénéficiaires de toute cette préparation et de tout cet Amour. Elles reposèrent dans le cœur de Vesta jusqu'au moment où les Dieux-Parents furent prêts à la projection des Etres de Feu Blanc et des Corps Electroniques qui devinrent les vêtements de ces Esprits.

Le grand Royaume Elémentaire qui a choisi de créer vos rivières, vos vallées, vos collines et toutes les gloires qui sont dans la nature, est localisé et maintenu pour sa plus grande part dans une orbite naturelle. Les petits esprits élémentaires ne sortent jamais de la sphère si ce n'est que de quelques mètres. Ils vivent leur vie, font pousser l'herbe et les fleurs dans le gentil jardin de quelqu'un. D'autres, les plus grands vivent peut-être leurs vies à l'intérieur d'une montagne ou d'un lac, mais ils sont tous localisés et ne voyagent pas, en particulier, depuis que l'humanité par sa discorde, a créé l'antagonisme entre les deux royaumes. La Loi Cosmique a de plus en plus puissamment, souligné la Loi obligeant à *consigner* ces êtres à l'intérieur de ces sphères locales, afin qu'ils ne s'échappent pas hors des grandes cités où la discorde, l'impureté et l'imperfection heurtent leurs beaux corps ; et cependant, l'humanité verrait que sans l'aide du Royaume Elémentaire, la vie elle-même ne pourrait plus être endurée. Mais, lorsque l'Amour, produit consciemment, est libéré par un groupe d'être non élevés, la Loi Cosmique elle-même courbe Sa Tête, et il n'existe pas de sphère d'où ces êtres ne puisssent être attirés pour les bénédictions de l'amour.

L'Humanité, en sa plus grande partie, ne sait même pas que les membres du Royaume Elémentaire existent. Elle ignore qu'elle vit en raison du sacrifice de ce Grand Royaume invisible, dont les membres travaillent sans trève, nuit et jour, pour éviter que la pollution de ses effluves ne l'étouffe à un point tel que le souffle ne puisse plus être aspiré dans les narines, ou retenu à l'intérieur de la forme. Existerait-il des individus ou des groupes disposés à bénir, et à devenir amis de ce Royaume de la Nature ? Vous devez vous rappeler que ces élémentaires ont une conscience innocente, comme de petits enfants pour la plupart, et qu'ils désirent toujours rendre l'amour pour l'amour. Je vous rappellerai humblement que, dans le cadre des activités de votre classe de travail, il n'existe pas de hauteurs que vous ne puissiez atteindre en invoquant l'aide du Royaume Elémentaire, pour équilibrer les extrêmes qui se manifestent actuellement par les conditions atmosphériques. Si, sur chaque Continent, on pouvait établir seulement un groupe qui aimerait ces Elémentaires simplement pour eux-mêmes, et non pas pour les services qu'ils pourraient rendre, Nous pourrions être en mesure d'équilibrer leurs activités qui autrement ont pour résultat le déchaînement de forces cataclysmiques.

Et donc, Un Jour Cosmique, le travail de création fut terminé et les Sept Elohim avisèrent les Dieux-Parents, c'est-à-dire notre Soleil physique, que la planète Terre était prête à être habitée !

Pour la création de la Planète, les Elohim projetèrent leurs puissants Rayons convexes, s'unissant comme une paire de tenailles au bout de leur manifestation, pour créer un genre de matrice ou vortex attirant la substance électronique de la Lumière Universelle pour former le corps de la Planète.

Le Rayon Masculin s'est concentré dans la région que nous appelons aujourd'hui les Monts Himalaya qui sont gardés par le Grand Etre Cosmique, le Seigneur Himalaya, alors que le

Rayon Féminin s'est concentré dans la chaîne des Andes en Amérique du Sud, vers le lac Titicaca et est gardée par l'autre Etre Cosmique, le Dieu Meru, Manu du Sixième rayon.

Jusqu'à récemment, comme encouragement spécial pour l'humanité, c'est le Rayon Masculin qui était le plus soutenu et le plus actif. Mais récemment, à la suite d'une tendance et d'une direction nouvelles, c'est le Grand Rayon Féminin qui se fait plus évident et plus actif. La première impulsion dans cette direction a débuté le 16 Août 1952.

Le centre de la Terre est sous la direction d'un Etre intelligent. Le Cœur de la Planète Terre est Lumière. Cette Lumière passe du cœur au travers du corps de la Terre vers la surface, exactement de la même façon que la Lumière qui soutient le corps humain passe vers les différentes extrémités en soutenant la vie du véhicule. Le Grand Elémentaire de la Terre envoie la pulsation, qui est sous Ma direction et celle des Bien-Aimés Virgo et Pelleur, ainsi que la pression qui donne la vie à toutes les plantes, à toutes les récoltes, fleurs et arbres, qui permettent aux corps physiques de la race humaine de survivre. Là où la pression de la Lumière est plus intense, elle *soulève* la croûte de la Terre pour former vos montagnes, collines et hauts plateaux. La Conception Divine de cette Planète et de toutes les autres, demande qu'à certains points la Lumière concentrée soit bien soutenue afin de maintenir l'équilibre de la Planète sur son Axe, tout comme vous mettez des supports pour maintenir le plafond d'une structure. Ce sont les « goupilles » Cosmiques, pour ainsi dire, qui maintiennent la Terre en place dans l'Univers. Ce sont les ailes qui l'empêchent de basculer.

Ces points de Lumière forment les grandes chaînes de montagne. En raison de l'intensité de Lumière en ces endroits, qui sont placés géométriquement, il est plus facile pour les individus qui cherchent l'illumination, de l'obtenir là où la concentration naturelle accélère leur Flamme. C'est pourquoi, dans les montagnes de l'Himalaya et dans les autres chaînes élevées, les Hommes et les Femmes Saints peuvent atteindre leur but plus facilement. C'est l'activité naturelle fournie par l'Intelligence Interstellaire régissant l'Univers.

Il existe aussi des montagnes fabriquées, comme la Colline de Tara, où des individus attirent consciemment la Lumière, non seulement d'en haut, mais aussi de dessous la surface de la

Terre, jusqu'à ce que l'élévation graduelle du sol forme ce qui, selon toutes les apparences, est une manifestation naturelle d'érosion, etc. C'est un fait scientifique que depuis 1892, le mont Everest a grandi vers le ciel et que cette croissance est due aux invocations concentrées de la part de nombreux, nombreux courants de vie cachés dans les cavernes de cette montagne sainte.

Souvent les gens parlent de *Moi,* l'Esprit du Printemps, comme dansant sur les fleurs et l'herbe avec une couronne de fleurs dans Mes cheveux, touchant çà et là un buisson, une fleur, un rameau, un arbre, bref allant çà et là de façon gracieuse peut-être, mais inefficace.

Mes très chers, en tant qu'Esprit du Printemps, laissez-Moi vous rappeler que pendant neuf cents ans avant que le premier Manu de la Grande Origine amène les « Saints Innocents » sur la Terre, J'avais fait des expériences pour le développement de la plus belle façon possible de feuillages, de fleurs, de la vie des oiseaux, de l'herbe, de la mer, de l'air, jusqu'à ce que la Terre soit prête à être habitée. Elle avait un magnifique vêtement, et ressemblait tellement au Royaume de Dieu, que les premiers individus qui arrivèrent en provenance du cœur de Dieu ne virent pas de différence entre les Royaumes Célestes et la Terre. C'était il y a de nombreux millions d'années, de sorte qu'il y a un peu de constance et d'énergie dans le Service que je rends.

Je vous remercie pour vos pensées de Printemps, je créerai de nouveau avec l'aide des Elémentaires et de Notre Seigneur Maha Chohan une aussi belle perfection sur cette Terre pour notre bien-aimé Maître Elevé Saint-Germain au titre de cadeau de couronnement de Son Age d'Or avant que je parte pour une autre Etoile.

ETRES DE FEU BLANC ET LA PRESENCE INDIVIDUELLE « JE SUIS »

Pendant que les Sept Grands et Puissants Elohim tiraient le Modèle Divin pour la Terre, du Cœur de l'Observateur Planétaire Silencieux, et que les Constructeurs de Forme avec le Royaume Elémentaire le préparaient dans une telle beauté et perfection, les Dieux-Parents, Les bien-aimés Hélios et Vesta, tiraient du Grand Soleil Central, les Etincelles d'Esprit qui devaient être les Bénéficiaires de toute cette préparation, et de tout cet Amour. Ces Etincelles Spirituelles reposèrent dans le cœur d'Hélios et de Vesta jusqu'au moment où les Dieux-Parents furent prêts pour la projection des Corps de Feu Blanc desquels furent projetés, à leur tour, les Corps Electroniques qui devaient être les vêtements de ces Esprits.

Hélios et Vesta, avec la Substance-Lumière Electronique, façonnèrent ces beaux Corps brillants qui sont appelés les Etres de Feu Blanc. Ceux-ci furent créés dans la Forme et la conception des Dieux-Parents — Genèse I:27 — Les Rayons lumineux Puissants provenant de Leurs Cœurs convergeant pour former des faisceaux individuels de la Triple Flamme Intégrée de Dieu qui serviraient d'aimants pour la Substance-Lumière Universelle. Lorsque cela fut accompli, les Etincelles Spirituelles (Triple Flamme Intégrée) furent transférées au cœur des Biens-Aimés Hélios et Vesta dans la flamme se trouvant dans le cœur du Corps Brillant préparé pour elles (Etre de Feu Blanc). Ainsi chaque Etincelle spirituelle prit conscience de sa propre identité et par les mots magiques « JE SUIS », se retrouva avec une Intelligence, respirant, dotée de VIE, d'Opportunité de la Libre Volonté, et avec un chemin au travers de l'univers tout entier, ouvert devant elle pour faire ce qu'elle choisirait.

Lorsque vous, et chaque humain, avez commencé à surgir du cœur des Dieux-Parents en respirant vous aviez connaissance de votre Identité. Vous pensiez et sentiez « JE SUIS ». Vous vous voyiez comme êtres ; Etres conscients d'eux-mêmes et dans chaque fibre, chaque cellule de votre Présence, vous réalisiez l'Etre « JE SUIS » ! Lorsque vous serviez dans cette innocence, en partageant la conscience de vos Parents, vous saviez que cette vie première était à vous, que vous pouviez l'utiliser comme vous le choisissiez. Vous étiez les Saints Innocents et la Vie Primaire exquise, irridescente, coulant dans la Triple Flamme Intégrée Immortelle de votre cœur, prit possession de votre personnalité. Vous êtes restés dans cette innocence et avec cette Vie Première, vous avez commencé à créer suivant ce que vous voyiez autour de vous.

Vous viviez dans un royaume près du Sein de l'Eternel, où il n'y avait pas de formes qui ne fussent pas exquises, Tout était d'une magnificence brillante.

La prise de conscience de la pensée l'amena à représenter ce qu'elle voyait, et vous avez commencé à créer ce qui était autour de vous de cette façon-là timidement d'abord par de petites formes ténues de Chérubins, et de petits Temples. Vos sentiments appréciant l'individualisation et le pouvoir de création en accomplissant ces petites formes, commencèrent à surgir de vous dans votre aura, et dans la sphère dans laquelle vous viviez. Vous avez connu la joie de la création individuelle, en choisissant par votre volonté libre ce que vous alliez réaliser avec cette Substance-Lumière Intelligente.

Lorsque les Dieux-Parents prirent la responsabilité de l'évolution d'une race sur les planètes de notre Univers, et qu'ils eurent retirés les milliards d'Etincelles Spirituelles du Grand Soleil Central de notre Système, Ils donnèrent à chacun l'individualité, moulant chaque Archétype Divin, les Etres de Feu Blanc, et ensuite les Présences Electroniques, d'après leur Propre Image et Ressemblance. *Chaque* Présence superbe devint le SEUL FILS ENGENDRE !

Certaines de ces Divines Présences se divisèrent, et devinrent deux parfaites Présences « Je Suis », qui envoyèrent une partie d'Elles-mêmes dans le monde de la forme afin de développer Leur Propre Nature Divine et élargir les frontières du Royaume du Père. Les PERSONNALITES qui forment les habitants de la Terre aujourd'hui, incorporent le Moi projeté de ces Divines Présences « JE SUIS » (Le Saint Christ en Soi). Ces personnalités ont malheureusement oublié leur But Divin et leur Identité Divine.

Le but de la création, aussi bien que la substance de tout système des mondes est de permettre à chaque Présence « JE SUIS », appelée du Cœur Universel de Dieu, de déployer une Nature Spirituelle (le Saint Esprit), de devenir Maître d'énergie et de vibration par le contrôle conscient et l'usage de ses propres facultés créatives de pensée et de sentiment.

Ainsi chaque Présence Divine Individualisée est vraiment le Fils ou la Fille de Dieu et l'Héritière de tout ce qu'a le Père, avec la libre volonté de créer, par la pensée et le sentiment, la beauté et la perfection du Père. La Présence Divine Individualisée contient en elle-même toute la Lumière, l'Amour, le Pouvoir, la Beauté, l'Opulence, la Pureté, l'Harmonie et les Qualités Divines du Père.

« ET DIEU CREA L'HOMME A SA PROPRE IMAGE »

Pour chaque Présence « Je SUIS » Individualisée, qui a accepté la responsabilité de passer par les Sept Sphères et, éventuellement descendre dans le monde de la forme, il y en avait au moins une douzaine ou plus, qui ont préféré retourner à l'Universel qui était agréable, plutôt que d'assumer la responsabilité impliquée dans l'Individualisation.

Par ailleurs certains autres en utilisant leur libre volonté, refusèrent d'être divisés en deux Présences « JE SUIS », préférèrent rester indivisés et passer seuls par les Sept Sphères.

Le Grand Directeur Divin en se référant aux mots « JE SUIS » a dit que ces mots n'étaient pas d'invention humaine récente, comme certains pourraient le penser, mais qu'ils étaient arrivés au temps présent, en provenance du commencement de la Venue de l'Homme sur la Terre ! La Preuve de Cela, a-t-il dit, se trouve dans les archives du Royal Teton où sont préservés les dossiers de toutes les civilisations passées. Exactement comme ils étaient écrits à l'origine dans leur propre langage les mots « JE SUIS » s'y trouvent, tels qu'ils sont utilisés aujourd'hui. Il a ajouté que ces deux mots sont la Puissance de Dieu.

Le Bien-Aimé Maha Chohan dit :

— Comme on vous l'a dit, chaque Présence réside dans une sphère d'activité déterminée par la quantité de Lumière qu'elle prélève et distribue. La demande est le Pouvoir de motivation derrière la fourniture ; de sorte que si les quatre véhicules extérieurs (représentant la conscience extérieure) se sont engagés eux-mêmes au travers des siècles et que par la prière, les bonnes œuvres, les invocations, ils ont demandé que la Présence leur donne la Lumière pour les soutenir dans leurs tentatives, alors la Lumière a crû en intensité en raison de la demande du Moi extérieur.

Lorsque le Moi extérieur a complètement absorbé et mis en pratique toute la perfection dans laquelle la Présence « JE SUIS » fonctionne, la Loi Cosmique propulse cette Présence « JE SUIS » vers une Sphère plus élevée, en préparation pour les nouvelles demandes que fera le Moi extérieur. Vous pouvez donc voir — que la Présence « JE SUIS » avance suivant les dévotions de prières intérieures que lui fait le Moi humain et que cet UN UNIQUE toujours attentif, patient, glorieux attend avidement la coopération du Moi extérieur.

Plus le Moi personnel évolue, plus sa présence « JE SUIS » est élevée dans l'Octave de la Perfection, plus elle retire de substance des Niveaux Supérieurs, par l'intermédiaire de la Lumière Electronique du Saint Christ en Soi à l'intérieur du cœur humain.

EXISTENCE D'ETRES DIVINS

Lorsque le Soleil d'un Système prend l'Initiation Cosmique et qu'Il est revêtu du Pouvoir de créer un Univers, une occasion est donnée à trois intelligences évolutives de se développer et de mûrir : l'Angélique, l'Humaine et l'Elémentaire.

Le Royaume Elémentaire se développe en partant de la plus petite intelligence (si petite en fait que des millions de celles-ci ne prendraient pas plus de deux centimètres carrés en emplacement) pour atteindre les Constructeurs de Forme qui aident à créer des corps pour l'humanité, passant ensuite dans les Devas de la Nature qui créent des montagnes et des villes puis deviennent Elohim avant de finalement être des Observateurs Silencieux d'une Planète, d'un Univers ou d'une Galaxie.

Les Elohim sont les grands Constructeurs de Forme. Ils ont constamment accès au plan de conception maintenu dans la conscience de l'Observateur Silencieux de chaque planète. Ils abaissent dans la forme la substance élémentaire nécessaire et ils construisent autour des Rayons qui agissent comme des berceaux pour la planète.

Le Royaume Elémentaire, agissant sous la direction des Bien-Aimés Virgo (gnomes), Neptune (ondines), Ariès (sylphes), Hélios et Vesta (salamandres) créa d'abord la planète sous une forme habitable. Ensuite vint l'Hôte Angélique avant qu'aucun être humain ne mette le pied sur Terre. La nature de l'évolution de l'Ange est très belle.

Ces Intelligences à l'intérieur du Soleil Central, qui forment les Enfants de ce Soleil sont appelés les Archanges. Ils sont déjà en possession complète du Pouvoir Divin du Père et Mère de la Galaxie et Ils vivent pour irradier la Lumière qui remplit le système formant l'atmosphère resplendissante du Cœur de Dieu.

Lorsqu'un Soleil moindre prend la responsabilité de créer un système à l'intérieur de cette galaxie, Sept des Archanges avec Leurs Compléments Divins arrivent pour devenir Les Présences Gardiennes de tous les Etres Angéliques, de l'humanité et des Elémentaires que comprendront l'évolution de ce Soleil et de ses planètes. L'Archange Michel arriva avec notre Soleil actuel (Hélios et Vesta) et avec six autres Archanges — les Bien-Aimés Jophiel, Chamuel, Gabriel, Raphael, Uriel et Zadkiel — qui forment la garde, non seulement pour la Terre, mais aussi pour le Soleil physique, les six autres planètes de ce Système, et les Sept Sphères Intérieures qui forment les cieux pour cette Terre.

Les Archanges sont des exilés volontaires du Cœur et du Sein de Dieu. Ils ne vivent que pour AIMER, et ne connaissent pas la malveillance. Lorsque les Hôtes Angéliques ont été appelés, après le Royaume Elémentaire, Leur Service a été de créer un dais de radiation harmonieuse, qui est l'émanation et la radiation de leur propre Vie et Lumière, sur les courants de vie de la race humaine qui devait prendre corps sur la planète.

Avec les Archanges vinrent d'innombrables légions d'Etres Angéliques, dont le but d'Etre est de faire à fond la Volonté des Archanges qui ne fait d'ailleurs qu'UNE avec la volonté du Père et Mère Divin. L'activité des Archanges est diversifiée à l'extrême, couvrant tous les domaines de protection, d'illumination, d'amour, de perfection, de consécration, de service et d'invocation.

Le Grand Royaume Angélique est arrivé sur notre Terre d'abord en tant que Protecteur, Amplificateur des Vertus de Dieu. Ces Anges vinrent pour apporter dans Leurs Corps Resplendissants le souvenir de ces Qualités-Divines provenant du Cœur de l'Eternel. Ils se tiennent maintenant dans l'aura des hommes et des femmes qui sont empêtrés dans leurs propres créations humaines et, par le pouvoir de radiation, les aident à continuer à mettre un pied devant l'autre, allant de l'avant en montant, jusqu'au moment où une aide supplémentaire peut être donnée.

Les Anges évoluent d'abord et surtout par le contrôle de la radiation (sentiments qualifiés du bien). Ils apprennent par le contrôle de l'énergie à devenir Chérubins, Séraphins, Archanges et finalement les Grands Etres qui gardent et protègent les planètes, les galaxies et les grands systèmes des mondes.

Le Royaume des Séraphins est un Royaume de Puissance et les Etres appelés Gardes Séraphiques sont d'une stature immense, d'une force et d'une détermination extrêmement concentrées.

Il existe des Grands Etres de deux à quatre mètres cinquante de haut. Ce sont les Gardiens des Forces Spirituelles. Ils sont toujours actifs avec les Elohim pour construire des planètes et des centres spirituels sur différents globes. Ils sont à la fois masculins et féminins. Ils sont impersonnels dans Leurs Pouvoirs concentrés de protection. Ils se meuvent par groupes de sept, qui est toujours le nombre dénotant la création ; et parmi les sept, celui qui est le Chef se meut à l'avant avec les Trois Paires volant en V derrière Lui. Lorsque les Séraphins traversent les cieux ou la sphère de la Terre, ils émettent une Lumière Blanche et de nombreuses étoiles filantes, ou comètes, dont le passage est enregistré par la science, alors qu'il s'agit de la progression fulgurante d'un groupe de Séraphins dans l'atmosphère supérieure.

La Déesse de Liberté

A l'époque où le Soleil de notre Système décida de créer un Univers, douze Grands Etres se portèrent volontaires pour incorporer les douzes aspects de la Nature du Dieu Soleil, et pour devenir les faisceaux des vertus puissantes, dans le cercle électronique se trouvant autour du Soleil. J'ai été l'un de Ceux-ci. Notre relation avec le Soleil est de nous spécialiser en attirant, concentrant et irradiant, l'une des Vertus Divines en particulier. Les douze Vertus sont incorporées dans la conscience et la nature d'Hélios et de Vesta. La vertu que j'ai choisi d'attirer, de concentrer et de diriger est la Vertu de Liberté.

Le Zodiaque originel parlait de ces Douze Temples, ou Maisons Cosmiques, desquels Chacun d'entre Nous, représentant les Douze Vertus de Dieu, dirige ses bénédictions vers la Terre. Notre radiation déverse des rayons de Lumière dans l'Univers tout comme ceux du Soleil. Au fur et à mesure que les Planètes tournent autour du Soleil dans l'ordre prévu, la radiation et le pouvoir concentrés de chacune des Douze Vertus est intensifié pour une période de trente ou trente et un jours, pendant laquelle la Planète est dans le Temple d'un rayon concentré particulier. La Connaissance du vrai Zodiaque a été faussée. La conscience de l'humanité a créé ces symboles qui ne sont pas l'expression réelle de nos faisceaux. Je suis Quelqu'un (La Vertu de Liberté) qui a eu la chance de rester dans la mémoire extérieure de l'humanité. Pendant le mois au cours duquel la conscience de l'humanité se focalise sur la Balance, la conscience la radiation et la puissance de la Liberté coulent au travers de la Terre et nourrissent la Flamme de Liberté dans l'âme et le moi-intime de toute l'humanité.

Lorsque la Terre tourne autour du Soleil, pendant douze mois, l'une des vertus puissantes agit, pour chaque période de trente jours, sur la Planète et au travers des corps intérieurs de ses habitants. Lorsque le Zodiaque Cosmique d'origine reviendra, et que la Loi le permettra, ceux d'entre vous qui êtes sages, en veillant au déversement de cette Vertu Cosmique, pourront magnétiser la Liberté, la Vérité ou la Pureté à l'intérieur d'eux-mêmes, et de la maison où reposera la planète à ce moment-là.

Bien-Aimée Mère Marie :

— La radiation qui est donnée à l'humanité et même aux étudiants, est très graduée. Par exemple, autour du Bien-Aimé Soleil Lui-même se tiennent les douze Grands Etres, qui représentent les Vertus, la Nature de Dieu — et ce sont des Etres d'immence puissance. Leur grand Privilège et Honneur est d'adoucir les radiations de la glorieuse Splendeur du Soleil, Dieu et Déesse, de sorte que même les Anges, les Chérubins et les Séraphins puissent recevoir cette radiation dans leurs Etres, sans être complètement submergés par sa présence.

Ensuite, les Etres Chérubiques et Séraphiques, et les Archanges à leur tour adoucissent la radiation de cette splendeur. Ils la transportent de sphère en sphère, en avançant, vers la périphérie de l'Univers. Nous, la Hiérarchie qui nous tenons autour de Sanat Kumara, et qui représentons les Gardiens de l'humanité, recevons une fois encore dans nos propres corps, cette Lumière aveuglante et l'adoucissons, suivant notre propre nature, pour l'offrir aux étudiants qui sont devenus les incarnations des consciences les plus développées. Ces étudiants, dans le monde entier, à leur tour, incorporent notre Nature, Notre Lumière, partagent Notre conscience, Nos plans et desseins pour les emporter vers ceux qui sont dans les étages inférieurs sur l'échelle de l'évolution.

De cette manière, la grande gloire de la Tête Divine, les Idées Divines, la perfection exquise de l'Eternel, est déployée par degrés. Sa lumière, lorsqu'Elle passe de Sphère en Sphère, est revêtue de leur atmosphère dans les corps des Intelligences qui vivent à l'intérieur et est tamisée au point où ceux qui se trouvent dans la Sphère en dessous peuvent en profiter sans être submergés par sa présence.

Chacun des grands shémas d'évolution a été porté à maturité sur les ailes aimantes de l'Hôte Angélique, de Devas et des Constructeurs de Forme. Ce sont les expressions invisibles du Feu de Création, qui façonnent la Substance et la Lumière suivant l'Intelligence directrice des Etres Divins.

Depuis des temps immémoriaux, la Grande Hiérarchie Angélique a servi l'humanité et Dieu. Les bons trois-quarts de tout ce qui a été accompli est dû à leurs aimables services et administration désintéressés. Parce qu'ils servent dans Leur Entité, sans désir ou volonté humains, la nature de leur Etre est « *obéissance à l'Amour* ». La plus grande joie, et le plus grand bonheur de Leurs cœurs est de *plonger* dans toutes les tentatives de construction progressive, et de se donner *entièrement* à leur accomplissement réussi.

Les Maîtres de Lumière et de Sagesse Elevés qui, de temps à autre, ont guidé le progrès des planètes et de leurs habitants, connaissent bien la camaraderie et l'amitié glorieuses ainsi que le service sans prix donné par l'Hôte Angélique, car aucune trajectoire ascendante ne pourrait être réalisée sans leur Présence.

A cause de l'état de conscience intensément matériel adopté par l'humanité, les gens sont devenus insensibles aux Résidents invisibles du Royaume Angélique, et cet état de choses a rendu leur coopération consciente plus difficile.

En raison d'une dispense spéciale, à partir de maintenant, l'Hôte Angélique deviendra partie consciente active dans l'adoration de l'humanité, son évolution, et son progrès vers la perfection. Ce sont les Messagers du Bien, qui précèdent toujours la Manifestation Divine, comme Ils l'ont fait avant la naissance de Jésus, et comme Ils le font maintenant en précédant l'entier déroulement de l'Age D'Or.

Puis-je vous suggérer d'entraîner votre conscience pour qu'elle accepte la Présence des Anges dans vos foyers, vos auras, vos Sanctuaires et dans les vies de ceux qui vous semblent chers Nous honorons l'Hôte Angélique depuis la toute petite fée de la grandeur d'un ongle de pouce jusqu'au Devas qui est plus grand que le plus haut sommet des Andes — Si vous aviez travaillé avec l'humanité aussi longtemps que nous, vous comprendriez la gratitude que nous exprimons envers l'Hôte Angélique, qui vit pour l'Amour, qui vit pour obéir au moindre désir de Nos Cœurs et qui rend Notre service, monotone et éreintant envers l'humanité, plus facile puisqu'Ils sont présents, généreux et constants.

La Fraternité des Anges et des hommes *trouvera* son expression sur un plan Terrestre et j'aimerais que vous acceptiez Leur amitié *profondément* dans votre *cœur* et vos *sentiments.* En faisant cela, je peux vous l'assurer — vous aurez une aide puissante pour amener les désirs Divins secrets de votre Saint Christ en Soi à se manifester.

Le Maha Chohan

Lorsqu'un Etre Angélique a l'aide consciente d'un individu sur la Terre, Il utilise les énergies de son compagnon humain, comme une porte ouverte par laquelle on atteint la conscience humaine d'une race, d'une nation ou d'un peuple. Bien que les complexités de la procédure ne puissent être expliquées ici, à l'avenir, la combinaison d'un Ange et d'un membre de la race humaine contribueront beaucoup au développement de l'Age d'Or. Certains Etres Angéliques actuellement mettent toutes leurs énergies à dissoudre le noyau intérieur des forces du mal qui essaie délibérément de réveiller les émotions de l'humanité endormie sur certains points de la Terre.

Archange Michel

Il y a longtemps lorsque la Mère Marie était un très petit enfant tout seul dans ce Grand Temple, je pris sur moi d'être un réconfort aimant pour Elle. Quelquefois je rendais visite à sa petite chambre la nuit, avant qu'Elle ne dorme et je l'amusais, tout en l'instruisant, en lui racontant des histoires de notre Royaume. Ensuite, je Lui amenais parfois de petits Anges, leur faisant faire des danses rythmées et d'autres manifestations de grâce et de beauté, là, sur la couverture de Son lit. Vous savez Elle n'avait que trois ans pendant qu'elle était au Temple et j'ai essayé de remédier à sa solitude et de Lui donner un peu de bonheur.

L'âge de Liberté qui arrive amènera une collaboration

immense entre les esprits de la Terre sensibles et l'Hôte Angélique. Ils travailleront la main dans la main pour établir la Loi de Dieu sur la Terre. Entre-temps comme ces esprits célestes sont des exilés temporaires des royaumes de Paix et d'Harmonie, la création et l'entretien d'une atmosphère dans laquelle ils pourraient trouver la paix et le rafraîchissement, est un grand service qui n'a pas encore été compris par les voyageurs sur le sentier. Dans les foyers et les jardins physiques des gens, on pourrait réserver des sections où tout pourrait être rendu favorable à la présence et au sanctuaire de l'Hôte Angélique. Ces endroits seraient grandement favorisés par Leur Présence et Leur gratitude, de sorte que tout être humain y entrant expérimenterait l'extase du Royaume du Ciel qui est une radiation naturelle de l'Ange.

Dans l'Est, dans le Sud de la France, dans les landes Ecossaises, il existe certains vieux jardins et des lieux retirés dans la nature qui, il y a de nombreux siècles de cela, avaient été dédiés par des âmes pures au Royaume Angélique et les gens sensibles peuvent instantanément sentir ces radiations. A l'avenir, des endroits comme ceux-ci seront des centres naturels de guérison. Tout courant de vie peut dédier ces endroits et prendre ensuite la responsabilité d'attirer et de focaliser l'Amour du Royaume Angélique s'il le désire pour rendre un service à ces exilés de l'Amour.

Dans les grandes Montagnes de l'Himalaya, il existe des refuges pour les voyageurs, qui leur permettent de se reposer et d'être protégés contre la rigueur des éléments tout en leur procurant l'occasion de refaire leurs forces pour leur voyage spirituel. Les foyers du Royaume Angélique doivent être établis avant leur entrée et leur séjour dans les octaves inférieures de la Terre. D'une manière semblable Ils aiment les fleurs, les parfums naturels, les espaces légers et aérés, la musique et évidemment, avant tout *la Paix*.

LA SUPREME IMPORTANCE DE L'HEURE

Emergeant de siècles d'obscurité, la Planète Terre et Son peuple se tiennent maintenant sur le seuil d'une Lumière qui ne s'éteindra jamais. Elle deviendra le Jour Eternel Cosmique, le jour où la manifestation la plus complète des plans potentiels pour la Terre et son Humanité seront compris avec une abondante évidence.

Comme la Grande Loi Cosmique exige que les Soleils du Système Solaire rentrent dans le Grand Soleil Central de la Galaxie, chaque Soleil commence à régulariser sa force centripète afin d'équilibrer les planètes de Son sytème. La Planète Terre est courbée sur Son axe depuis des siècles nombreux. Elle répond actuellement à l'attraction magnétique émise par notre Soleil (des cœurs d'Hélios et de Vesta) dont la force est en train de redresser l'axe judicieusement. Ceci est fait graduellement avec un soin aimant pour que les calottes polaires ne soient pas violemment déplacées, ce qui provoquerait une détresse sur la surface continentale de la Planète.

Chacune des sept planètes de notre Soleil Physique doit être accélérée pour entrer et se soutenir dans l'orbite définie. De Grands Etres sont délégués à la tâche d'accélérer les vibrations de ces planètes et NOUS, dont la responsabilité est la Terre, DEVONS préparer notre planète et ses gens à vibrer à la mesure de la perfection actuelle de Vénus. Nous devons donc PAR FORCE atteindre l'humanité rapidement... TOUTE L'HUMANITE. SANAT KUMARA doit être également libéré pour Sa Propre Initiation Planétaire. *C'est pour cette heure que vous avez été préparés,* c'est pour ce moment que nous vous avons investis de Notre Amour, de Notre Vie, de Notre Radiation et J'ATTENDRAI TOUTE VOTRE AIDE dans la *Poussée Cosmique de l'Heure.* Chaque autre planète de notre Soleil a déjà émis son signal « Prête » ! Et voilà que le Cosmos doit attendre la Terre. Nous devons bientôt avoir ce signe « En avant » de tous les cœurs des hommes. AIDEZ-NOUS A HATER CE JOUR.

Signes de la Nouvelle Aurore

La pression de la Lumière est si grande à cette heure qu'elle enveloppe les Dirigeants de toutes les activités spirituelles du Monde. La Critique cèdera la place à l'Amour, la condamnation à l'éloge, le dogmatisme à la tolérance, et l'esprit dominateur à l'humilité. « Le loup vivra avec l'agneau et la Terre sera pleine de la connaissance du Seigneur, comme les eaux couvrent la mer. » (Isa. II/67).

De nouveaux canaux sont ouverts, non pour remplacer les anciens, mais pour les aider ! Les travailleurs arrivent au front partout ! Les amis de la Grande Fraternité Blanche se lèvent de toutes les directions. Aucun homme ne peut arrêter la ruée de ce Pouvoir du Christ Cosmique qui débloque les Courants Spirituels de l'Heure. Les hommes ne pourraient pas réussir s'ils avaient le malheur d'essayer de faire face aux courants de la nouvelle Aurore. Jamais auparavant, on a pu si justement dire comme aujourd'hui en parlant des Dirigeants Spirituels du monde et de tous les nouveaux canaux : « Vous les reconnaîtrez à leurs fruits ».

La lumière nécessaire pour la Terre

En étudiant la Planète Terre avec une vision intérieure, vous verrez de grandes marées, de ce que nous appelons des matières psychiques ou astrales. D'où viennent ces marées ? Des mondes mentaux et de sentiments des gens vivant aujourd'hui sur la Terre, et aussi de ces gens qui y ont vécu depuis que les « retardataires » sont arrivés en Lémurie.

Lorsque des individus quittent la Terre dans ce qu'on appelle la mort, ils laissent leur effluve derrière eux et elle devient partie de ces marées qui représentent toutes les qualités d'imperfection : l'orgueil, l'arrogance, la haine et la jalousie, bref toutes les autres qualités humaines. Ces marées sont des strates d'énergie définie, parce que tout, dans l'Univers, fonctionne sur la vibration, et comme un dicton le dit « L'eau cherche son propre niveau », donc les vibrations d'une nature semblable cherchent leur propre niveau. Chaque vibration de haine entre dans cette rivière de haine. Chaque vibration de jalousie entre dans cette rivière de jalousie. Chaque sentiment et pensée obscènes devient part de sa rivière, etc.

Voilà l'atmosphère dans laquelle chaque âme arrivant sur Terre, naît ! Par le rétablissement de la connaissance du tube protecteur de Lumière Blanche, une partie de cette pression peut être coupée de son raccord au courant de vie. Toutefois, le fait d'entretenir en secret des pensées et des sentiments au sujet de ces qualités destructives crée un *accroc* dans Ce Vêtement de Lumière protecteur de sorte que le courant de vie est de nouveau raccordé à la marée de ce défaut en particulier, que ce soit : le commérage, la critique, la condamnation, la dépression ou n'importe quoi.

Nous créons un canal, ou conduit de perfection, depuis les Royaume de Lumière des Maîtres Elevés, jusqu'à la conscience extérieure d'êtres non élevés pour les aider mais Notre aide et le service que nous désirons donner ne sera efficace que si la protection dont chaque individu s'entoure en établissant ce Vêtement Protecteur ou Tube de Lumière, pour empêcher ces marées perturbatrices d'entrer et de déranger, est également efficace. Il est nécessaire d'être vigilant pour tenir en échec les tendances humaines qui essaieront de franchir cette protection.

Demandez chaque jour cette Lumière protectrice à maintes reprises, car lorsque vous avez eu en vous certaines tendances latentes, vous pouvez inconsciemment faire un accroc dans votre protection. Ce Vêtement de Lumière est spécialement nécessaire lorsque vous vous engagez dans une tentative spirituelle très spéciale car « une chaîne n'est forte que de son maillon le plus faible » !

Il n'existe pas d'être non élevé qui ne soit pas un incubateur pour une imperfection quelconque (ce qui est votre talon d'Achille), qui s'ajoute à l'effluve qui a presque étouffé la Terre. Donc, retirez-vous dans la chambre secrète de votre cœur, et demandez que ces vibrations particulièrement discordantes à l'intérieur, au travers et autour de vous soient éloignées. Ensuite vous n'aurez plus de porte ouverte pour ces marées qui essayent de rompre la continuité de la radiation, et la clarté de l'instruction que vous recevez. Celles-ci seront implantées dans vos cerveaux extérieurs et seront enregistrées par vous avec l'aide de Dieu pour les gens qui ne sont pas encore venus sur notre Terre.

DEMANDEZ LA PROTECTION DE LA LUMIERE

PRESENCE BIEN-AIMEE DE DIEU « JE SUIS » EN MOI ET BIEN-AIME MAHA CHOHAN : Revêtez-moi de mon Vêtement de Lumière Blanche éclatante ; et scellez-moi dans mon ANNEAU ETANCHE de Flamme qui me rend et me garde invisible et invincible à toute création humaine, à l'intérieur, au travers, autour de moi ou dirigée contre moi, maintenant et pour toujours.

L'INSPIRATION DE DIEU

Le Grand Soleil Central qui forme le centre sur lequel pivotent les galaxies, auxquelles nous appartenons, a terminé son *expiration* dans le grand rythme de la création cosmique.

Le grand Soleil Parent de notre galaxie, appelé Alpha et Oméga, possède dans Son orbite d'innombrables Etres célestes d'une telle magnitude et de tels développements spirituels qu'ils feraient vaciller l'imagination de nos cerveaux mortels. Des Etres ont été choisis parmi cette cour terriblement sélectionnée, pour l'initiation du Soleil. *Sept paires* d'Etres Divins à la fois, qui, au cours de leur initiation cosmique et glorieuse, reçoivent la Couronne, la Robe et le Sceptre des Grands Dieux Parents, sont envoyés en même temps pour construire, au moyen du pouvoir de leurs propres Centres Créatifs de pensée et de sentiment, sept Systèmes Planétaires.

Lorsque les sept Soleils ont mis au point avec l'aide des Elohim les Planètes de leurs Systèmes, ont demandé et obtenu Les Etres qui doivent y avoir leur évolution, ils descendent vers l'extérieur jusqu'au point où le premier Soleil a atteint la périphérie de l'ordre cosmique du Soleil Central, c'est-à-dire au point le plus éloigné de l'expiration. A ce moment-là, se produit un renversement des courants parentaux du Soleil Central et les Soleils sont *retirés* avec leurs enfants planétaires, dans le même rythme, à l'intérieur du Cœur du Père.

En ce qui concerne notre Galaxie, nous sommes actuellement sur *l'inspiration*. C'est pourquoi l'initiation de la Terre et de toutes les planètes est axée sur l'accomplissement de la Loi Divine pour l'élévation et la rédemption des Soleils, des Planètes et des gens alors qu'ils retournent vers le foyer et le cœur de la Vie Eternelle.

DESCRIPTION DES DIEUX PARENTS

Pour décrire la beauté des Dieux, Parents cosmiques de notre Galaxie, nous aurions besoin d'un vocabulaire d'une perception beaucoup plus délicate que celle dont jouit actuellement l'homme. Ces glorieux Dieux Parents peuvent être imaginés comme les plus beaux des plus beaux, leurs Robes d'Autorité est du blanc le plus pur chatoyant. Leurs Etres tout entiers représentant l'apex de la Lumière et de la Flamme incorporées, adoucies et tempérées dans leur contour et leur aspect de façon à ce qu'elles puissent être admirées par les autres.

Ceux d'entre nous qui ont été les témoins des initiations au cours desquelles une Paire d'Etres Exquis et Perfectionnés sont revêtus du privilège de connaître les pouvoirs créatifs d'un Soleil, sont fortement impressionnés par le transfert entre les mains de l'initié du Sceptre du Pouvoir dans lequel réside le centre magnétique de l'Amour et le rythme correspondant à l'endroit que le Soleil aura dans le Système Solaire.

Ceci est rattaché mystiquement au battement de tous les courants de vie qui prennent forme et mûrissent dans une Chaîne particulière. Il forme la traction magnétique qui maintient les âmes à l'intérieur de l'orbite de ce Soleil et de Ses Planètes. Il maintient notre Soleil Lui-même dans sa position convenable et permanente dans la galaxie, toujours en mouvement, à laquelle nous appartenons.

Lorsque notre Soleil particulier, Hélios et Vesta, a envoyé les Elohim pour créer et construire les planètes, Chacun reçut un Sceptre magnétisé tiré de ce qui forme le Sceptre Cosmique de notre Système. Ce Sceptre reste chez le Seigneur du Monde pendant tout le temps où la planète est peuplée par une vie évolutive. Le Sceptre, pour la planète Terre, était conservé chez Sanat Kumara jusqu'à Son retour à Vénus, il est maintenant gardé chez le Seigneur Gautama, où il est détenu dans les chambres secrètes à Shamballa pour la plus grande partie de l'année. Il n'est sorti qu'à l'occasion de certains événements mystiques.

Les Sceptres que les têtes couronnées de la Terre portent sont le symbole de l'Autorité Divine, qui est manifeste dans les courants de vie. Ces Sceptres sont les Gardiens du peuple et le pouvoir magnétique qui court au travers de l'épine dorsale de chaque être, est une réplique du pouvoir décrit.

Si ce Sceptre Cosmique était ôté de la planète Terre, les corps des gens voleraient dans l'espace, et les âmes qui sont actuellement dans les royaumes des désincarnés, seraient relâchées dans l'Univers. Vous verrez combien ce pouvoir magnétique est important. Ce Sceptre contient deux balles cylindriques, représentant les aspects négatif et positif du pouvoir de la Vie. Lorsqu'il est placé sur la pyramide qui le maintient, Il est en parfait équilibre. Une extrémité de ce grand Sceptre représente la traction de gravité qui, en elle-même, est une bénédiction pour les non-éveillés. Lorsque cette traction est renversée par l'activité de la propre vie de l'individu, Elle représente l'Ascension.

Ces deux activités fonctionnent constamment par la colonne vertébrale de chaque homme. L'arc d'énergie électrique descendant ancre le corps à la surface de la Terre, et le puissant courant ascendant vous permet de vous tenir droit et de bouger, plutôt que de rester sur le sol, étendu sur le dos. Lorsque l'activité de la vie est plus puissamment chargée dans l'arc ascendant, nous arrivons au point où la traction de la gravité de la Terre ne peut plus retenir le courant de vie et où l'Ascension est possible. Pour chaque personne arrivant au point d'ascension depuis la roue de la naissance et des renaissances pour ne plus revenir, cette Branche du Pouvoir est emmenée par le Maître président. Son pouvoir magnétise le courant d'élévation, en libérant le courant de la vie, hors de la traction de gravité de la Terre.

SEULEMENT DEUX ACTIVITES DE VIE

Il n'y a que deux activités dans toute la vie. C'est tellement simple, et cependant, on a tellement brodé autour de l'étude du mysticisme et du contrôle de soi. Il existe seulement l'INSPIRATION et l'EXPIRATION. Il y a la MAGNETISATION (l'inspiration) des dons et pouvoirs de la présence de Dieu et ensuite sa RADIATION (l'expiration). Ces deux activités ont lieu à des niveaux cosmiques par rapport aux systèmes solaires et galaxies des Univers tout entiers.

Nous allons essayer de vous montrer un peu de ce Schéma cosmique, afin que vous puissiez comprendre la place dans laquelle, non seulement notre Système Solaire, mais notre Galaxie se trouvent actuellement. Sur l'EXPIRATION, lorsqu'a lieu la création, le Soleil Central d'un système, expire les Soleils de dedans sa propre Aura. Chaque Soleil, à son tour, *expire* les planètes destinées à faire partie du Système Solaire. Ceci comporte une expression de l'expiration de la Déité par rapport à une Galaxie et à un Univers Solaire.

A la fin d'un « jour cosmique », le Grand Soleil Central de

ce système notifie à tous les Soleils, au-dessous de lui, que c'est le moment pour l'inspiration de leurs Planètes, afin de préparer l'inspiration de tous les Soleils, et de leurs Planètes pour qu'elles reviennent dans le Cœur du Grand Soleil Central.

La Grande et Puissante Vesta, Mère Divine de notre Système Solaire c'est-à-dire Notre Soleil explique la chose ainsi :

LA GALAXIE A LAQUELLE APPARTIENT LA TERRE

« Hélios et Moi-même appartenions à une Galaxie beaucoup plus grande que celle dans laquelle Nous servons actuellement. Nous étions une PLANETE dans cette Galaxie et nous étions le numéro quatre, exactement comme La Terre est le numéro quatre par rapport au Soleil aujourd'hui. »

« Notre Galaxie était dirigée par un Grand Soleil Central composé de deux Etres puissants dont les Noms sont sortis du langage de votre Terre, il y a très très longtemps, mais qui ressemblaient au son de Elohae et Eloha, ce qui implique les aspects féminin et masculin des Elohim. »

« Ce Grand Soleil Dieu et Déesse envoya douze Soleils puissants en arc de création descendant, et ces douze Soleils, en descendant, envoyèrent à leur tour horizontalement douze grandes Planètes. Notre système comprenait un Grand Soleil Central et Ses douze Soleils ; chaque Soleil ayant autour de Lui douze planètes, ce qui, en comptant les douze Soleils faisait cent cinquante-six planètes. »

Le système auquel appartient la Terre (votre système) vînt du Soleil Central d'Alpha et Omega. Il a quarante-neuf planètes avec sept Soleils, soit cent planètes de moins que le système d'Elohae et d'Eloha.

« Laissez-moi répéter : Vous avez le Grand Soleil Central d'où Hélios et Moi-même provenons, et en dessous douze Soleils. Le Quatrième Soleil en descendant était celui auquel nous appartenions et c'était Alpha et Omega. Ce Soleil, à son tour, envoya douze planètes horizontalement, Hélios et Moi-même étions la Quatrième Planète à sortir de ce Soleil. Ceci se produisit à l'expiration des Soleils descendants, et des Planètes se déployant. C'était l'expiration du Sommet Divin pour ce qui concernait la création de cette Galaxie. »

« Sur l'inspiration, qui est le point où vous arrivez actuellement dans votre propre Galaxie, Les Soleils commencèrent à monter, le numéro douze entrant dans l'orbite du onze, le numéro onze entrant dans l'orbite du dix et ainsi de suite, toutes les planètes de ce système montant également d'un rang. »

« Nous représentions la quatrième Planète dans le quatrième Système Solaire. Alpha et Oméga étaient notre Soleil d'alors. Alpha et Omega étaient le quatrième Soleil dans ce système, de même qu'Hélios et Moi sommes le quatrième Soleil dans Notre Système d'aujourd'hui. En ce temps-là, les Soleils de notre système actuel étaient TOUS DES PLANETES ! »

« Alpha et Omega étaient Notre Soleil. La première planète qui sortit d'eux fut Osiris et Isis, la seconde Apollon et Diane, la troisième Krishna et Sophia, la quatrième fut NOUS-MEMES. Le premier mouvement sur l'inspiration attira Osiris dans le cœur d'Alpha et Omega. Chaque planète se rapprocha d'une place près du cœur du Soleil. Nous sommes arrivés en troisième place dans ce système. »

« Dans le mouvement suivant, Nous nous mîmes à la seconde place, ensuite à la première place — et finalement nous fûmes assimilés en la Présence d'Alpha et d'Omega qui, à leur tour, revinrent en la Grande Présence de leur Soleil Central — Elohae et Eloha. »

Corps Causal autour des Soleils

« Q'arrive-t-il exactement aux Soleil lorsqu'ils sont absorbés par le Grand Soleil Central ? Cela a pu vous gêner quelque peu. Autour d'un Soleil, ou du Soleil Central, se trouve un Corps Causal, ressemblant quelque peu à ce qui est représenté dans le tableau de la Sainte Trinité. Autour du Soleil Central, ou des Soleils moindres, se trouvent ce que nous appelons les Ceintures Electroniques qui sont faites du nombre de bandes qui représentent le schéma planétaire. Toutes les planètes qui appartenaient à cette Galaxie, y compris Hélios et Moi-même, possèdent le Corps Causal avec les douze bandes qui l'entourent puisque cela représente le Système auquel nous appartenions. Nous sommes rentrés dans le cœur d'Alpha et d'Omega qui montèrent dans la troisième puis la seconde et enfin la première position, sous le Grand Soleil central, pour ensuite pénétrer dans le cœur d'Elohae et d'Eloha, le Soleil Central de notre Galaxie. »

« NOUS NE SOMMES PAS DISSOUS SIMPLEMENT ! La chose qui effraie le corps étudiant est d'être réduit à néant par le procédé d'absorption. MAIS CE N'EST PAS VRAI. Pas plus que vous, en tant qu'individu, n'êtes réduit à néant en étant absorbé dans votre Propre Présence de Dieu, lorsque vous faites votre Ascension. »

« Ce grand Corps Causal autour d'un Soleil, que ce soit un Soleil de notre système, ou d'Alpha et Omega, est de taille énorme. Il contient les glorieux Temples de la Lumière et lorsque les Soleils Dieux rentrent avec leurs propres ceintures Electroniques, c'est-à-dire avec toutes les planètes, les Intelligences et les Etres à l'intérieur de celles-ci, Ils rentrent simplement dans un espace réservé dans cette Ceinture Electronique autour de ce Soleil. Ils RESTENT en tant qu'Etres conscients et intelligents, tout comme arrivent en notre Aura les Etres et toutes les Intelligences de Mercure. Ils vivront dans les Temples Mercuriens dans notre Aura. »

« Losque nous sommes rentrés dans le Cœur du Soleil Central de notre Système, avec Alpha et Omega, c'est-à-dire dans le Cœur de Elohae et Eloha, Nous avions le choix. Nous aurions pu rester là et aller dans les Hauteurs Cosmiques où nous serions demeurés dans la joie de cette magnifique Ceinture Electronique, mais Alpha et Omega ainsi que six autres Soleils (sept des douze) décidèrent de créer une Nouvelle Galaxie. C'est pourquoi celle à laquelle vous appartenez, et que nous servons actuellement en tant que votre Soleil est plus petite, car cinq des Soleils du précédent Système, avec leurs planètes ont décidé DE NE PAS essayer de devenir de Grands Soleils Centraux, donc de ne pas créer un Univers en eux-mêmes. »

« Alpha et Omega appartenaient aux Sept Soleils qui choisirent de devenir des Soleils Centraux et les Sept Soleils qui les servent maintenant, étaient LEURS PLANETES lorsque Alpha et Omega n'étaient qu'un Soleil dans le système précédent. Donc, sous le Soleil Central d'Alpha et Omega se trouve le premier Soleil d'Osiris et Isis, le second Soleil Apollon et Diane, le troisième Soleil Krishna et Sophia et le quatrième Soleil Hélios et Moi-même, et il y a les trois autres Soleil en dessous de Nous. »

« Cela peut paraître difficile à comprendre mais tout, dans cet Univers, est une succession d'expériences. Vous êtes d'abord un Seigneur Planétaire et vous avez ensuite l'occasion de devenir un Seigneur du Soleil ! Lorsque la course est terminée, Alpha et Omega étant actuellement en inspiration, Osiris et Isis seront le premier Soleil à rentrer dans le cœur d'Alpha et Omega. Lorsque les sept Soleils seront rentrés dans leurs Cœurs, nous déterminerons alors la taille de la prochaine galaxie, c'est-à-dire, si Hélios et Moi-même décidons d'essayer de devenir un Soleil Central ou si Nous restons dans le Cœur d'Alpha et Omega pour travailler à partir de là. »

« Notre galaxie d'origine, qui avait cent cinquante-six planètes et Soleils, est une galaxie minuscule car il en existe qui en ont des milliers et des milliers, et vous auriez besoin de votre regretté professeur Einstein pour vous l'expliquer. »

« Laissez-moi vous répéter encore une fois : Alpha et Omega, un des douze Soleils de cette galaxie, sont qualifiés pour être un Soleil Central, de même que les six autres Soleils. C'est pourquoi, à ce jour, il n'y a que sept Soleils Centraux dans cette galaxie cosmique et pas douze. Les Soleils qui maintenant descendent dans notre système présent, étaient dans UNE POSITION HORIZONTALE en sortant d'Alpha et Omega lorsqu'Ils étaient Soleils. En dessous d'Hélios et de Moi-même, vous avez un Soleil très fort, Hercule et Amazone, vous en avez ensuite un plus délicat Aureole et Aurea, et le dernier est Dawn et Luz. Celui-ci sera le dernier à rentrer dans le cœur d'Alpha et Omega. Alors nous aurons notre Conseil Cosmique, et déciderons, avec les planètes de notre Système, si nous voulons en créer un nouveau à notre tour. »

« Au-dessus de Nous se trouvent Krishna et Sophia avec sept planètes sortant de chez eux, la première étant Illumina, la seconde Mazda, la troisième connue sous le nom de Bella et la quatrième est Vénus. »

« Dans notre Système il y a Hélios et Moi-même en tant que Soleil, et la première planète à sortir est Mercure, la seconde Aquaria, la troisième est Uranus en dessous de Bella et la quatrième est la Terre, juste en dessous de Vénus. »

« Sur l'inspiration, le premier mouvement cosmique est horizontal vers la gauche de sorte que la Terre se mettra dans l'orbite d'Uranus, Uranus passera dans l'orbite de Mercure et Mercure sera absorbée par Nous-mêmes. »

« De la même façon, dans le Système au-dessus de nous, Vénus se déplacera latéralement dans l'orbite de Bella et ensuite vers l'avant dans le cœur de Leur Soleil, Khishna et Sophia.

Vénus et la Terre seront encore ensemble, Vénus au-dessus de la Terre, comme actuellement, car elles se déplaceront toutes les deux dans le même temps. »

« Je vous remercie pour toute la compréhension que vous pouvez avoir, mes bien-aimés. Je désire que vous sachiez cela afin que vous compreniez que nous ne parlons pas en tant qu'alarmistes, pas plus que les Grands, lorsqu'Ils vous demandent de nous aider à changer l'action vibratoire de vos mondes. »

Ceci augmente les vibrations. Donc, vous pouvez voir combien il est essentiel que d'une manière ou d'une autre, nous puissions transmettre à l'humanité tout entière et particulièrement au corps étudiant, la nécessité d'accélérer les électrons des corps émotionnel et mental, des corps éthérique et physique.

Il existe différents moyens et façons d'accélérer l'action vibratoire de vos corps intérieurs et de chair. L'un des meilleurs moyens naturel est de respirer rythmiquement. C'est ce qu'on apprend aux étudiants à utiliser dans les classes de transmission de Flamme. J'ai été un maître, un explicateur, un adepte de ceci depuis des siècles et des siècles, car c'est le rythme de la création.

Lorsque vous tirez cette énergie dans la flamme de votre cœur et la déployez, vous commencez à être en harmonie avec le rythme naturel qui est dans toutes les activités de la nature : dans le lever et le coucher de votre soleil, dans la marée montante et descendante, dans le changement des saisons — *ce rythme absolu ininterrompu* ! Les Ages d'Or où l'humanité jouissait de la plus grande paix, de la plus grande illumination, de la meilleure santé physique, de la plus grande opulence, étaient des âges où le rythme de la vie naturelle *était rigoureusement observé dans la respiration* et dans toutes les manières d'expression.

La Loi de Vie tout entière est le rythme de magnétisation et de radiation. S'il y a trop de magnétisation de pouvoir, et pas assez de radiation de bénédictions, vous avez rompu le rythme, il faut l'égalité. S'il y a trop de bénédictions et de services, et pas assez de magnétisation du pouvoir provenant de la Source de tout Bien, par laquelle vous vivez, il se produit une déplétion, une fatigue ainsi que toutes les détresses de l'humanité, la désintégration, le manque d'harmonie, etc.

Afin que vous puissiez donner votre aide maximale dans cette Poussée Cosmique de l'heure, et accélérer les vibrations en vous-même, afin de les diffuser à toute l'humanité, je vous demande de faire un effort spécial pour maintenir le rythme harmonieux dans votre voix, votre travail, votre façon de marcher, votre service, votre adoration et votre réalisation. Ceci Me permettra de vous irradier de Ma Présence Réconfortante et de stimuler le Saint Esprit dans tout ce que vous contactez.

Et maintenant, je vous donne la bénédiction du Saint Esprit, en vous demandant de vous souvenir de me donner votre attention aimante, vous rappelant toujours que L'EXEMPLE EST PLUS IMPORTANT QUE N'IMPORTE QUELLE PROFESSION DE FOI !

LE MAHA CHOHAN

L'ACCELERATION DE L'ACTION VIBRATOIRE DE LA PLANETE

« JE SUIS » Vesta, je viens du Cœur de votre Soleil Physique qui est l'aura de mon Bien-Aimé Hélios et de Moi-même. « JE SUIS » vient à l'instigation du Soleil derrière le Soleil pour vous investir d'une certaine autorité que vous choisissez d'accepter, étudiants bien-aimés du PONT. Portez bien les vêtements que je place sur vos épaules car ils comportent la dignité et l'obédience de Mon Service.

Il est important à cette heure, au moment où la purification de la Terre et de Ses évolutions ont lieu à un rythme accéléré, d'avoir des groupes d'étudiants sur toute la planète Terre, qui puissent, et veuillent se joindre aux Elohim de Pureté ainsi qu'à ceux qui servent avec Eux dans le Quatrième Rayon de Pureté afin de jouer un rôle actif dans l'accélération du taux vibratoire de la Planète, ce qui doit se faire rapidement !

La Poussée Cosmique gagne en impact puisque le bien-aimé Hélios et Moi-même nous préparons à absorber dans notre Cœur Mercure la planète puissante et éclatante. Nous y sommes prêts mais la Terre ne l'est pas. Il faut la préparer à prendre dans le Système, la place qui lui est destinée.

Sur qui pouvons-nous compter, étudiants bien-aimés et fidèles, si ce n'est sur les courants de vie dans lesquels les Maîtres Elevés Bien-Aimés Saint-Germain et El Morya ont placé leurs énergies au cours des années, des siècles, pour préparer ce service. Nous savons, mes très chers, qu'il n'existe personne parmi vous qui n'aime vraiment et sincèrement ces Amis Bien-Aimés. Vous vous rappellerez le grand Amour dans le cœur du Bien-Aimé Morya, qui l'a incité à venir nous trouver, Hélios et Moi, pour l'aider dans la grande tâche dont le Bien-Aimé Frère Saint-Germain porte la responsabilité.

Certainement, vous direz tous « Oui, vous pouvez compter sur moi car je désire rembourser la dette que j'ai contractée envers les Bien-Aimés Saint Germain et Morya car ils m'ont donné le grand privilège de connaître, d'étudier et d'appliquer la Loi Spirituelle ! » Ah oui, le cœur est d'accord, il est prêt, MAIS, je vous en supplie, chers enfants de Dieu *ce sentiment* DOIT ETRE SUIVI D'ACTIONS !

Pour ceci, vous devez journellement vous préparer à être la Présence en action à chaque instant. Le Saint Christ en Soi est prêt à faire exploser les entraves qui limitent les parties inférieures de chacun d'entre vous, afin que le Christ passe sur la Terre, en votre chair, pendant que la Présence Electronique s'occupe des affaires du Père aux niveaux cosmiques. En permettant au Saint Christ en Soi de s'exprimer à travers vous, et de diriger toutes vos activités, vous ancrez la Présence individualisée dans le monde de la Forme.

En exemple — La Main de Dieu est ambidextre, servant aux niveaux cosmiques et dans le monde d'apparence physique en même temps pour intensifier la lumière aux deux niveaux.

Pour verser de l'eau pure d'un récipient, il ne faut aucun autre élément. De même vous ne devez pas colorer l'Essence de la Pure Energie de Dieu coulant librement vers vous et à travers vous et toute vie.

Pour vous encourager, j'aimerais ajouter que vos véhicules, quand nous regardons votre aura, sont beaucoup plus purifiés que vous ne le pensez et, par des appels répétés à votre présence « JE SUIS », et aux Maîtres Elevés, ces Derniers peuvent être dotés par le Père, d'une responsabilité de service supplémentaire, à cette heure de grande importance, afin que la Terre par Ses évolutions puisse être prête plus rapidement à prendre sa place dans le Schéma d'Action Cosmique. Individuellement vous êtes davantage prêts que votre conscience extérieure voudrait vous le faire croire.

Je vous demande ardemment, et rythmiquement, de mettre cette Loi en pratique pour une période de 30 jours. A la fin de cette période, vous ressentirez une joie de vivre que vous n'avez jamais connue. DEMANDEZ DEMANDEZ DEMANDEZ *votre purification et celle de l'humanité,* et voyez les résultats SE MANIFESTER DANS VOTRE PROPRE EXPERIENCE PERSONNELLE.

Je souffle maintenant Ma Flamme de Constance à travers vous, et attends que vous fassiez la preuve de la Loi. Vous porterez mes attributs d'Autorité, en toute dignité, pour être mes Représentants sur la Terre servant dans une Capacité Cosmique tout en étant revêtus de chair. Je serai privilégiée en servant avec vous tout le temps, si vous le désirez !

Vesta Déesse du Soleil

LES SEPT SPHERES

En pensant à Dieu comme à un Soleil, Il existe entourant et enveloppant ce Foyer Central d'Intelligence, Sept Sphères Puissantes de Conscience, séparées les unes des autres par leur propre périphérie qui forme la frontière naturelle de la sphère en question. Ces sept Sphères sont appelées l'Aura de Dieu. Elles sont habitées chacune par de Grandes Intelligences Divines, toutes occupées à faire la Volonté du Père pour étendre son Royaume.

Le développement, ou le déploiement de Son Royaume est accompli en libérant les vagues vibrantes de Sa Propre Conscience Divine, dans laquelle se trouvent les Modèles Spirituels de toutes formes et manifestations, de la plus petite herbe à la plus brillante étoile dans l'espace.

La première Sphère

La Première Sphère représente le Cœur de la Création ellemême. Les Grands Etres qui forment l'Intelligence Directrice de cette Sphère sont appelés les Manus de la race humaine. Le Maître qui active leur Volonté dans le monde de l'homme est appelé le Chohan du Premier Rayon (El Morya). Son service à la Vie est de transporter les Idées de Dieu et ses directives du Cerveau de Dieu vers les esprits des Etres de la seconde Sphère qui les transforment dans une véritable forme de travail. Dans cette Première Sphère résident également les Sept Puissants Archanges qui se sont portés volontaires pour garder et protéger la race humaine en évolution. Là naissent toutes les idées, plans et bénédictions qui, un jour, se manifesteront dans le monde physique. Ses habitants sont des Etres dont le Service à la Vie est d'incarner ces Idées de Dieu, et de les transporter vers la périphérie de la première Sphère et là, de les confier aux Messagers de la Seconde Sphère qui attendent.

Quel esprit limité pourrait se faire une idée de la beauté, de la perfection, de la joie et du bonheur de ces idées. C'est ici que vivent les Hôtes Chérubiques et Séraphiques, Messagers du très Haut, baignant dans le Feu de la Création, incarnant Son Essence en eux-mêmes et, que commence le grand Rituel Cosmique, de la Précipitation Cosmique, des Bénédictions du Ciel, depuis le Royaume des Royaumes qui, lorsque le moment sera venu, les emmènera vers la plus pure essence de Divinité, à l'intérieur de leurs « Moi » resplendissants. Ils basculent vers l'extérieur dans leur course cosmique, en emportant la Lumière du Ciel dans la conscience des Etres de la Seconde Sphère.

La Seconde Sphère

Les Habitants Célestes de la Seconde Sphère reçoivent les Messagers cosmiques et les idées du Cœur de Dieu, de manière très affectueuse, ils les assimilent, les revêtent de la substance, de la forme de Leur Propre Grande Lumière, et de la Substance Universelle de Lumière qui forme l'atmosphère de cette Sphère. A leur tour, ils passent vers la conscience réceptive et l'atmosphère du Troisième Royaume.

Dans cette seconde Sphère, les Idées de Dieu, et les Plans de la Grandeur future sont mis en forme, en utilisant les pouvoirs créatifs de la Plus Haute Force de l'Esprit. Ainsi, la semence du Père tombe sur un sol fertile (Conscience Individuelle Intelligente) et commence à prendre une forme définie dans le monde de la Pensée Divine.

L'Intelligence Divine qui gouverne la Seconde Sphère est le Seigneur Bouddha, connu précédemment sous le nom de Seigneur Maitreya, qui interprète les Idées Divines de la Première Sphère par la formulation des religions et fois du Monde. Le Représentant de la Seconde Sphère le Chohan du Deuxième Rayon, Lanto, continue à consolider le Service Cosmique par les canaux d'éducation de la Sphère intérieure aussi bien que du monde d'apparence physique. La richesse de l'Effusion du Père est si grande qu'il faut maintenir un débit rapide, revêtu de modèles à penser intelligents, toujours désireux de se donner en bénédictions rythmiques. C'est ainsi que la Troisième Sphère est alertée pour recevoir Les Effusions Divines.

La Troisième Sphère

Dans la Troisième Sphère, la gloire et le rayonnement de la Seconde Sphère a déjà revêtu la Divine Immanence de modes de penser, de sorte qu'elle soit mieux assimilée par la conscience vibrante de ce Royaume. Ces idées de Dieu sont animées par la Vie et elles deviennent des faisceaux vibrants de « choses à venir ». C'est le Royaume du Saint Esprit sous la direction du Grand Représentant Cosmique de la Troisième Personne de la Trinité que nous connaissons sous le titre de Maha Chohan.

Dans cette Troisième Sphère, l'Essence de Vie est donnée aux formes de pensée descendant des Premières et Secondes Sphères. Tant que la *pensée* n'est pas revêtue de la vie par la *nature du sentiment,* elle ne devient pas une force vitale vivante en ce qui concerne l'expression dans le monde physique. La Troisième Sphère donne vie à toutes les manifestations qui s'extérioriseront à jamais sur la Planète Terre.

L'activité de la Troisième Sphère, comme le prisme, divise les Rayons Spirituels par lesquels coulent la radiation et les dons du Troisième Rayon, qui ensuite passent par les cinq subdivisions de ce Grand Rayon dans le monde physique de la Forme. Les Grands Chohans de ces Cinq Rayons, servent donc sous la supervision de leur Superseigneur, Le Maha Chohan. La première Subdivision du Troisième Rayon est sous la direction du Chohan connu sous le nom de Dame Rowena. Son Service Cosmique à la vie est de recevoir les projets des Modèles à Penser Divins, qui contiennent les mouvements du monde ainsi que de simples bénédictions individuelles pour la race humaine. Elle les divise suivant leurs sujets et leur service potentiel pour la Vie. Elle les donne au Chohan chargé de dispenser ces activités spécifiques. Ces Chohans ensuite les projettent depuis leur Sphère d'activité dans le monde de la forme, par l'intermédiaire d'intelligences humaines, conscientes et inconscientes, qui sont ouvertes à leurs impressions et influences cosmiques. Dame Rowena est en sorte le Premier lieutenant et Représentant du Maha Chohan et le transformateur-réducteur de ses énergies pour canaliser les Bénédictions de Dieu dans le monde de la forme suivant les aspects qui conviennent.

La Quatrième Sphère

Un groupe d'Etres de la Troisième Sphère rejoint les Hôtes Chérubiques et Séraphiques quand Ils se préparent à passer à l'extérieur avec des formes de pensées vivantes et incarnées, vers la Quatrième Sphère de la Vie consciente. Là encore a lieu une grande diffusion de Splendeur Spirituelle, une riche radiation coule au travers de l'atmosphère de la Sphère de Visitation. Les Idées divines vibrent par la Substance Electronique et elles sont absorbées par toutes les consciences réceptives dans la Quatrième Sphère.

Le Grand Chohan de la Quatrième Sphère est appelé le Maître Elevé Serapis Bey. Les formes de pensée développées des Première et Seconde Sphères, enrichies de la vie de l'Esprit Saint de la Troisième Sphère, trouvent leur premier point de contact avec la conscience individuelle d'êtres non-élevés dans ce Royaume. La très grande majorité des Archétypes Divins (Présence « JE SUIS » individualisée) vit dans ce Quatrième Royaume. Là, les Idées Divines, les Modèles et Plans Divins sont reçus par ces Moi Christiques, développés par eux en des siècles d'essais, projetés par eux dans le monde des hommes par leur conscience et par des élèves avancés, fonctionnant sur des lignes de conduite semblable à celles qu'on développe et qu'on perfectionne dans ce Royaume. Ces idées non animées par les Intelligences Conscientes dans le Quatrième Royaume passent, portées par les Hôtes Chérubiques et Séraphiques et l'Escorte d'Honneur du Quatrième Royaume, dans la conscience des Etres qui attendent dans le Cinquième Royaume.

La Cinquième Sphère

A l'intérieur du Cinquième Royaume, les idées-semence du Père, particulièrement au sujet des découvertes scientifiques, des inventions et de la recherche médicale, sont dispersées et reçues par la Conscience Réceptive de ceux qui sont engagés dans cet effort dans les Temples de Science qui sont actifs à l'intérieur de cette Sphère. A partir de ces Temples, les idées sont dirigées vers les esprits, et les cœurs des hommes et des femmes altruistes qui travaillent sur Terre, dans ces domaines. Le Grand Chohan du Cinquième Royaume s'appelle le Maître Elevé Hilarion, qui est le Saint Paul des temps bibliques.

Comme la Cinquième Sphère palpite de l'Essence de Divinité, nous voyons que les bénédictions ne sont pas du tout amoindries et nous observons que les énergies glorieuses attendent leur transmission dans la Sixième Sphère pour élargir leur cercle d'expression manifeste.

La Sixième Sphère

Dans la Sixième Sphère, nous trouvons les centres causatifs des Religions Chrétiennes, où l'adoration, dévotionnelle et émotionnelle, est la fontaine particulière par laquelle Les Energies Spirituelles sont libérées pour bénir la race humaine. Là résident les Grands Chœurs Célestes, et le Ciel le plus élevé de la pensée orthodoxe. De cette belle Sphère s'envole l'inspiration vers ces hommes et ces femmes qui ont répondu à « l'appel d'en haut », les Meneurs religieux, qui « conduisent leurs brebis » au mieux de leurs capacités.

Le Grand Chohan de la Sixième Sphère a été le Maître Elevé Jésus (mais actuellement c'est le Maître Elevé Dame Nada). Par les Services des Temples, Jésus, Nada et Marie (la Mère de Jésus) ont baigné le monde chrétien, le Devas qui garde et protège les églises bâties en Son Nom, et tous ceux qui ont accepté le Christ dans l'essence spirituelle du Christianisme Divin.

Alors que les Chérubins et Séraphins s'apprêtent à porter les Bénédictions du Père dans le Septième Royaume, nous réalisons qu'il est par destinée naturelle à la périphérie du Royaume, et que le Troisième Monde Dimensionnel d'aujourd'hui (monde d'apparence physique) s'est enfoncé au-dessous de la ligne frontière de sécurité.

La Septième Sphère

C'est dans la Septième Sphère et vers son Grand Chohan, appelé le Maître Elevé Saint Germain que nous devons nous tourner pour avoir le contact entre la conscience extérieure et les Modèles Divins de Dieu par ses Messagers. La Septième Sphère garde en elle-même le schéma éthérique de toute manifestation du Plan Divin qui a été rythmiquement abaissé au travers des Six Sphères précédentes et qui attend son expression sous la forme physique. C'est la Première Sphère, au-dessus de l'octave humain de limitations et d'imperfections, dans laquelle l'âme monte lors de son voyage de retour vers le Cœur de Dieu.

C'est donc le service et la responsabilité du Chohan du Septième Rayon, de fournir les moyens par lesquels l'humanité puisse de nouveau unir sa conscience aux Sphères Intérieures, pour devenir des conducteurs individuels de la Perfection Divine au travers de la conscience du « moi extérieur ».

Ce Royaume est littéralement sur le point d'éclore avec toutes les bonnes choses qui ont été descendues d'une Sphère à l'autre.

En raison de la résistance et du refus de la part de la conscience extérieure de l'homme, d'accepter le Divin Plan de Dieu, le Royaume Ethérique n'a pas pu transmettre les Bénédictions et Gloires descendues des Plus Hautes Sphères, pour compléter ainsi le rythme sortant d'effort créatif. Tout membre de la famille humaine peut offrir sa conscience au Chohan du Septième Rayon, en demandant que son « moi » individuel puisse être une sortie pour les Bénédictions et la Perfection qu'Il contient.

Chaque homme, femme et enfant vivant sur Terre aujourd'hui, ou qui y viendra à l'avenir, possède une Présence Divine, un Dessein Divin, un Archétype qui séjourne dans l'une des Sept Sphères précédentes. Chaque courant de vie incarné est destiné à être un centre irradiant la Force Spirituelle à partir de la Sphère Intérieure où séjourne sa Présence « JE SUIS ». Il doit comprendre que son propre Moi plus Elevé, vit et sert réellement dans une de ces Sphères, mettant au point certains Desseins de Dieu par sa Conscience plus Elevée, attendant la réceptivité de l'esprit extérieur pour trouver l'expression dans le monde de la forme.

Les caractéristiques présentes en l'individu, même pauvrement développées, indiquent le Rayon et la Sphère à laquelle il appartient de droit. Au fur et à mesure que l'individu purifie son propre monde, il élève l'action vibratoire de son être à son expression la plus puissante, et la plus parfaite à l'aide de son Moi personnel. Il devient alors un centre irradiant la Force Spirituelle de la Sphère dans laquelle réside sa Présence « JE SUIS ». Ceci a un effet bénéfique sur toute la vie autour de lui.

ACTIVITES CREATIVES DES PRESENCES « JE SUIS »

LORSQU'ELLES PASSENT PAR LES SEPT SPHERES

A partir du moment où Hélios et Vesta projetèrent la Flamme des Corps de Feu Blanc dans l'Univers (Intelligence Divine individualisée), cette Intelligence était libre de passer par les Sept Sphères, de construire dans le Corps Causal les couleurs de ces Sphères, et de se préparer par expérience à demander le droit de s'incarner sur la Terre.

Lorsque le Grand Soleil (Les Bien-Aimés Hélios et Vesta, les Dieux-Parents de ce Système) a envoyé les Etincelles Spirituelles pour qu'elles reposent dans le Cœur de L'Observateur Planétaire Silencieux, il est du service du grand Etre appelé Manu, d'appeler une partie de ces Etincelles d'Esprit à certains moments Cosmiques, et de les emmener en voyage au travers des Sept Sphères Intérieures. Ces étincelles Spirituelles travaillant avec le Manu et ses Compléments, revêtent la silhouette, la forme et le dessein de leur Manu. C'est pourquoi on dit que le Manu représente le Projet Divin pour chaque Origine de la Race.

Sept Grands Manus prirent la responsabilité de retirer chez l'Observateur Silencieux Planétaire une partie d'Etincelles Spirituelles. Elles furent placées dans l'Aura de l'Observateur Silencieux par les Dieux-Parents et y restèrent avec leur Manu pour être développées jusqu'au moment cosmique où un groupe d'entre elles seraient appelées en incarnation.

Un Manu est un Etre perfectionné, un Etre qui a déjà développé la Perfection de la Tête Divine et qui offre à un Soleil d'un Système (dans notre cas Les Bien-Aimés Hélios et Vesta) d'être le Gardien d'un certain nombre d'Etincelles Spirituelles qui seront appelées pour s'incarner sur une Planète.

Les Manus sont fournis pour les Sept Grandes Races qui naturellement appartiennent à l'évolution de la Terre. Chaque Manu étant responsable pour une Race et les sept sous-races correspondantes qui sont en dessous de Lui. Chaque Manu ne peut pas être libre ou ne choisit pas d'être libre, avant que chaque membre de Sa race et des sept sous-races correspondantes, ne soient sauvées et élevées dans la Perfection Divine dont elles étaient issues à l'origine.

Le Manu emmène sa Race tout entière au travers des Sept

Sphères. Chaque courant de vie reçoit l'occasion de choisir, par affinité, le Rayon sur lequel Il servira. Les Couleurs dans le Corps Causal sont formées au cours de ce voyage qui prend quelquefois des millions d'années ; le Manu donnant entière liberté, expliquant les Temples de la Première Sphère, montrant les Etres Exquis, et le travail qui y est fait.

Au cours des siècles nombreux, pendant lesquels les nouvelles âmes vivent dans les niveaux intérieurs, elles passent de Sphère en Sphère dans leur voyage pour trouver leur propre bonheur individuel, ainsi que le Rayon auquel elles désirent s'harmoniser. Elles sont constamment à proximité de leur Manu. Lorsqu'elles arrivent finalement au point d'incarnation, le Saint Christ en Soi qui est développé dans le cœur est une réplique du Manu qui les a appelées. Lorsqu'elles développent la plénitude de ce Saint Christ en Soi, qu'Il se déploie et remplit la forme humaine, chaque Race et ses sept sous-races représentent Leur Propre Manu et Son Complément (masculin et féminin).

Ensuite vint le jour où les Esprits qui devaient constituer la première Souche de la Race, furent touchés par l'esprit d'aventure. Ils avaient vu les Sept Sphères étalées devant eux — Sept Royaume magnifiques auxquels ils pourraient accéder s'ils le choisissaient. Royaumes inexplorés en ce qui les concernait. Le Premier Manu fut appelé, et Ils entreprirent leur long voyage au travers des Sept Sphères intérieures pour déployer leur conscience sous sa direction.

LE BIEN-AIME DIEU MERU :

LA RESPONSABILITE DES MANUS

Vous pensez aux Manus, et j'aimerais vous en expliquer le sujet. Les Manus ont été prévus pour les Sept Grandes Races d'origine qui appartiennent naturellement à l'évolution de la Terre. Chaque Manu, Moi-même compris, est responsable pour une race d'origine et Sept sous-races qui y correspondent. Chaque Manu ne peut être libre — Il ne choisit pas d'être libre, avant que chaque membre de sa Race et des Sept Sous-Races qui lui appartiennent ne soit sauvé, et élevé dans la perfection de Dieu d'où il est issu au commencement.

Les trois premiers Manus terminèrent leur service, car la radiation sur la Terre n'était pas encore polluée par l'arrivée des « retardataires » d'autres Etoiles. Leurs Races d'origine étaient incarnées, les Sous-races développées et les gens Elevés. Leur évolution a été complétée en cycles d'environ quatorze mille années chacun.

HIMALAYA,
LE MANU DE LA QUATRIEME RACE D'ORIGINE

Nous arrivons au Grand Himalaya, le Manu de la Quatrième Race d'Origine.

Nous avons encore beaucoup de gens de la quatrième Race, et des sous-races successives, encore en incarnation, de sorte que le Grand Himalaya est un de ces Exilés d'Amour, restant dans les Montagnes Himalayennes pour servir et bénir les courants de vie individuels appartenant à la Quatrième Race et Sous-Races qui n'ont pas terminé leur Ascension. Ceci comprend tous les membres de l'Hôte Angélique arrivés avec la Quatrième Race, tous les Esprits Gardiens, venus d'autres planètes au commencement de la quatrième Race, tous les élémentaires qui furent emprisonnés en ce temps-là et toutes les choses vivantes partout.

Le Seigneur Himalaya est donc responsable de la rédemption de tous les mammifères et de la vie animale, dont une partie est encore en état d'animation suspendue sous la coupole de steppes gelées. C'est le Seigneur Himalaya qui a la responsabilité, avec ses lieutenants, étudiants et amis non-élevés, de rendre cette rédemption possible pour ceux qui appartiennent à cette race.

VAISASVATA,
LE MANU DE LA CINQUIEME RACE D'ORIGINE

Le Grand Manu Vaisasvata est responsable de l'évolution et de la restauration, dans une activité semblable pour la cinquième Race d'Origine et toutes ses Sous-races. C'est évidemment Mon Obligation d'amener à Maturité la Sixième Race sur la Planète Terre, y compris toutes ses Sous-races.

MERU, LE MANU DE LA SIXIEME RACE D'ORIGINE

Les Sept Manus qui demandèrent à avoir la charge des Etincelles Divines désiraient garder les individus voulant s'incarner sur la Terre. Ceux qui voulaient entrer dans la Sixième Race étaient ceux dont la radiation dans le Corps Causal était de couleur à prédominance Or. Ils furent mis sous ma garde. J'ai pu, en coopération avec le Conseil Karmique et les Lois d'incarnation, amener par les portes de la conception, le commencement de la Sixième Race d'Origine, avec quelques-unes des Sous-Races qui commencent à infiltrer les masses de l'humanité.

Toute la Sixième Race, et ses Sous-races, ne sont pas encore en incarnation, donc ma tâche est comparativement nouvelle pour ce qui a trait à la Rédemption. Mon Devoir ainsi que celui de la Déesse Méru est de moissonner, où les autres ont semé. Ainsi on augmente le nombre des courants de Vie de la Sixième Race qui peuvent venir au fur et à mesure qu'Himalaya et Vaisasvata, que tous les êtres qui appartiennent aux premières Races, que tous les « retardataires » qui sont appelés à l'action, et que tout le corps étudiant purifient l'atmosphère. Ceux-ci évidemment seront plus beaux et plus délicats de forme, mieux adaptés et développés. Ils pourront être facilement distingués par ceux qui étudient la Loi des Races d'Origine, en raison de la perfection de leur Forme. Ils ont le visage parfaitement ovale, et la plupart sont blond doré avec l'œil bleu, à l'exception de certains que nous avons choisis pour aider Himalaya par une incarnation orientale. Ces individus ont accepté de prendre les traits de la race à laquelle ils s'incorporent.

LE VEHICULE DONT SE SERT LE MANU

Le Manu est lui-même un Etre Perfectionné, il utilise un véhicule préparé pour lui au début de sa Race. C'est un sujet très délicat et subtil qu'on ne peut traiter comme toute l'humanité. Un Manu est déjà un Etre Perfectionné, l'Ultime Archétype de toute la Race et de toutes les Sous-Races. Il est la Perfection que Dieu le Père et Dieu la Mère de l'Univers

Tout-Puissant désirent manifester par cette Race. Donc, Un Tel Etre, contrairement aux instructions présentées précédemment, ne s'incarne pas lui-même. Mais vous avez l'Union Mystique, telle que vous l'aviez lorsque le Bien-Aimé Seigneur Divino (Seigneur Maitreya) s'est joint à la conscience de Jésus, le Christ, au Jourdain et que les Deux devinrent Un, pour que Maitreya, par Jésus, puisse apporter les pouvoirs du Christ Cosmique à l'homme.

Il en est ainsi pour le Manu. Nous avons écrit que le Manu Lui-même prend naissance. Il est offert, au Manu, la préparation d'un corps, par un élève très pur et très beau qu'Il a formé dans les Niveaux Intérieurs mais qui ne s'est pas encore élevé. Ensuite cet élève béni passe naturellement les portes de la naissance, comme Jésus l'a fait et il retient en lui-même aussi clairement et distinctement que possible l'image du Grand Manu, son Maître. Cette image est également étroitement retenue par le Protecteur Devique qui se tient autour des deux parents choisis et autour de l'embryon au fur et à mesure de son développement. Souvent, presque toujours la mère et le père sont au courant du sacrifice et de la préparation, La Trinité — la Mère, le Père et l'Enfant — préparent la coupe et, au moment choisi, suivant la réceptivité de l'élève qui s'est incarné, et suivant le Moment Cosmique auquel il est nécessaire que le Manu soit exprimé sur Terre, l'union se fait. Quelquefois dans cette union, l'âme de l'élève s'en va et c'est le Manu lui-même qui revêt le corps aussi longtemps qu'il le choisit. Quelquefois l'âme de l'élève reste, et le Manu l'utilise seulement par moment afin de pouvoir continuer Son travail aux Niveaux Intérieurs sans être constamment obligé de se nourrir, de s'habiller, de s'occuper des tâches d'entretien d'une forme physique.

Ceci, mes bien-aimés, est la description la plus claire que je puisse vous donner concernant l'activité du Manu de la Race. J'ai vu un des Manus prendre la forme d'un enfant de cinq ans. Dans le cas du Grand Himalaya, c'est à l'âge de douze ans que le Manu en a pris possession. Dans mon cas, je n'ai pas encore préparé mon Vaisseau. Cela viendra lorsque l'axe de la Terre sera redressé, et que les grandes jungles et marécages, tous les reptiles, la vie des insectes, les faisceaux vicieux de l'Amérique du Sud seront rachetés, transformés, et que le Continent deviendra le beau paradis qu'il est destiné à être.

Là de nouveau, la splendeur et la magnificence, que nous connaissions avec le Père avant que le Monde soit, se manifesteront en Amérique du Sud, et le Grand Directeur Divin — Le Seigneur Saithrhu — et sa Septième Race d'Origine ainsi que ses Sous-races jouiront de tout l'Hémisphère Oriental, vrai Paradis sûr Terre — L'Age d'Or de Saint Germain étant établi de façon permanente.

LE SEIGNEUR SAITHRHU, MANU DE LA SEPTIEME RACE D'ORIGINE

Le Manu est un Etre qui d'abord a pris la grande responsabilité de former un grand nombre d'Etincelles Spirituelles dans un dessein Divin spécifique, pour rendre un formidable service lorsque le temps sera venu sur la Planète. Alors le Manu s'incarnera ou enverra ses Emissaires. Comme vous avez une idée des Manus qui M'ont précédé et qui sont prisonniers de l'Amour, vous savez aussi que Ma Grande Septième Race doit attendre l'accomplissement du Plan Divin pour chacun des membres des Quatrième, Cinquième et Sixième Races et de leurs Sous-Races. C'est alors seulement que je pourrai amener la Première Sous-race de Ma Race d'Origine. Dans les siècles précédents, lorsque le Seigneur Manu a donné sa première impulsion à la Planète Terre, il a été nécessaire que le Manu lui-même prenne corps pour ancrer la perfection de conception, de personnage, d'activité et de service. Ensuite la Sous-Race, la plus forte de toute la Race d'Origine évidemment a d'abord construit l'assise, pour ainsi dire, de toute l'activité et du service de cet âge.

Dans notre Service du Septième Rayon, on vous dit précédemment que Nous avions terminé notre Voyage au travers des Sept Sphères. Dans la Septième Sphère où se trouvent le Maître Elevé Saint Germain, Le Temple du Feu Violet, et toutes les activités de la Flamme Violette, *nous attendons* l'occasion d'être appelés par le Conseil Karmique et autorisés à envoyer sur Terre quelques enfants de notre Première Sous-race. S'ils y arrivent trop tôt, avant que la plupart de la Quatrième Race soit rentrée, Ils ne seront pas toujours en mesure de remplir leur mission avec dignité, car la Septième Race a une note clé et un service tout à fait différent à rendre.

Vous pourriez dire que Je représente Leur Dieu-Père. Dans Mon cas, Je ne m'incarnerai pas car la Terre, grâce à l'aide des enfants du Maître Elevé Saint Germain et aux appels formidables vers la Flamme Violette, est suffisamment purifiée des entités désincarnées. En particulier par l'enlèvement près de la courbure de la Terre des âmes qui devraient autrement se réincarner, et par l'enlèvement des enregistrements éthériques dans les vivants et soi-disant morts.

A l'heure de l'accomplissement, lorsque les portes du Ciel s'ouvriront, la Première Sous-race sortira, représentant l'Activité du Rayon Violet. Ils auront tous des voix magnifiques, ils seront capables de précipiter et de s'élever dès leur naissance. Ils auront la connaissance de leur Royaume Céleste sans *Voile Séparatif.*

Cette grande Race doit surgir, en majeure partie, dans le Continent Sud-Américain, bien que nous ayons essayé avec succès d'incuber plusieurs membres de la Première Sous-race appartenant à Ma Maîtrise, sur le Continent Nord-Américain. Nous avons choisi l'Amérique du Sud parce qu'au travers du Brésil et de tout ce pays qui est jungle actuellement, la Terre a eu un peu de temps pour reposer. Demandez-Moi, ou au Maître Elevé Saint Germain, de purifier l'étendue qui s'étend au travers de l'Equateur pour Nous donner une Terre belle et verdoyante, que la Dame Amaryllis Elle-même parera de beauté en la débarrassant des effluves humains.

Dans l'intérieur de la Terre elle-même, à environ cinq mètres en dessous de sa surface, du Pérou où l'Amazone prend sa source, jusqu'à Rio de Janeiro, existe une activité établie par le Feu Violet. Ceci a pour résultat, et vous le lirez dans vos journaux, l'expulsion d'un grand nombre de reptiles venimeux et de différents effluves dans l'Amazone, puis ensuite dans l'Océan. Ainsi l'Amazone ne sera plus un courant boueux mais elle sera de ce bleu saphir qui est la couleur des eaux de notre Royaume.

Notre Royaume, là où se trouve le Maître Elevé Saint Germain, est confortable, heureux et nous sommes un groupe d'individus patients. Nous avons attendu longtemps, mais désormais la Loi Cosmique nous assure que la Première Sous-Race va avoir Sa chance. Une partie montera devant Mère Marie au mois de Mai 1961 —, et je suis tout à fait sûr qu'un ou deux mille de nos Etres s'incarneront en Amérique du Nord, essentiellement parce que le Continent Sud-Américain n'est pas prêt pour eux.

Ces gens, en devenant adultes, seront distincts de tous les autres que vous voyez et avez jamais vus sur la Terre. Leur chevelure est de couleur ambrée et ils ressemblent un peu à notre Bien-Aimé Maître Elevé Saint Germain, sauf qu'ils ont les yeux bleus, le visage Séraphique, la silhouette mince, les membres longs et les doigts effilés. Ils seront artistes à l'extrême. Le Théâtre sera de nouveau à l'ordre du jour, mais le drame, les ballets et la musique seront présentés aux masses par ces courants de vie consacrés, comme le grand spectacle de la vie, tel qu'il doit être vécu. Ils focaliseront l'attention des gens, tandis que jadis, et de tout temps, le théâtre et les médias n'étaient qu'un moyen de détente et de distraction de la conscience. C'est ce que nous désirons faire et cela sera, évidemment, accompli par la ténacité des Etincelles Spirituelles qui s'incarneront avec ma bénédiction, ma vigilance et ma protection toujours présentes. Ces gens, mes bien-aimés, aideront énormément le Maître Elevé Saint Germain dans son Service et son Activité pour la Vie.

En tant que Manu, il n'y a qu'une Racine — et elle a sept branches. C'est comme un arbre avec sept grandes branches qui ne fleurissent pas toutes en même temps. Elles fleurissent, chacune, en partant de la gauche vers la droite jusqu'à ce que les Sept Sous-Races aient trouvé leur complète réalisation. Le Manu et les Sous-races se joignent ensuite les uns aux autres et ils s'élèvent, de même qu'ils sont descendus auparavant. Ceci peut vous aider à comprendre quelque chose qui peut-être était confus dans votre esprit conscient.

Quant à Moi, je me matérialiserai en temps voulu. Je ne prendrai pas de forme enfantine mais je me matérialiserai lorsque le Bien-Aimé Maître Elevé Saint Germain sera entièrement établi dans son Royaume sur la Terre, et lorsque l'humanité et les Anges seront réunis en harmonie. Alors je pourrai amener un grand nombre de ces Etres puissants que j'ai engendré, que j'aime et qui, à leur tour, rehausseront la perfection de cet Age d'Or.

Le Service d'un Manu dure éternellement. Il ne cesse jamais parce que, lorsque vous prenez une responsabilité, comme l'ont fait les Bien-Aimés Manus Himalayas, Vaisasvata, et d'Autres, vous êtes responsables pour tout ce qu'ils ont créé en pensée, en sentiment, en paroles et en actes. Donc le Bien-Aimé Himalaya porte la responsabilité du moindre chaos depuis l'ère glaciaire en Asie. C'est pourquoi il n'a cessé de demander qu'on l'aide à enlever ces enregistrements chimériques. Il a reçu cette aide ainsi que pour la transmutation de ces manifestations imparfaites.

Lorsque nous arrivons à une Planète comme la Terre, nous savons bien que c'est notre Karma, mais nous nous réjouissons parce que nous arrivons équipés pour faire face à tout ce qu'a à faire notre Race d'Origine et les Sous-races. Nous devons sauver tout ce qui est moins que parfait. Nous avons retenu un certain temps la Première Sous-race de Ma Race d'Origine dans le but de permettre au processus de rédemption de se manifester dans tous les Manus d'origine et leurs enfants qui ont été et se trouvent encore sur la Terre.

C'est Mon Désir, que Mon Peuple lorsqu'il arrivera ne connaisse, comme les Saints Innocents, que la Perfection sur la Terre. Je les ai aimés et j'ai servi avec Eux longtemps et vous les aimerez quand vous les reconnaîtrez. Nous demandons que chacun d'entre vous soit béni de tout l'Amour, la Lumière et le Pouvoir ainsi que de toute la Sagesse, la Compréhension et la Force qui sont dans le cœur d'un Manu d'Origine qui ne vit que pour vous les donner à vous, ses enfants.

Pour les Manus des première, seconde et troisième Races, nous ne savons rien. Le Quatrième est le Dieu Himalaya qui est toujours avec nous, le Cinquième est Vaisasvata, le Sixième est le Dieu Méru, le Septième qui émerge est le Seigneur Saithrhu — Le Grand Directeur Divin.

LA FORMATION DU CORPS CAUSAL

Le CORPS CAUSAL des Etincelles Spirituelles nouvellement nées du Cœur de Dieu est BLANC PUR. De nombreux Etres de feu blanc individualisés, et Présences « JE SUIS » ne quittent jamais LA PREMIERE SPHERE. Ce sont les Saints Innocents dont l'Aura est comme la Flamme Blanche. Ils incarnent les Idées Divines de l'Universel et sont d'accord pour servir la Vie, en projetant ces Idées vers le bas, mais en Eux-mêmes, ils choisissent de ne même pas connaître La Gloire du Second Royaume. *Ces individus renoncent au droit de devenir, dans un âge futur, des Soleils et des Créateurs, préférant vivre dans l'état heureux en sainte innocence.*

Les Esprits plus braves s'aventurent en dehors de la Première Sphère. Ils construisent la Flamme Bleue de la FOI dans leurs corps causal. Certains passent dans la Seconde Sphère et construisent la Flamme Dorée de la SAGESSE dans leur corps causal, en apprenant à mettre des idées en forme. Ils travaillent dans les grands Temples qui perfectionnent les idées propulsées par l'Esprit de Dieu. Beaucoup s'en tiennent là et ne vont jamais plus loin. Ils sont les frères et les Sœurs divins de la Robe d'Or qui projettent les formes pensées dans la Troisième Sphère.

Les Esprits plus aventureux viennent dans la Troisième Sphère y apprennent l'activité de l'Esprit Saint et respirent dans leur forme pensée la LUMIERE. Ces formes pensées deviennent des entités vivantes. Beaucoup vivent dans la Sphère Rose de la Lumière flamboyante et ne vont pas plus loin, incarnant la représentation des intelligences de l'Esprit Saint qui peuplent cette Sphère.

Certains vont plus loin — dans le Royaume des CONSTRUCTEURS DE PONT, le Royaume de SERAPIS BEY (la Quatrième Sphère) d'où on peut les appeler dans la forme. Là, ils s'identifient eux-mêmes avec les nombreuses sortes d'efforts qui servent l'humanité. Beaucoup restent dans cette Sphère (LA SPHERE BLANCHE) et au travers des Esprits incarnés qu'ils choisissent ils projettent aux gens de la Terre des compositions musicales, des poésies, de la prose superbe, des formes exquises d'architecture, de sculpture, de peinture. Ils ne choisissent jamais de s'incarner. Ils engendrent le faisceau de lumière de l'intérieur, que ramasse une âme incarnée de l'étage inférieur, parce qu'elle est sensibilisée et se réjouit du même genre de service.

Les plus aventureux continuent toujours dans la Cinquième Sphère, dans les Temples des Savants et des Inventeurs. Ils ajoutent LA BANDE VERTE à leurs corps causals, de même que les membres montant les échelons d'une armée ajoutent les galons et les étoiles selon ce qu'ils accomplissent. Ici, ils travaillent avec les inventeurs, les docteurs et les hommes de recherche. Beaucoup restent dans cette Sphère où ils trouvent tellement de bonheur et de joie qu'ils ne vont pas plus loin.

Les aventureux continuent et arrivent dans le Sixième Royaume où ils se joignent à ceux qui sont intéressés à porter la Nature de Dieu dans le monde de la forme. Ces Etres sont le Pouvoir agissant derrière les Missionnaires, les Prêtres, les Rabbis et enseignants métaphysiques. Beaucoup restent dans cette Sphère et ne vont pas plus loin. Ils ajoutent la COULEUR RUBIS au Corps Causal, pendant qu'ils restent là.

Chaque pulsation diminue le nombre des aventureux et fiers Esprits. Certains entrent dans la Septième Sphère du Maître Elevé Saint Germain et s'essaient à l'Alchimie Divine, aux pouvoirs de Feu Violet de Miséricorde et de Compassion, en dirigeant les Anges de Miséricorde dans le monde de la forme. Ces individus supervisent les hommes et les femmes qui travaillent partculièrement avec les « déchus » dans des lieux dépravés. Beaucoup ne s'incarnent pas.

SEULS CEUX QUI SONT PASSES PAR LES SEPT SPHERES ET ONT CONSCIEMMENT CREE UN CORPS CAUSAL CONTENANT SEPT BANDES DE COULEUR PEUVENT DEMANDER L'INCARNATION SUR LA TERRE. Ensuite s'ils sont acceptés, ils sont groupés suivant la bande de couleur qui est la plus large dans leur Aura, sous la direction d'un des grands Manus qui les magnétisera selon l'affinité de leur couleur et de leur rayon. Ils deviendront candidats pour l'une des Sept Races d'Origine et de leurs Sous-races.

Ceux qui sont les Esprits Gardiens sont passés par une période semblable d'expérimentation dans les Sept Sphères ou quelque autre Planète, Etoile ou Soleil car autrement, il n'existerait pas dans le courant de vie une énergie suffisante pour garantir la Vie Terrestre. Vous constaterez que même les premiers peuples nés sur Terre, même les âmes innocentes, ont eu un entraînement considérable à des niveaux intérieurs.

La Sphère qui a eu la plus grande attraction pour l'Etincelle Spirituelle Individuelle, donc celle dans laquelle elle a choisi de rester pour la plus longue période de temps, est devenue la plus forte radiation dans ce courant de vie et celle qui a produit la bande de couleur prédominante dans le Corps Causal. Cela fit que chaque Etincelle Spirituelle devint PAR CHOIX VOLONTAIRE, membre de l'un des Sept Rayons. C'est une question de pure consécration volontaire de Sa vie. Personne ne décidant par Edit, Vous êtes un Homme du Premier Rayon ou vous êtes un Second Rayon ou un Troisième. Chaque

Esprit a choisi, suivant l'incitation de sa Propre Flamme Divine, et ce choix volontaire a déterminé sous quel Rayon, cet Esprit se développerait. Seuls les Esprits qui sont passés par les Sept Sphères et qui ont attiré dans leur Corps Causal les sept bandes de couleur sont qualifiés pour l'incarnation sur la Planète Terre.

Pendant ce temps, les Elohim avaient terminé la création de la Planète Terre, en y mettant un superbe Lotus de Feu composé des Sept Rayons et celui-ci comme un joyau resplendissant la parant, avait signalé à Hélios et Vesta, et à la Loi Cosmique, qu'elle était prête à être habitée.

Au même instant, Le Manu attira devant Lui tous les Esprits qui étaient passés par les Sept Sphères et il en choisit un certain nombre suivant l'impact de l'énergie représentée par les bandes de couleur dans les Corps Causals. Il en choisit un sur trois pour l'incarnation, en laissant les autres attendre une autre occasion. Les Esprits dont les Corps Causals avaient la Couleur Bleue en prédominance, ce qui prouvait qu'Ils étaient membres du Premier Rayon, furent les premiers à être choisis pour l'Incarnation. Ainsi la première Race fut établie sur la planète Terre.

L'appel fut ensuite lancé aux autres Etoiles et Planètes dans notre Système, pour avoir des aides volontaires qui agiraient comme Esprits Gardiens des Innocents qui se réjouissaient de l'évolution sur Terre. Les Esprits Gardiens sont des courants de vie d'une conscience plus mûre, qui sont passés par un procédé semblable d'évolution spirituelle dans leurs Etoiles et Planètes et parfois même dans d'autres Systèmes. Ils venaient de Vénus et d'autres Soleils de cette Galaxie, ces Etres Beaux qui se joignirent au Manu en disant qu'ils désiraient accompagner les Innocents avec les forces qu'ils possédaient et qui aideraient cette nouvelle race. Tout était maintenant prêt. L'appel de descente sur la planète Terre fut lancé par les Bien-Aimés Hélios et Vesta. La Grande Septième Sphère s'ouvrit et les Innocents commencèrent à descendre en procession bien ordonnée. Ainsi, le Manu de la Première Race d'Origine et ses sept Sous-race sortit avec ses élèves.

La Terre fut créée admirablement par les Sept Elohim, et le Soleil de Pression équilibrée (appelée Dieu Pelleur) dans le centre de la Terre, envoya une radiation qui était visible : une lueur douce en dessous de la Terre, de l'herbe, des fleurs et des mers. Les fleurs ressemblaient à des flammes et il n'y avait pas de flétrissement. A la fin de sa saison d'expression, chaque manifestation disparaissait simplement.

La Bien-Aimée Amaryllis, Déesse du Printemps, les Bien-Aimés Virgo et Neptune, Ariès et tous les Etres de la Nature avaient créé une Terre si magnifique que, lorsque l'humanité y vint, il y avait très peu de différence entre la Terre (Dans son Etat Vierge Pur) et les superbes Cieux (Sphères).

LA DESCENTE DES SAINTS INNOCENTS SUR LA TERRE

Quand les Parents Dieux (Hélios et Vesta) confièrent aux Sept Grands Elohims : les Bien-Aimés Hercule, Cassiopé, Orion, Claire (Elohim de Pureté), Vista (ou Cyclopée) Tranquillité (Elohim de paix) et Arcturus avec leurs Compléments féminins, la responsabilité de créer un globe habitable sur lequel certains Esprits intelligents pourraient évoluer vers la Perfection divine, les Elohim projetèrent, à partir de la lumière de leur propre cœur, les rayons convexes qui formèrent le berceau ou matrice de la Terre. Lorsque ces Rayons masculins et féminins rencontrèrent l'atome permanent, la terre fut formée. Cet Atome contenait le pouvoir magnétique par lequel la Substance de Lumière universelle fut tirée dans cette forme sphérique et, avec la Coopération des Constructeurs de forme, de Devas, des Directeurs des Forces et des Eléments — la mer, la terre, l'atmosphère (air) prirent vie avec le feu cosmique qui pénétrait le tout.

Un jour cosmique le travail de création fut terminé et les Elohim signifièrent aux Parents-Dieu (le Soleil) que la planète Terre était prête pour ses habitants.

Ces types distincts d'intelligence : la Vie, les Anges, l'homme et les élémentaires, devaient recevoir l'occasion de déployer leur Nature Divine sur cette petite Etoile, chacun contribuant à sa façon au bien-être et au progrès de l'autre. Leurs Forces de Vie combinées devaient construire le pont Spirituel reliant la Terre au Cœur de Dieu.

De même que des parents aimants préparent l'arrivée d'un enfant attendu, longtemps avant qu'il n'arrive sur la Terre, de même les Dieux Parents préparèrent la Garde, l'entretien et la protection des Vies qui allaient être appelées pour peupler cette étoile.

L'humanité devait recevoir la possibilité d'étudier les centres créatifs de *pensée* et de *sentiment* ; apprendre à dessiner et à façonner l'énergie dans de belles formes en devenant co-créateurs avec leurs Dieux-Parents et ensuite, devenir constructeurs de Soleils et d'Etoiles leur appartenant, dans le cercle toujours croissant du rythme de la Vie.

Pour soutenir les corps de l'humanité, le Royaume Elémentaire fut envoyé sur Terre, avec mission d'OBEIR à chaque directive de l'homme, pour lui faire des « vêtements de chair », les entretenir et matérialiser hors de la substance première de la Terre : l'air, l'eau et le feu, la nourriture pour alimenter les corps ainsi que les nécessités et le superflu qui ferait de l'exil de l'homme quelque chose d'heureux et d'harmonieux.

Ces Elémentaires furent placés sous la Direction du Grand Devas de la Nature et des Constructeurs de Forme qui, comme ils servaient l'humanité sur la Terre, reçurent la promesse d'une évolution dans le Royaume des Directeurs de la Vie Elémentaire dans l'avenir.

Pour protéger et nourrir la Nature Spirituelle de l'homme et pour aider l'Etincelle Intérieure de la Divinité à se développer dans la Flamme de Maîtrise Consciente, on envoya l'Hôte Angélique sur Terre afin qu'Il se tienne aux côtés de l'humanité et irradie l'Amour, la Foi, la volonté du Père dans l'atmosphère et l'aura de la Conscience de Dieu qui évoluait en chaque homme.

L'Hôte Angélique se trouvait sous la direction des Sept Grands Archanges qui provenaient du Soleil Central de notre Système et restait dans notre Soleil physique en attendant que les Elohim aient préparé les planètes qu'Il devait prendre en charge, et tirer du Corps de Lumière originel et non-formé de Dieu. L'Hôte Angélique, par son association avec l'Humanité et le Royaume Elémentaire, reçut la promesse qu'en temps voulu, Il pourrait atteindre l'Etat d'Archange et devenir une Puissance Gardienne dans des Systèmes de Mondes non encore issus de la Conscience de futurs Seigneurs Solaires.

Lorsque le Royaume Elémentaire eut rendu la Terre fertile en produits et en beauté, que le Royaume Angélique eut rempli l'atmosphère de l'essence stimulante de Déité, la planète fut prête pour la belle cérémonie par laquelle on accueillait l'Humanité dans l'hospitalité d'un Nouveau Théâtre d'Evolution, rempli d'opportunités, de promesses, de beauté et d'abondance. Ensuite eut lieu la descente de l'homme dans le monde, une cérémonie dont le souvenir est écrit à jamais pour l'éternité dans la substance sensible d'Akasha, et qui sera revivifiée et revitalisée un jour pour la joie et l'éducation de toute l'Humanité.

Le Cerveau de Dieu envoya le Rayon dirigé dans l'Atome permanent qui devait devenir le pouvoir magnétique maintenant les courants de vie destinés à évoluer sur la planète et dans son orbite.

Les Grands Devas de la Nature, de chaque montagne, mer et plaine vivifièrent la vague de vie au moyen d'abondants dons de verdure attendant la venue de l'homme.

L'Hôte Angélique se tenait visible et tangible sur la surface de la Terre, regardant vers le Ciel lorsque les Portes de Celui-ci s'ouvrirent et que le Premier Rayon, dans des torrents de Musique Céleste, remplit les Cieux de son Bel Azur pour former un chemin radieux depuis le Cœur du Soleil jusqu'à la Terre, chemin sur lequel les premiers enfants des hommes pourraient descendre dignement pour s'incarner.

Alors, devant les yeux des témoins silencieux et des visiteurs d'autres planètes et systèmes, la Présence du Prince de l'Hôte Céleste, le SEIGNEUR MICHEL, apparut dans les portes ouvertes du Ciel.

L'Archange portant la Couronne de l'Immortalité, revêtu de la Lumière du Soleil Central du sein duquel Il était sorti pour garder et guider les enfants de la Terre au travers de siècles d'expérience dans la Vie à venir. La Terre Elle-même commença à chanter Son Chant Cosmique, l'Hôte Angélique chanta la Louange de la Présence, à la venue de Son Seigneur, les Devas et Constructeurs de Forme se joignirent à l'hymne spirituel avec leurs accents majestueux et les Planètes Sœurs de notre Système ajoutèrent à la Symphonie des accords célestes.

L'Archange Michel, le fils du Roi des Rois, l'Ange de la Résurrection de la Nature Divine dans l'ange, l'homme, l'élémentaire, vint pour assurer la sécurité du retour de chaque fils de l'homme, chaque Ange et chaque élémentaire à la fin du jour Cosmique.

Alors commença la Grande Descente, le Seigneur Michel glissant vers la Terre sur le Rayon de Feu Bleu, ancré à Celle-ci dans la région de nos Montagnes Rocheuses Actuelles dans la partie Nord-Ouest des Etats-Unis (Tetons). Derrière Lui, avec grâce, lentement et majestueusement vint le Glorieux Seigneur Manu de la Première Race, avec sur la tête une couronne à sept pointes, un manteau bleu royal sur ses épaules ; l'incarnation du dessein du Père Dieu pour chaque courant de vie le suivant innocemment dans le monde de la forme.

Ensuite commença la descente des Innocents. Le premier groupe d'humanité ayant reçu l'occasion de s'incarner et d'apporter à la Terre la maturité de Dieu. Ils descendirent un par un, main dans la main, à la suite du Seigneur Michel et du Manu jusqu'à ce que la quantité tout entière prévue par Le Père pour ce premier essai en formes Humaines fut descendue, accompagné par des myriades d'Anges Gardiens. L'Aura Protectrice des Séraphins et la Lumière des Hôtes Chérubins transportait l'atmosphère du Ciel dans leurs Corps Lumineux et les Auras splendides qui les enveloppaient.

Et c'est ainsi, en grande beauté, dans une abondance sans limite, en présence visible et tangible du Seigneur Michel et de l'Hôte Angélique, sous le patronage aimable du Seigneur Manu lui-même, qu'on entra dans l'Age d'Or pour que les fils des hommes en profitent. A la fin du cycle, ils suivirent facilement et harmonieusement leur Manu pour monter l'échelle de l'évolution dans l'Etat Divin — Ascension — « le soir et le matin et ce fut le Premier jour ». (Genèse I:5).

Pendant que tous les cycles de temps se succédaient, pendant que Rayon après Rayon le chemin permettant la descente de Nouveaux Esprits était fourni, le Seigneur Michel est resté en Gardien, en Superviseur de l'Hôte Angélique, de l'humanité terrestre, et des Royaumes Elémentaires. Il ne repliera ses Ailes Cosmiques pour rentrer chez Lui que lorsque le dernier Etre Angélique sera libéré, le dernier homme sauvé et le dernier élément revenu à son état parfait. Voilà l'Amour du Seigneur Michel qui, comme beaucoup d'autres, est un prisonnier d'Amour de la Vie qu'Il sert. Que son Nom Sacré soit béni trois fois !

C'est ainsi, mes biens-aimés, qu'un grand pèlerinage s'est poursuivi jusqu'à ce jour. C'est ainsi que, du Cœur du Ciel, les Fils et les Filles du Plus Haut Dieu vivant sont sortis. Beaucoup d'entre eux sont actuellement emprisonnés dans des formes qui sont bien moins parfaites que ce qu'ils devraient exprimer. Ne croyez-vous pas que toute cette énergie et cette vie inestimables investies en vous, et en d'autres êtres le sont pour une grande destinée ? Comment pouvez-vous ne pas être reconnaissant envers les Parents-Dieux qui vous ont créés, Les Esprits Gardiens et l'Hôte Angélique qui vous ont protégés, les élémentaires qui ont soutenu votre corps, et envers les membres de la Grande Fraternité Blanche qui sont restés des exilés volontaires hors des Gloires du Nirvana, afin que vous puissiez RETROUVER LE CHEMIN DE LA MAISON ?

Ces êtres charmants, les Saints Innocents, arrivant sur notre belle Terre, en utilisant la Conscience « JE SUIS » prirent la Vie originelle. En élevant la coupe de leur esprit vers leur propre Présence « JE SUIS », ils reçurent la Volonté de Dieu sous la forme d'idées. Ils purent ensuite façonner ces idées dans des modèles définis, et les remplir du sentiment d'Amour. En utilisant le corps de chair, ils les extériorisèrent dans le monde d'apparence physique grâce au pouvoir de Précipitation. Ils construisirent sur la Terre, comme ils avaient construit dans le Ciel. Le Premier Age d'Or manifestait les même Temples, la même perfection exquise que ces êtres connaissaient aux niveaux intérieurs. Il n'en existait aucun dans ce cycle sur terre qui ne terminât le cours d'évolution en parfaite harmonie.

Le second Cycle fut pareil. Les Etres du Troisième Cycle arrivèrent. En utilisant la conscience « JE SUIS », l'activité naturelle de chaque jour était de se mettre au diapason de la présence « JE SUIS », CAR LA PRESENCE EXTERIEURE ET LA PRESENCE « JE SUIS » NE FAISAIENT QU'UN: Chaque Individu « s'accordait » avec sa Propre Présence, et les Idées Divines pour la journée arrivaient dans son esprit. Tellement d'idées magnifiques arrivaient en un seul jour que l'être extérieur ne pouvait pas les accomplir toutes. Il choisissait les idées qui seraient les plus bénéfiques à l'Univers, et CHAQUE JOUR, L'ETRE EXTERIEUR S'OCCUPAIT DES AFFAIRES DE SON PERE. Tout était très beau.

Ensuite vint la conscience humaine, celle dans laquelle vous vivez aujourd'hui qui doit être rachetée et retransformée dans votre moi « JE SUIS ».

L'ARRIVEE DES RETARDATAIRES
(La chute de l'homme)

Lorsque les Etres Divins arrivèrent sur la Planète Terre, la Glorieuse Présence de Dieu résidant en chacun d'eux remplissait toute la forme qu'ils avaient revêtue. La Triple Flamme Intégrée Immortelle était le vêtement de cette Présence, visible pour tous les hommes de façon physique. Les Anges, les Dieux et les Hommes marchaient ensemble, sans séparation. Ils travaillaient sans sueur à leur front ; la désintégration la mort et toutes ces apparences étaient inconnues.

De nombreux siècles ont passé depuis la création de cette belle Planète Terre, depuis que l'harmonie créative émanant des corps de l'Elohim s'ajoutait à la mélodie et à la musique des Sphères. Des âges ont passé depuis que les purs électrons ont été extraits de la masse informe par l'Amour, pour être construits en une planète si resplendissante de beauté que même le Soleil, dans son Ciel, n'en surpassait pas la légèreté et la grâce.

Ce fut un don du Cœur de la Création à l'évolution, qui signifiait un désir d'apprendre à contrôler l'énergie dans le monde de la forme. Des Fleurs de feu qui jamais ne mouraient ; des corps qui ne connaissaient ni désintégration ni pourriture ; l'élévation et la précipitation ; les dons divins de chaque Esprit incarné ; la Présence de l'Hôte Angélique visible et tangible à la vue de tous ; le puissant Devas, les Maîtres élevés et les Gardiens vivant dans les Temples de lumière ; les Compagnons constants et les Protecteurs d'une évolution heureuse et innocente, voilà la Terre telle qu'elle fût donnée par le Cœur et la Main de Dieu à l'humanité qui exprima le désir de s'incarner sur Elle. C'est la Terre avec le premier Manu tout-puissant, qui s'établissant au cœur des Montagnes Rocheuses, au Wyoming U.S.A. attira le pouvoir de l'Elohim et créa le Premier Sanctuaire Spirituel de Retraite.

Au cours d'une évolution naturelle par un processus de quatorze mille années, la conscience parfaite des Esprits incarnés doit évoluer. Chaque Esprit passant deux mille ans dans chacun des Sept Rayons... La Grande Roue Cosmique ne tournant qu'une fois dans cette période. Le Premier Rayon, les Second, Troisième, Quatrième, Cinquième, Sixième et Septième

Rayons nourrissent les sept centres spirituels dans l'âme et la conscience pendant deux mille années, dans cet ordre et, à la fin des quatorze mille ans, CHAQUE INDIVIDU DOIT ETRE UN BON MAITRE D'ENERGIE ET DE VIBRATION, ICI MEME, DANS L'APPARENCE PHYSIQUE DU MONDE.

Mais, là où quatorze mille ans auraient dû suffire, la Roue Cosmique a tourné DES MILLIERS DE FOIS, sans amener à maturité ceux qui appartiennent à l'évolution de cette planète ni ceux qui en sont les invités, venus d'autres Etoiles. C'est cela qui a rendu la planète très récalcitrante. Lorsque les individus (retardataires) arrivaient d'autres planètes, ils retardaient le progrès et, comme les enfants doivent redoubler leur classe plusieurs fois, de même des hommes doivent continuer à s'exposer à cette rotation de la Roue Cosmique.

C'est vrai que les trois premières Races d'Origine TERMINERENT leur évolution dans cette période de quatorze mille ans AVANT QUE LES RETARDATAIRES ARRIVENT A NOTRE SYSTEME.

C'est alors que la Terre offrit d'accepter certains courants de vie qui n'avaient pas atteint le développement requis pour progresser avec leurs propres systèmes et planètes. Ces Systèmes devaient se mouvoir dans une grande poussée vers l'avant, semblable à celle qu'aura la Terre dans les prochaines années qui viennent (dont plusieurs années se sont déjà écoulées). TOUT LE SCHEMA CREATIF a été retardé par ces « Retardataires ». La Terre et ses évolutions ayant une action vibratoire plus condensée, et donc plus calme, que des Systèmes suivants, offrit d'accepter ces « retardataires », espérant, par contagion et par pression de PURETE au sein des gens de la Terre et de leurs Esprits gardiens, racheter rapidement ces « retardataires ». Pendant des centaines d'années, les prêtres et prêtresses des Temples essayèrent continuellement de protéger la conscience des masses contre l'influence et la contagion engendrée par la proximité de ces récalcitrants, et contre toutes idées qui pourraient entrer dans la conscience des peuples de la Terre qui, jusqu'à présent, n'avaient connu que la perfection.

Avez-vous jamais pensé à la manière dont ces retardataires en sont venus à entrer dans l'atmosphère de la Terre ? Ils arrivèrent par l'intermédiaire des corps sains de femmes appartenant à cette évolution parfaite, harmonieuse et pure qui offrirent de donner à ces âmes l'occasion de s'incarner sur Terre.

Ces femmes furent choisies en raison de leur imminente force spirituelle, de telle sorte que le corps élémentaire des retardataires et l'héritage de bonnes et de mauvaises tendances puissent être atténués par la pression des mères au cours de la période de gestation et des premiers pas sur la Terre.

Ces individus naquirent donc de la femme. Ce fut un des plus grands sacrifices connus dans toutes les Galaxies — par l'acceptation dans le corps de la femme, dans sa conscience et son foyer, de ces individus dont l'émanation était telle qu'elle a conduit la Terre à la position où elle est aujourd'hui. C'est ici, mes bien-aimés, à ce point que vous avez déserté votre Puissance « JE SUIS » Bien-Aimée. Lorsque après leur naissance, ces retardataires atteignirent un certain âge, et que le Saint Christ en Soi fut obligé de libérer une certaine quantité de leur karma, ils commencèrent à créer, en pensée et en sentiment, dans le secret, des formes de nature faussée et impure. Cela commença à se répandre et, comme le brouillard sur une ville, à être absorbé par l'atmosphère, pour être ramassé par la conscience plus sensible des Innocents, qui avaient l'habitude de ne retirer que du bien de la Présence « JE SUIS » et de la Perfection Divine qu'elle exhalait. Bien que la tentation ait pu être repoussée et que les esprits aient pu ne pas accepter ou entretenir ces sentiments et modes de penser, certains êtres de la race ouvrirent également secrètement leurs conscience à ces façons de penser, en leur permettant d'influer dans leurs sentiments, jusqu'au point où finalement ils s'extériorisèrent en forme. Ce fut le commencement de la masse humaine d'imperfection.

La curiosité, la rébellion contre l'observation fidèle du mode de penser Divin et l'utilisation de pensées et de sentiments dans la création de l'imperfection commencèrent à créer ce que vous appelez l'âme autour du Saint Christ en Soi. C'est une conscience qui est à part de l'entière Pureté de Dieu. La première pensée imparfaite et impure que l'homme eut, créée par un sentiment secret, fut une *cause,* qui propulsée dans l'atmosphère créa un effet. L'effet, comme un boomerang, revint dans la conscience et fut enregistré. Cet enregistrement fut le début d'une impression. L'énergie envoyée d'une certaine manière affecta le courant de vie de façon telle qu'elle créa une ombre entre la Présence « JE SUIS » et la conscience extérieure de l'homme. L'individu, en essayant de contacter la Présence « JE

SUIS », trouvera ces pensées et sentiments errants gênant le contact, au point de rendre ses créations de plus en plus imparfaites. L'usage conscient de pensée et de sentiment fut momentanément perdu et finalement ces centres échappèrent complètement au contrôle de la Présence « JE SUIS » et à son Moi Christique, pour agir indépendamment. Toute imperfection vue et enregistrée dans le cerveau de l'individu pour être ensuite stimulée par les sentiments et devenir forme est, ce que vous pourriez appeler, une expérience « frankenstein ». Les pensées et les sentiments qui agissent indépendamment de Dieu, reposent sur l'imperfection, créent des conditions malheureuses dans lesquelles (excusez-moi si je vous le dis) vous vivez en grande partie aujourd'hui.

Au cours des âges, la création de formes pensées, *la stimulation des formes de penser par le sentiment,* et l'action qui suit au travers de la chair, ont créé *une conscience éthérique impure. L'âme est la conscience qui accumule votre utilisation expérimentale de la Vie en action, réaction et tendances.* La nature de votre âme et ses habitudes sont déterminées par la façon dont vous avez utilisé la vie et comment, à son tour, la vie a réagi dans votre expérience, âge après âge. Votre âme persiste, dans l'incarnation et en dehors de l'incarnation. Votre âme continuera jusqu'au moment où elle sera transformée par la Triple Flamme Intégrée victorieuse et immortelle et à cette époque-là, cette ombre du moi, la personnalité, qui imagine qu'elle existe, pense et se sent à part du Moi Christique, n'existera plus du tout ! Votre âme fonctionne au travers de chaque personnalité que vous utilisez. Aujourd'hui vous possédez un nom, vous êtes nés dans une famille, vous vivez, si vous avez de la chance, soixante-dix ans. Ensuite vous abandonnez une personnalité et c'est fini, mais l'âme à l'intérieur de vous, dans le vêtement éthérique, influence chaque personnalité que vous revêtez. Si vous deviez regarder dans le courant ininterrompu de vos vies, disons, une centaine ou plus, vous verriez que l'âme dans chaque personnalité a, plus ou moins, suivi le même dessein.

Maintenant, nous devons *transformer des millions et des millions de ces personnalité de carnaval dans quelques courtes années.* Nous essayons donc de vous apprendre comment réentrer dans l'autorité de votre propre Conscience « JE SUIS », de tirer de la vie primitive. Comment obtenir les directives de votre Présence « JE SUIS ». Comment transmuter les pensées et les sentiments de votre âme malgré leurs grondements et tendances éthériques. Ensuite, en contrôlant la maîtrise de votre vie, vous devez recommencer à construire, comme votre Moi Divin doit le faire, afin qu'il n'y ait plus trois choses : la personnalité, l'âme et Dieu — MAIS DIEU SEULEMENT. vous serez réinstallés dans la Conscience « JE SUIS » — maître de vos pensées, sentiments et actions ; absolument imperméables aux influences des âmes extérieures des autres, à ces influences si facilement enregistrées par les sens, cultivées en secret et extériorisées dans ces conditions vicieuses du corps éthérique qui se manifestent comme des maladies de l'âme, de l'esprit et du corps.

Revenons-en maintenant aux « retardataires » qui ont amené l'état dans lequel se trouve aujourd'hui la Terre. On a appelé les premiers Ages d'Or, l'époque du Paradis Terrestre lorsque pas un seul courant de vie n'utilisait d'énergie pour créer une vibration discordante, et que la Terre était aussi harmonieuse que les Cieux.

Les peuples sur la Terre, au cours des trois premiers Ages d'Or terminèrent leurs quatorze mille années sur Terre sans jamais connaître la discorde.

Qui étaient les âmes que nous appelons « retardataires » qui arrivèrent d'autres planètes, et systèmes ? Elles étaient des CONSCIENCES exactement comme vous, consciences avec la capacité de penser et de ressentir le mal comme le bien.

LE PLAN DE DIEU POUR TOUS

Le Plan Divin pour l'homme est que celui-ci devienne un Maître d'Energie et de Substance dans n'importe quel point de l'Univers. Pour ce faire, il doit réaliser que toute l'énergie utilisée en pensée, sentiment, parole et action, doit être gardée dans l'état pur qui était celui qu'elle avait en sortant du Cœur de Dieu. L'homme est un Dieu en embryon et le Plan d'origine était qu'il atteigne sa perfection et devienne Maître dans le cycle des 14 000 années. Depuis la chute de l'homme, cette période s'est trouvée très rallongée et, même si beaucoup ont atteint la perfection dans leur Ascension, il y en a des milliers qui restent. L'évolution de la Terre est sérieusement retardée jusqu'au moment où ceux-ci indiqueront de la bonne volonté pour se débarrasser de leurs impuretés et marcher sur LE SENTIER.

A ce sujet, il faut reconnaître le fait que rien dans le Cosmos n'est statique. Les Planètes et les Soleils eux-mêmes doivent évoluer sur un Plan vers le but puissant de la PERFECTION. Aujourd'hui, la Terre va rapidement vers cette période d'Initiation Cosmique et ceux qui ne voudront pas se purifier eux-mêmes suffisamment pour pouvoir participer à *ce grand moment,* se trouveront dans la position même où les retardataires se trouvaient il y a des siècles. Evidemment, on peut penser que ce sont les mêmes âmes que celles qui refusent de se purifier aujourd'hui, mais le côté malheureux de l'affaire est qu'elles influencent beaucoup d'autres âmes qui pourraient atteindre de grandes hauteurs si on leur permettait d'exprimer leur libre arbitre donné par Dieu.

L'ASCENSION ET LE NIRVANA

Lorsque l'homme, dans son évolution, atteint le point où les choses matérielles de la Terre ont tendance à perdre leur attrait, et où il commence à tendre vers l'illumination spirituelle, il monte sur le sentier qui va le conduire à son Elévation. Lorsqu'il parvient à cette Elévation, il a atteint le But de son évolution Terrestre. Il devient UN avec sa propre Présence « JE SUIS » et donc UN avec l'Esprit de Dieu lui-même. Il est Maître de toute énergie et substance, libre de voyager dans tout le Cosmos. Toutefois, ce n'est pas la fin de son Evolution. A partir de ce moment-là, il commence une nouvelle période d'évolution, comme Etre Divin. Il peut même devenir un Soleil Dieu, d'où il pourrait commander les énergies d'un système planétaire et de ses habitants. L'état de conscience au-delà de ce point est appelé « Nirvana » et on en parle comme d'un « état de bonheur parfait ». Toutefois, il faut bien comprendre que cet état est une expansion de l'individualité et que lorsqu'on l'a atteint, on peut y renoncer dans le but de rendre de plus grands services à la Vie.

LE MAITRE JESUS BIEN-AIME

(Note de l'éditeur : Comme la célébration de Noël est symbolique de la naissance de la conscience du Christ dans chaque homme, apportant son don de vie pour bénir toute vie, nous offrons le discours suivant du Bien-Aimé Jésus sur la conscience qu'il a lui-même atteinte dans sa vie terrestre et que tous peuvent atteindre.)

Bien-aimés fils de la Vie, Enfants bien-aimés du Père, amis bien-aimés de bien des siècles, Vous êtes de ceux avec lesquels j'ai partagé bien des pèlerinages, j'ai adoré bien des autels, me suis tenu devant bien des reliquaires au cours de cette longue évolution. Vous avez recherché le Royaume de Dieu, le bon usage de l'énergie de vie et le retour à la maîtrise de soi consciente. En vérité, cette maîtrise fait partie du souvenir des jours précédent celui où les ténèbres sont tombées sur la Terre, des jours où les hommes et les femmes marchaient dans la liberté, la dignité, la maîtrise de soi. La vie était utilisée, consacrée et dédiée à l'élargissement des frontières de ce Royaume toujours en expansion, le Royaume du Ciel, et au tissage dans les desseins de forme, de la perfection magnifique connue dans les niveaux intérieurs de la conscience.

L'énergie bouillonnante qui propulse l'âme à la recherche de la Vérité est motivée par ces souvenirs de la divine maîtrise et de la dignité auxquelles chaque conscience individuelle était née et vers lesquelles elle doit retourner.

Je désire, en vous parlant, vous donner un peu de Ma Conscience que vous avez cherchée au travers des Ages. Cette conscience a vaincu les ombres, les limitations, dénoué les chaînes et les apparences du monde par *la confiance et la foi* dans la puissance de Dieu ! C'est cette confiance qui vient par la contemplation, l'application, et la consécration de vos énergies vitales jusqu'au point où vos sentiments ne prêtent plus serment d'allégeance aux Ombres ; jusqu'au point où les énergies de vos auras ne sont plus mises en éruption par les apparences effrayantes (vraiment ces apparences n'ont que la puissance que vous leur donnez) ; jusqu'au point où chacun d'entre vous atteint la pleine maturité de sa propre conscience du Christ. Cette conscience du Christ surpasse tous sens d'allégeance aux apparences qui effraient, dérangent et mettent en détresse l'humanité terrestre. Un tel homme, ancré dans ce sentiment de la puissance de Dieu, suffit en n'importe quel âge, pour transformer les énergies des masses. C'est pour éduquer et développer sans vos sentiments cette sécurité, cette conviction que la Puissance de Dieu invoquée agit toujours, que nous revenons toujours et toujours. Nous amarrons un peu plus de la substance de feu de nos Mondes dans vos mondes de sentiment, dans vos consciences, dans vos corps éthériques et dans votre chair.

Après cette manifestation une nouvelle position des énergies de vos différents véhicules est qualifiée par Dieu de façon permanente, elle lui est dédiée et ne peut jamais plus être qualifiée par les créations de l'octave humaine.

Sage est celui qui place sa conscience dans la Présence vivante des Maîtres de la Sagesse et presse son corps contre elle. Par contagion, il absorbe dans les énergies de son corps cette confiance et cette foi dans les pouvoirs du Tout-Puissant.

A vous, qui vous agrippez si fortement aux croyances des âges, cette transmutation, *cette manifestation en marche* vous semble un lent processus que votre conscience *saisit mentalement*. Croyez-moi toutefois, la formation des chaînes, et l'aspiration des énergies de limitation dans vos mondes, a été également un processus excessivement lent. Il a engagé votre libre arbitre et l'utilisation de vos facultés pendant des millions et des millions d'années.

Donc, ne soyez pas découragés dans vos premières tentatives pour mettre en ordre les mondes de votre conscience, pour évacuer de votre propre temple individuel toutes les craintes et les doutes, les soupçons et les incertitudes qui s'y cachent. L'humanité accepte les bénédictions de façon tellement détachée. Même ici, sur Terre, les forces bénies des Eléments qui n'ont cessé de servir au cours des âges, n'ont reçu en retour que de vagues remerciements pour leur constance. Sans leurs services l'humanité n'aurait pas pu survivre dans les effluves de ses propres pensées et sentiments.

La Source de toute lumière, Dieu Père et Mère, a reçu encore moins de gratitude de la part de ceux qui utilisent Sa vie si librement, en la faisant passer par les sens dans l'utilisation licencieuse du libre arbitre, dans la jouissance de chaque plaisir qui passe. Les gens ont beaucoup de bonheur dans l'utilisation de la vie, tellement d'amour pour la vie elle-même, et cependant si peu de gratitude et de révérence pour la Source qui la soutient et a soutenu cette conscience individualisée depuis des millions et des millions d'années sur cette Terre seulement, sans parler des âges avant que l'incarnation sur la Terre soit un fait manifeste.

L'humanité doit se rendre compte aujourd'hui que la Source qui fournit la Vie, qui donne l'intelligence, qui munit chaque état de conscience de son libre arbitre, a un but dans cet investissement. L'humanité doit revenir à sa Source et s'agenouiller devant elle pour demander que ce but lui soit révélé. Et, humblement, en remerciant de cette opportunité, *commencer à faire jaillir de ses propres vies l'accomplissement de ce but.*

Quel mérite a l'homme de faire la Volonté de Dieu, le Dieu d'où provient toute vie ? Oh, quelle joie devrait être dans les cœurs de ceux qui n'ont simplement qu'une conception mentale du Plan divin ! Avec quelle bonne volonté et quelle joie, les énergies devraient-elles être consacrées à l'accomplissement de ce plan, à l'exclusion de tout intérêt personnel. Penser qu'au cours d'une courte vie terrestre, les iniquités de millions d'années pourraient être effacées, devrait être la cause d'une immense gratitude. Qu'il est merveilleux de savoir qu'au cours d'une vie reconnaissante, le but qu'on a prévu pour l'individualisation et la sustantation de l'état de conscience, peut être atteint.

Mais tant que l'humanité ne sera pas arrivée à ce point, elle ne connaîtra pas le bonheur ni la liberté. Ceux d'entre vous qui ont renoncé au monde de plaisirs, ceux d'entre vous qui sont revenus aux pieds des Maîtres, ceux d'entre vous qui ont mis leurs énergies, au cours de toutes ces années, à créer ces magnifiques champs de force, sont les plus fortunés des hommes et des femmes. Les plus fortunés, parce que le vœu que vous avez formulé devant la Source de toute lumière, est accompli par vos énergies. A la fin de cette Vie terrestre, lorsque vous vous tiendrez de nouveau dans le Hall du Karma, vous pourrez dire : « J'ai atteint mon but, j'ai accompli mon vœu. Je suis donc revenu avec entre les mains les gerbes que j'ai faites. » Vous entendrez alors les mots du Père « C'est bien, bon et fidèle serviteur. »

Croyez-moi, lorsque je vous dis, rien n'a d'importance sur terre si ce n'est que vous accomplissiez ce que vous devez faire, que vous teniez ces gerbes avec vos mains conscientes et que vous ayez résisté jusqu'à la fin, que vous ayez attendu que votre Présence vous appelle pour passer dans le service actif du Royaume de Lumière.

Votre service est volontaire, Enfants de Dieu. Personne ne Vous a demandé de venir et personne ne Me l'a demandé. Personne ne l'a demandé au grand Saint Germain ni à ma Sainte Mère — seuls l'amour de la vie, l'amour de Dieu et le désir de voir son Royaume ont amené tous les courants de vie à plier le genou devant le Conseil Karmique. Seul cet amour pouvait faire le vœu de rendre un service dépassant l'ordinaire, de supporter une croix dépassant l'ordinaire, d'expier un karma qui ne soit pas le vôtre et de rester en exil sur une planète grinçant sur son axe.

Rappelez-vous, *l'amour vous a incités à venir et l'amour vous unit, pendant que vous restez ici !* Pendant que cet amour de Dieu bat dans votre cœur fortement, qu'il remplit vos sentiments vis-à-vis du Maître et qu'il passe à travers vous pour votre compagnon de travail et vos frères, vous êtes en sécurité. Lorsque cet amour devient amertume, ressentiment, rébellion, inertie ou vide spirituel, alors, dans le secret de vos cœurs et de vos chambres, appelez la vitalité spirituelle, demandez l'aide spirituelle d'en haut. Faites que vous reviennent cette joie, cette chaleur, cet enthousiasme que vous aviez comme avant que vous preniez un corps terrestre, alors que vous vous teniez avec Saint Germain dans la liberté des niveaux intérieurs, en contemplant une planète dans la liberté de Dieu. Vous vîtes alors des hommes et des femmes dans leurs robes de liberté, pas de maladie, pas de mort connues. Plus d'une fois, au cours d'une vie terrestre, il est nécessaire que la vitalité cosmique et l'infusion de l'énergie spirituelle viennent vous soutenir. Aucun homme n'est complet en lui-même. Le grand et puissant Archange Michel, le Bien-Aimé Gabriel, le Bien-Aimé Raphaël, tous les Archanges soutinrent Ma Mère, Mon Père et Moi-même. Pendant la nuit de Gethsemanie, la présence des Archanges me donna le courage de renouveler mon vœu.

Lorsque j'étais tout seul, lorsque ceux qui m'aimaient le mieux dormaient, lorsque l'avenir annonçait un autre printemps, que les oiseaux chantaient doucement, que les premières fleurs naissaient, que l'odeur salée de la mer envahissait mes narines, que le feu de vie d'un corps qui n'avait jamais connu la maladie renaissait à la pulsation de la résurrection, je choisis alors d'offrir cette vie !

Nous voyons, bien mieux que vous le savez, les dépressions et les renaissances individuelles, mais je vous demande de vous souvenir que, *de même que j'ai reçu de l'aide, vous pouvez la recevoir aussi.* Sages sont ceux qui restent dans cette croyance. Sages sont ceux qui exposent leur âme et leur esprit, à chaque occasion, à la vitalité qui coule des Archanges à la Terre.

Après le passage de mon adolescence, une de mes expériences les plus difficiles fut de quitter ma chère Mère et de faire ce pèlerinage au cœur de l'Asie. C'est là que je rencontrai l'Etre que vous appelez le Directeur Divin. Je suis resté avec lui, pour apprendre à mesurer ma propre conscience, et de faire Miennes les quelques affirmations très courtes qu'Il me donna. Une des leçons qui passa de sa Propre Conscience Puissante en celle de tous ceux d'entre nous qui étions rassemblés autour de Lui fut *qu'aucune prière ou mantrum,* comme il les appelait, *aucun décret n'a d'efficacité à moins que la conscience en elle-même, dans son sentiment, accepte et comprenne la vérité affirmée.*

On nous enseigna le pouvoir de la concentration mentale sur le mantrum que Nous devions utiliser. On nous demanda, par l'intermédiaire de Notre propre champ de force, de Nos propres Auras, de tirer la vérité de ce mantrum jusqu'à ce *que cela soit visible pour le Guru.* Aucune autre application ne nous fut donnée avant que chaque fibre, et cellule de nos Etres, confirment notre affirmation et que nous l'ayons faite Nôtre, pratiquement et manifestement.

Certains passèrent trente ou quarante ans à travailler sur la phase « JE SUIS CE JE SUIS ». Certains passèrent toute leur incarnation sur « Je suis la Résurrection et la Vie ». Il n'y eut aucun favoritisme. Il n'y avait rien pour hâter notre progrès sauf la vérité extériorisée qui était contenue dans la partie de la Loi que le Guru nous donna. Il nous la donna avec économie, comme si le souffle de vie contenu dans cet aphorisme ne pouvait plus être ré-utilisé avant que le Royaume ne soit proche.

L'Humanité et le Monde ne réalisent pas la vénération avec laquelle les Grands Maîtres, les Professeurs, les Sages et les Saints traitent la Vie. L'Humanité, qui dévore les vérités, les assimile peu et ne les fait pas siennes, a beaucoup à apprendre des disciplines qui accompagnent le développement de la conscience dans les Retraites du Monde.

Nombreux sont ceux qui, s'adressant au Directeur Divin, ne reçurent même pas un mot au cours de leur incarnation, parce que ce grand Etre ne sentit pas que leur lumière consciente demandait l'investissement de Ses énergies et la responsabilités correspondante qui entrerait dans le monde de l'étudiant, s'il ne pouvait pas faire de la Vérité un fait.

Ces aspirants étaient assis dans l'aura du Maître pendant leur incarnation, se contentant de toucher l'ourlet de son vêtement (aura). Ils étaient satisfaits de sentir leurs propres énergies spirituelles si faibles flotter sur la constante adoration et dévotion que le Maître faisait monter vers Dieu. Ils espéraient peut-être qu'une étincelle magnétique s'embraserait un jour dans leur aura, pour attirer une lueur d'intérêt de la part du Maître, un hochement de tête ou une bénédiction de sa main et ils se prosternaient lorsque ce signe leur était accordé sans un mot.

Je fis partie de ces pèlerins sans rien dire. Je m'assis avec les autres dans le cercle anonyme et le Maître dans sa profonde contemplation et sa méditation, me fit connaître par un signe qu'Il savait que J'étais là. Je n'étais pas annoncé comme le Messie ou choisi pour avoir des faveurs. Je devais monter ou tomber à ma propre lumière comme chaque homme ou femme, et je n'aurais pas désiré que cela fût autrement. *Lorsque l'humanité et les étudiants qui s'efforcent d'avoir une place, comprendront cela, leurs cœurs connaîtront la paix.*

Lorsque l'élève est prêt, le Maître apparaît. Lorsqu'il est prêt pour plus de connaissance, celle-ci lui est donnée. Lorsque la conscience est mûre, le fruit est cueilli. Lorsque la Terre est labourée, on sème la nouvelle semence. Nous, qui semblons si prolifiques de notre semence, faisons cela parce que longtemps après que votre cycle mondial sera terminé, et que vous serez dans le Royaume de la liberté de Dieu, il y aura des hommes et des femmes qui prendront cette Loi comme base de vie. Et, en tant qu'un de ceux qui a saisi si avidement cette seule phrase « Je suis la Résurrection et la Vie », tellement reconnaissant d'avoir eu le privilège et l'honneur de recevoir des lèvres du Guru une connaissance que je puisse m'approprier, je vous le dis à vous qui êtes vraiment bénis en recevant cette instruction sans limite, *Vous seriez sages de respecter le cadeau et le conseil donnés.*

Quarante-huit heures après que j'aie reçu cette affirmation « Je suis la Résurrection et la Vie », comme vous le savez, toute l'importance de ma Mission me fut révélée et j'ai accompli de but de Ma visite. Je serai éternellement reconnaissant à l'Etre Béni qui me donna la Clé. Souvenez-vous toutefois, que j'avais préparé le sol pour les semailles après qu'elle me fût donnée, Ma vie devait nourrir et développer la plante et la moisson. Lorsque je suis parti, il n'y eut pas d'adieu. Le cercle de ceux qui espèrent ne sut même pas qu'un pèlerin avait été retiré de leur milieu. Le Maître n'ouvrit même pas les yeux et ne fit aucun geste.

Tout le long du chemin de retour depuis les sables chauds de l'Inde, au travers des pierres des collines, je me réjouissais encore et encore de la richesse que j'avais reçue de l'Etre, dans cette seule phrase « Je suis la Résurrection et la Vie ». A partir de cette phrase, j'ai construit un ministère qui aujourd'hui représente un exemple manifeste que ce n'est pas nécessairement *la quantité* de connaissance, mais *l'application* de la connaissance impartie qui donne des résultats. Preuves de la maîtrise et de la Liberté pour l'Humanité.

Ne prenez pas ces mots d'instruction à la légère ! Emmenez-les dans le fond de vos conscience et cœur ! Construisez autour de vous la forme manifeste d'une Aura afin que votre Guru, en vous regardant, dise « Cet étudiant est prêt à recevoir davantage de vérité, de plus grands pouvoirs, avec une meilleure compréhension de la Loi. »

LA LOI DU PARDON

Demander la Loi du Pardon signifie obéir à un Edit Divin par lequel un individu peut obtenir la rémission de ses transgressions personnelles de la Loi de la vie ou de toute autre partie de Vie qu'il choisit pour y faire appel. L'application de la Loi du Pardon est facile à l'extrême, car c'est simplement l'élimination de tout karma imparfait dans l'âme en préparation pour la soumission totale du moi extérieur au Saint Christ en Soi intérieur. L'étudiant doit d'abord invoquer la Présence « JE SUIS », ensuite l'un ou plusieurs des Etres Divins du Septième Rayon, qui est le Rayon de Miséricorde et de Pardon et ensuite demander la transmutation de toutes les imperfections connues ou inconnues, en perfection d'une qualité ou vertu de Dieu. La Loi du Pardon doit toujours précéder toute forme de jugement soit par un individu, soit par un groupe.

LA FLAMME VIOLETTE DE TRANSMUTATION ET DE PURIFICATION

C'est une activité du Feu Sacré qualifiée par la Puissance Divine de Transmutation. C'est un cadeau au peuple de la Terre fait par le Maître Elevé Saint Germain, comme le sont toutes les activités du Septième Rayon Violet, qui doit être la Présence enveloppante du NOUVEL AGE pour les prochaines 2 000 Années. Transmutation veut dire : remplacer une substance par une autre et c'est exactement ce que fait le Feu Violet — **Il remplace l'imperfection** par la Perfection Divine. Il sublime également, c'est-à-dire raffine par le Feu, tout ce qui est moins que parfait. La Flamme de Transmutation Violette peut être invoquée par l'étudiant, elle brûlera au travers de son âme, de son être, de son monde et de ses affaires pour amener la Perfection Divine dans tout ce à quoi il s'associe. Elle peut être également appelée dans toute condition où il a le sentiment que ce service doit être requis — qu'il soit local, national ou planétaire.

La Roue Cosmique qui permet le jeu de certains Stimuli Spirituels sur la Terre et les corps intérieurs de son peuple, fait un tour complet chaque quatorze mille ans. Au cours de cette période, chaque Rayon parmi les Sept reçoit deux mille ans de possibilité de jouer sur la Terre, pour donner la nourriture et l'amour de Sa qualité particulière, à l'évolution de la Vie afin de déployer la nature spirituelle de chacune de ses parties composantes.

Le Cycle Cosmique est divisé en cycles mineurs de deux milles années, chacun se trouvant sous la direction d'un Grand Etre spécialement voué à une qualité particulière de la Tête Divine, nécessaire à l'évolution de la vie Terrestre pour cette période.

Ces Etres sont appelés les Chohans des Rayons. Le mot Chohan signifiant Seigneur et le mot Rayon, la radiation, la couleur et l'activité de chacune des Sept Sphères qui forment l'Aura de Dieu.

Le premier cycle de 2 000 ans se trouve sous la direction du

Chohan du Premier Rayon (actuellement le Maître Elevé El Morya) représentant la Volonté du Père ou Première Personne de la Sainte Trinité. Cet Etre règle le plan pour l'évolution individuelle, gouvernementale et religieuse des âmes s'incarnant dans ce cycle. Il incorpore la Volonté du Père.

Le second cycle de 2 000 ans est sous la direction du Chohan du Second Rayon (actuellement le Maître élevé Lanto) représentant la deuxième personne de la Trinité — le Fils. Son service est dédié au développement des qualités et préceptes établis par la Volonté du Père sous le Premier Rayon.

Les derniers 10 000 ans du Cycle Cosmique sont sous la direction du Grand Etre appelé le Maha Chohan, Maha signifiant « Grand » et Chohan « Seigneur ». Il représente la Troisième Personne de la Trinité — ou le Saint Esprit sur la Terre. Son service est très diversifié dans sa nature car il est responsable de l'extériorisation de la Volonté du Père, avec la coopération du Fils, pour chaque expression de Vie sur la planète, qu'elle soit minérale, végétale, animale ou humaine, à un point tel qu'il a choisi de subdiviser les 10 000 années de son règne en cinq cycles mineurs de deux mille ans chacun, terminant ainsi la période de 14 000 ans du Cycle Cosmique.

A la tête de chaque cycle mineur, le Maha Chohan a placé un Grand Etre, représentant la Sphère et le Rayon, PRESENTEMENT ACTIFS. Il est particulièrement consacré aux qualités naturelles qui doivent être développées dans les courants de vie en évolution au cours de cette période. Le Maha Chohan occupe le Poste de Directeur Conseiller pour *tous* les sept Chohans du Grand Cycle Cosmique.

Les cinq Chohans qui restent sous la direction du Maha Chohan sont :

Troisième rayon : Le Maître Elevé Dame Rowena
Quatrième rayon : Le Maître Elevé Serapis Bey
Cinquième rayon : Le Maître Elevé Hilarion
Sixième rayon : Le Maître Elevé Dame Nada
Septième Rayon : Le Maître Elevé Saint Germain

La Roue Cosmique est arrivée à un point où le dernier des sous-rayons du Maha Chohan doit accroître son déversement. Dans ce cycle final, chaque courant de vie sur la planète doit accomplir tous ses efforts pour terminer le plan pour lequel il a été créé.

Lorsque chaque nouveau cycle mineur débute, une NOU-

VELLE METHODE d'incorporation des énergies est présentée au peuple.

Donc le Septième Rayon est le dernier à verser son Essence porteuse de Vie sur la Planète, c'est Celui qui EST ACTUELLEMENT ACTIF, ET QUI LE RESTERA POUR LES PROCHAINES 2 000 ANNEES. Le Maître Elevé Saint Germain est le Chohan chargé de ce Rayon de Transmutation par le Feu Violet de Miséricorde et d'Amour. Son service pour la Planète et ses peuples est d'éduquer la conscience d'Etres non-élevés pour qu'ils puissent invoquer, diriger et entretenir des Forces Spirituelles pour élever la Vie tout entière, et leur montrer comment ils peuvent aider dans la purification et la transmutation des « créations mauvaises » qui résultent de l'utilisation imparfaite de L'Essence Primaire de Vie au cours de siècles et de siècles.

Chaque individu est tenu responsable de toute la précieuse énergie vitale qu'il a utilisée. Selon la Loi du Cercle, toutes les causes qu'il a établies au cours des siècles innombrables, DOIVENT LUI REVENIR, puisqu'il en est le créateur (comme vous semez, vous récoltez), pour être SUBLIMEES par l'Amour et la Miséricorde Divins, si la contre-partie de cette énergie n'a pas été ressentie en souffrances dans cette incarnation ou une autre, ou dans des expériences pénibles entre des incarnations.

Il n'y a jamais de confusion dans le retour d'une énergie car chaque vague revenant connaît très sûrement son propre générateur — LA LOI COSMIQUE EST EXACTE. Au moment où l'énergie qui revient touche son créateur dans son aura, elle s'installe et commence à faire pousser la semence, pour produire une MOISSON de même nature. Si les énergies sortantes (pensées, sentiments, paroles, actions et même réactions) sont harmonieuses et aimables, le retour vers l'individu sera une abondance de paix. Si l'énergie émise est de nature nuisible ou discordante, la moisson sera amère et pénible pour l'individu. Jésus savait ce qu'Il disait en faisant cette déclaration « Ce que vous sèmerez, vous le moissonnerez ».

L'Humanité a oublié, bien qu'elle soit venue du Royaume Divin, que grâce à l'Amour du Père Eternel elle n'a jamais été privée du POUVOIR CREATIF contenu dans ses pensées, sentiments, paroles et actions. Elle n'a pas réalisé qu'ELLE-MEME AVAIT CREE CHAQUE EXPERIENCE dans son monde, les mauvaises et les bonnes. Toutefois les Etudiants du Jour Nouveau apprennent qu'ils ont aussi le pouvoir de *transmuter* au moyen du Feu Violet de l'Amour de Transmutation, les expériences malheureuses qui rendirent leurs vies si inconfortables.

Les Individus ont vécu, aimé, haï, siècle après siècle, vie après vie, et le Maître Jésus a dit que l'homme était responsable de chaque iota d'énergie qu'il a utilisé.

Pour devenir libre des erreurs de pensées, de sentiments, de paroles et d'actions, au cours de siècles innombrables, tous les individus arrivent au moment où ils réalisent qu'ils DOIVENT SANCTIFIER (purifier) par La Flamme de leur cœur, toutes les énergies qu'ils ont mal employées dans toutes les incarnations par lesquelles ils sont passés. Lorsqu'on comprend cela, l'expérience devient joie. Vous vous centrez sur le Feu de Purification et toute l'énergie qui vous revient par les expériences de chaque jour, est sanctifiée par l'accueil et par LE FLAMBOIEMENT DES FLAMMES DU FEU VIOLET qui la transmute et la rend à votre corps causal, en puissance accrue. C'est la merveilleuse Loi du Cercle.

La Flamme de Transmutation Violette, d'Amour, de Miséricorde, de Compassion et de Pardon est L'OUTIL qui procure cette énorme assistance pour la rédemption de votre Energie. C'est la Flamme Violette qui vous permet de purifier vos erreurs de création. *Utilisez-la joyeusement et vigoureusement !* Mettez d'abord votre monde en ordre — PARDONNEZ ET EQUILIBREZ vos énergies envers toute la Vie avant de l'utiliser. Jésus a dit « Pardonnez-nous nos offenses comme, c'est-à-dire de la même façon que nous pardonnons à ceux qui nous ont offensés ». Il vous sera fait comme vous ferez aux autres. L'efficacité de cette Flamme Violette de Transmutation miséricordieuse est de prendre le temps de DEVENIR la Flamme de Miséricorde d'abord dans les sentiments puis dans les PENSEES VERS TOUTE VIE. Ce que vous désirez pour les autres, vous devez d'abord le donner, ensuite vous le recevrez. Vous désirez avoir la Liberté et particulièrement ceux d'entre vous qui ont souffert physiquement et mentalement. Si vous pouviez VRAIMENT PARDONNER A TOUTE LA VIE ET ENSUITE utiliser cette Flamme vous pourriez ETRE LIBRES EN MOINS D'UNE HEURE.

C'est une vérité extrêmement salutaire et réconfortante de

savoir que LE PARDON DE DIEU pour le mauvais emploi de Ses énergies est TOUJOURS disponible pour ceux QUI LE DESIRENT. La « damnation éternelle » proposée pour accentuer la peur, la superstition, l'obéissance aveugle à des concepts humains N'EST PAS LA VERITE ! Pas plus que des parents vraiment compréhensifs ne pourraient refuser à leurs enfants le pardon d'erreurs, un Dieu de Miséricorde ne peut pas dénier à ses enfants le pardon et l'absolution de leurs fautes ! Quelle que soit la faute, quelles que soient les erreurs passées, quelles que soient les causes ou sources d'impureté et d'imperfection qui ont été établies dans les corps intérieurs, IL EXISTE UN MOYEN CONSCIENT de transformer et de sublimer ces erreurs, grâce à la misécorde de Dieu, et à l'usage quotidien du Feu Violet de Miséricorde qui est le service ordonné du Septième Rayon sous la direction du Bien-Aimé Maître Elevé Saint Germain.

Lorsque l'homme parvient à réaliser que son mauvais usage personnel de l'énergie a causé toute la détresse, et la limitation de moyen dont il souffre, il est prêt pour l'instruction concernant l'utilisation du Feu Sacré de Transmutation : la Flamme Violette. Avant d'arriver à ce point, chaque individu est soit rebelle contre Dieu et les circonstances, soit dépendant des conditions, en pensant que ces malheureuses expériences sont la VOLONTE DE DIEU (ce qui est évidemment erronné, car la Volonté de Dieu n'est que BONNE). Lorsque la conscience de l'homme est éclairée du savoir par le fait qu'elle sait qu'il a créé lui-même toute sa détresse, on peut alors l'aider grandement pour dissoudre la cause et le noyau de toutes ses limites. Il CONNAITRA UNE MAITRISE PERSONNELLE de l'énergie et de la vibration. L'humanité, dans sa plus grande partie, a été miséricordieusement protégée en ne sachant pas ce qu'elle **avait fait de la merveilleuse** énergie de Dieu (la propre vie des hommes) et des corps physiques, éthériques, mentaux, émotionnels, si beaux à l'origine. Elle n'a pas compris que toute détresse, y compris ce qu'on appelle la mort, RESIDAIT DANS L'USAGE PASSE ET PRESENT DE CETTE ENERGIE DIVINE. Mais lorsqu'on comprend enfin que la LOI DU CERCLE (cause et effet) est inexorable, chacun commence à désirer RECTIFIER LE COURS DES CHOSES.

LE PARDON DE DIEU est plus qu'une phrase, c'est une SCIENCE D'ALCHIMIE DIVINE. L'énergie obéit aux pensées, sentiments, paroles et actions de l'homme. L'aura de chacun est remplie de l'énergie particulière qu'IL y a placée au cours des siècles qu'il a vécus. Lorsqu'un individu demande la LOI DU PARDON et utilise le FEU VIOLET, il ponctionne l'énergie déjà qualifiée de LA PRESENCE UNIVERSELLE « JE SUIS » et des Etres Divins qui ont préparé ce pouvoir de sublimation pour un tel jour. ACCEPTEZ le pouvoir de ce Feu Violet pour vraiment TRANSFORMER ET ELEVER les énergies des corps inférieurs (physique, éthérique, mental et émotionnel). Par des tentatives constantes, les résultats prouveront à la conscience extérieure, l'efficacité de ce Feu Violet pour transformer, de façon harmonieuse et sans effort, l'énergie qui autrement aurait été très affligeante.

Jésus connaissait bien la GRACE du Pardon et le Feu Violet. Il disait souvent « Tes péchés te sont pardonnés » et suivant l'ACCEPTATION de ce pardon, ceux qui avaient demandé à être soulagés de l'angoisse, l'étaient dans le corps physique extérieur.

La connaissance de la présence du Feu Violet, son utilisation et le sentiment d'acceptation de son efficacité sont de la plus grande importance pour l'étudiant sérieux. Heureusement, les individus ne se rappellent pas toutes les différentes activités auxquelles ils se sont livrés au travers des siècles, mais L'ENERGIE ELLE, SE LE RAPPELLE et elle est donc parfaitement qualifiée par son créateur d'origine jusqu'au moment où elle est *consciemment transformée en perfection.*

Le Royaume humain, la vie des oiseaux, le Royaume de la nature et le royaume animal sont reliés entre eux par d'innombrables liens (maillons karmiques) créés par des âges d'associations. Le moyen le plus sûr de libérer l'âme des chaînes d'associations déplaisantes (dont la plupart ne sont même pas connues par le moi extérieur) est de demander sincèrement et profondément la Loi du Pardon pour toute énergie mal employée, depuis le commencement de l'individualisation de l'être, de prier les Anges du Feu Violet d'aider tous ceux qui DESIRENT sincèrement PARDONNER, et d'ACCEPTER vraiment le pardon. Ainsi La Loi du Cercle peut être une expérience HEUREUSE, au cours de laquelle, l'étudiant ne crée et n'émet que des CAUSES CONSTRUCTIVES, et par conséquent ne récolte que des EFFETS HEUREUX.

Une fois, tous les deux mille ans, un Nouveau Rayon frappe la Terre et, au fur et à mesure que la Roue Cosmique tourne (14 000 années pour un tour complet) le Chohan qui est le représentant de ce Rayon est couronné « Autorité Cosmique » pour l'évolution de la planète et de ses habitants au cours de cette période.

Le Sixième Rayon actuellement sous la supervision du Maître Elevé Jésus, a terminé son service le 1er Janvier 1954 et, en tenant compte d'un certain temps pour le chevauchement des énergies, le Septième Rayon a officiellement commencé sa distribution Cosmique le 1er Mai 1954. L'Activité de 1930 à 1954 (une période de 24 ans) était une activité préparatoire, un effort de Jean Baptiste.

Le 1er Mai 1954 eut lieu à SHAMBALLA la Grande Cérémonie de transfert de la Couronne, du Sceptre, de l'Epée, et des Vêtements de Chohan en service (le Maître Elevé Jésus) au Nouveau Chohan (Le Maître Elevé Saint Germain).

La COURONNE qui symbolise l'AUTORITE arriva sur Terre, avec la première humanité à s'incarner sur la tête de l'Archange Michel. Chaque deux mille ans depuis, elle a été transférée à l'Autorité du Rayon suivant. Ainsi au cours des 14 000 années, les sept Chohans Présidents la portent chacun 2 000 ans.

Il y a donc 14 000 ans depuis qu'un Chohan du Septième Rayon a porté la couronne, mais seulement 2 000 ans qu'un Chohan, en tant que tel, l'a reçue de son prédécesseur. Le Sixième Rayon l'ayant reçue du Cinquième.

Il y a 14 000 ans, à Peiping en Chine, KWAN YIN, en tant que Chohan présidant le Septième Rayon, reçut cette couronne du Chohan du Sixième Rayon (dans le dernier cycle de la Roue Cosmique).

Ce n'est pas par hasard que le Couronnement a lieu, lorsque le Temple de Peiping est ouvert. Ce n'est pas non plus par hasard qu'a lieu l'ouverture de la Retraite de Transylvanie, comme premier lieu de retraite à être honoré après ce Couronnement.

Le Maître Jésus resplendissant dans un vêtement à traîne exquis (lamé d'or avec des colombes incrustées) plaça LUI-

MEME la Couronne sur la tête du Maître Saint Germain pendant que toute l'assistance chantait les mots spirituels sur l'air du « Dieu sauve le Roi ».

Le Seigneur du Monde LUI-MEME (Sanat Kumara) plaça dans les mains de Saint Germain le Sceptre de l'autorité et du pouvoir pour l'évolution de tous les Anges, humains et élémentaires au cours des 2 000 années à venir. Le Maha Chohan lui remit l'épée symbolique de parade (représentant la Puissance de l'Esprit Saint) pour activer ce Rayon afin qu'il bénisse la Terre avec toute la Vie dont il disposait. Le Premier acte de Saint Germain fut de placer une couronne sur la tête de la Bien-Aimée Portia, la Déesse de Justice et de Providence (Sa Flamme jumelle).

Ensuite s'avancèrent tous les membres de la Hiérarchie, par ordre de rang, pour s'agenouiller devant le Nouveau Roi (Saint Germain), lui donner allégeance et lui offrir une bénédiction spéciale de Leur Propre Vie. De même les Anges et les Elémentaires donnèrent leur foi, et ensuite les membres de la race humaine, présents dans leurs corps raffinés. Cette Procession d'hommage dura douze heures.

Comme le Rayon Violet est maintenant l'Autorité Cosmique pour les 2 000 Ans à venir, les étudiants sentiront plus de puissance et d'efficacité en l'utilisant, à partir de maintenant.

La Cérémonie eut lieu à SHAMBALLA plutôt que dans le Premier Royaume de façon à permettre à un plus grand nombre de personnes d'y assister en conscience éthérique. Les souvenirs emmagasinés dans le corps éthérique aident le Moi extérieur à coopérer, alors que ceux qui ne sont emmagasinés que dans le corps mental supérieur (le Moi Christique) sont trop éphémères pour que l'étudiant moyen les absorbe et en profite.

Après le Couronnement, les Seigneurs du Karma examinèrent les âmes qui avaient choisi de s'incarner au cours des 12 mois suivants. Comme le Rayon jumeau de Saint Germain était comme Lui revêtu d'Autorité Cosmique, et comme il s'agissait de la Déesse de Justice et de Providence, l'Hôte Elevé pensa qu'il valait mieux différer les décisions finales concernant les âmes entrantes, jusqu'au moment où la Déesse de Providence aurait reçu son Vêtement Cosmique). Elle est Membre du Conseil Karmique.

La Lumière immense, son impact et l'Obéissance des Membres du Royaume furent contagieux. Les 500 000 000 qui demandaient la ré-incarnation, furent très impressionnés. 200 000 000 offrirent immédiatement leurs vœux à Sanat Kumara et 100 000 000 ayant été témoins de la formidable cérémonie au cours de laquelle les premiers 200 000 000 s'agenouillaient ensemble pour offrir leurs vœux à la Flamme, s'offrirent aussi. Un grand corps de désincarnés, la moitié des 6 milliards, arriva dans l'atmosphère à SHAMBALLA. Ils firent également leurs vœux à la Flamme. Quatre âmes sortirent du complexe. Priez particulièrement pour elles maintenant afin qu'elles retournent à la Lumière, rentrent dans le complexe, et aillent bien.

Au moment où la couronne fut placée sur Sa tête, et où l'Observateur Silencieux versa dans Sa Conscience (symbolisée par la Couronne — activité féminine) la totalité du plan pour chaque âme, pendant les 2 000 prochaines années, Saint Germain dit qu'il dût être sage et modéré pour ne pas bondir et les mettre en action.

Le Sceptre (activité masculine) symbolisait le puisage de la semence des idées, et la Couronne la conscience fertile dans laquelle elles sont développées. L'Epée est l'expression manifeste des deux. Toutefois, lorsqu'on a une idée, la tendance est de ne pas lui permettre de mûrir dans la conscience mais de l'expédier « en couveuse » ou d'en faire un « mort né ». Il prôna la sagesse pour accepter les conseils divins et pour les laisser se développer en silence, comme Mère Marie le fit pour le Bien-Aimé Jésus, afin d'avoir une parfaite manifestation de Dieu en son temps.

LA CAUSE DE LA LIBERTE doit être d'abord établie afin qu'on puisse en sentir le plein effet. Il y a des Individus Puissants qui ont servi la Cause de la Liberté pendant des siècles, dans différentes activités, partout où l'humanité désirait avoir les fruits de la Liberté, en sachant instinctivement que ces *fruits* arrivaient à ceux qui servaient la Cause.

Quelle est la CAUSE de la Liberté ?

Elle a été paraphrasée au travers des siècles chaque fois que les êtres étaient incités à des actions valeureuses pour leur pays, leur roi ou leur Dieu. Cependant, si on leur avait demandé de définir cette CAUSE, je garantis que peu seulement auraient pu exprimer avec précision une compréhension de la *Cause de la Liberté.*

Quelle est la CAUSE DE LA LIBERTE ?

DIEU. L'identité divine que chaque homme possède en lui, de façon inhérente, la réalisation innée que la *Liberté* et la *Bonté* ne font qu'UN.

Le Consentement divin pour la Vie est l'expansion, l'épanouissement, la perfection, et toutes ces qualités ont besoin de *Liberté* pour se manifester. Un bouton de rose bien serré a besoin de Liberté pour devenir une rose pleinement épanouie. Même le pouvoir d'Hélios et de Vesta (Dieu et Déesse du Soleil) ont besoin de Liberté pour resplendir. Les animaux, les plantes, les arbres ou les hommes ont besoin de Liberté pour respirer. Il n'y a pas de progrès, pas d'évolution et, en fait, pas *d'Etre* sans la Liberté. Vous pourriez dire : La Liberté est Dieu étendant ses Bras. La Liberté est Dieu en action. Le Dieu calme qui dort au cours de la nuit solaire ne goûte pas, ne se réjouit pas des *fruits* de la *Liberté,* mais lorsque le premier mouvement a lieu à l'aube cosmique d'un système solaire, la naissance d'un oiseau — la Liberté bouge.

JE SUIS le SOLEIL de la Liberté. C'est mon grand privilège de développer la Cause de Liberté sur le Plan Terrestre. Ce n'est pas une qualité qu'on peut *injecter* dans un courant de vie, car l'*Amour de la Liberté* est aussi inhérent à la Vie que l'Amour de la Vie lui-même.

La Liberté et l'expansion sont Un.

La Liberté et l'activité sont Un.

La Liberté et Dieu sont Un.

Et en ce **Jour Nouveau dédié à la Liberté** tout entière, et à ce système des mondes, vous verrez le Pouvoir Divin s'étendre, et rompre les chaînes de la limitation.

UN INVESTISSEMENT COSMIQUE

Le Vêtement dans lequel vous vous trouvez est un Investissement Cosmique fait en même temps que Celui de Saint Germain et de sa CAUSE.

Cette Cause de la Liberté était née dans le Cœur de Dieu avant que la première Flamme ne soit créée, car Dieu désirait que Toute sa Création fut LIBRE !

De nombreuses Causes furent établies avant que le Monde ne soit. Elles ne sont pas nécessairement créées par ceux qui ont choisi d'investir leurs propres courants de vie dans le support de cette Cause et de son effet ultime et bénéfique pour la race entière. D'autres Etres Intelligents, en étudiant des moyens de servir le Plan de Dieu, mirent au point à partir de leur Propre Conscience une Cause, afin de l'amener tôt ou tard dans l'incarnation, la servir avec succès ou non, y intéresser les autres et en laisser l'effet en héritage aux gens.

Lorsqu'un Désir Cosmique du Cœur de Dieu bat dans les Cieux plus Elevés en attendant d'être réclamé, puis mis dans une âme, et abaissé par l'un de Ses enfants, il est tellement accordé, et vibre si rapidement qu'il n'est ni visible, ni palpable, même pour des Etres très évolués, sauf là, où Leurs propres intérêts et inclinations ont créé en Eux une vibration sympathique. Donc, il aurait fallu qu'un Etre aime la Liberté, la serve et la désire pendant des siècles avant qu'une Pulsation Cosmique soit discernable dans la Lumière Cosmique flamboyante. Ceci est le Désir du Monde ou de la Tête Divine.

Saint Germain est l'un de ces Etres. Il a finalement atteint une évolution personnelle suffisante pour percevoir le Désir que Dieu a d'amener la Liberté à cette Planète. La capacité de percevoir la présence d'une bénédiction est l'un des présents les plus bénis de Dieu et elle n'est développée que par le cœur humble et attentif.

Lorsque Saint Germain, parmi tous les Cœurs du Ciel, pénétra dans l'Aura de Dieu et qu'il entra dans l'endroit le plus sacré du Très Haut, il vit « encore non réclamée » la Cause que Dieu avait établie avant que le Monde soit. Cette Cause devait, un jour, par la nature de Son Etre, avoir un effet qui se manifesterait par la Liberté Inconditionnelle pour chaque partie et chaque particule de Sa Création — L'Amour avait répondu avant l'appel — Dieu fournissant avant le besoin.

Le Cœur de Saint Germain frémit à la pensée de partager le Désir Sacré du Père. Il aima cette *Cause* et pria pour se préparer à ce qu'un jour Il puisse être digne de l'animer de sa propre Flamme pour l'emmener dans le Monde des Hommes afin que son effet s'extériorise sur l'écran de maya.

Le Grand Soleil Central Lui-même voulait appeler l'Etre prêt à porter cette Cause particulière pour son accomplissement, soit lorsque l'heure cosmique de sa naissance arriverait, SOIT que quelque enfant du Ciel ait anticipé cette Heure et soit devenu un Vaisseau propre à Cette Incarnation avant l'Heure.

Lorsqu'un Etre est prêt à être investi d'une Cause Cosmique, La Loi d'Attraction Magnétique commence à tirer sur le Cœur de Dieu, et la Cause qui y reposait commence sa course descendante pour rejoindre l'appel venu d'en bas. Ainsi la Tête Divine de Dieu sait que la race est prête à recevoir de plus grandes bénédictions.

D'après ce qui précède, mes bien-aimés, vous devez certainement réaliser l'énorme importance de NOTRE INVESTISSEMENT EN VOUS.

Pour que notre Bien-Aimé Saint Germain amène le Dessein Cosmique de la Liberté à se manifester sur la Terre, il est évident que l'action vibratoire de celle-ci doit être rapidement élevée depuis le degré très bas de ses pulsations actuelles. Vous, êtes tellement privilégiés, mes enfants, d'avoir un rôle conscient dans ce progrès rédempteur. C'est en canalisant, selon *le désir de votre cœur et le suivi dans le service quotidien,* la Lumière des Planètes Vénus, Uranus et Mars vers la Terre, que vous prouverez à votre Ami et au Mien : Saint Germain, que vous êtes véritablement les fils et les filles de la Liberté, et non pas « des amis inactifs » retirant un certain profit personnel pour leur « moi » extérieur en affirmant ce qui précède avec les lèvres, et non avec le cœur.

J'attire votre attention sur ce point, car JE SAIS dans Mon Cœur que vous réalisez que cette occasion qui vous est présentée est si précieuse pour vous, que dans votre constance et votre fidélité vous serez quotidiennement vigilants pour servir dans cette capacité Avec Nous, comme les vrais fils et filles de la Cause de la Liberté.

Vesta, Déesse du Soleil

Nous ne sommes pas dans une période où les distractions de l'intellect et la paix émotionnelle puissent amener la Présence de Dieu. Nous vivons des Heures où Nous désirons investir d'innombrables tonnes de substances originelles, dans n'importe quel courant de vie, indépendamment de l'état des véhicules dans lesquels ce courant fonctionne — *à condition que ce courant soit d'accord pour vivre pour la Cause,* c'est-à-dire : être plutôt le pêcheur absorbé par l'évolution de la *race,* que le saint absorbé par la sienne.

LE POUVOIR DE TRANSMUTATION

La Conscience extérieure se pénètre lentement, mais sûrement, du fait que le Pouvoir de Transmutation, perfectionnant la qualité du retour de sa propre énergie ou de l'énergie projetée d'un autre courant de vie, est une possibilité. Par la PRATIQUE, le Moi extérieur connaîtra de plus en plus ce pouvoir de transmutation et les Lois astreignantes du Châtiment karmique ne restreindront plus le courant de vie qui se développe. La Grande Présence « JE SUIS », Bien-Aimée, hâtera cette transmutation lorsqu'on l'appellera à l'aide et elle épargnera au Moi extérieur de connaître bien des choses où il s'est fourvoyé. Rappelez-vous : « se fourvoyer est humain, mais Pardonner est Divin ».

Si les étudiants désirent sérieusement recevoir le pardon, et faire l'expérience de toute l'efficacité du Feu Violet de la Compassion Divine, pour effacer leurs propres erreurs et celles de l'humanité, et s'ils demandent à SENTIR La Conscience Intelligente du Feu Violet elle-même, ils accélèreront grandement le Pouvoir de l'Alchimie Divine dans leurs mondes et leurs affaires. L'INTELLIGENCE dans le Feu Violet est appelée la BIEN-AIMEE SAINTE AMETHYSTE. Sa première activité, lorsqu'on lui demande son aide, est d'exprimer sa gratitude pour L'OCCASION qui lui est donnée de servir la Vie pour la libérer.

L'Individu dont la conscience bondit littéralement, à l'occasion de pardonner la transgression de la Loi, et particulièrement une injustice envers lui-même. Il ne fait qu'UN avec la Nature et le sentiment de cette Flamme de Miséricorde qui répond si joyeusement à l'invitation de transmuter les erreurs de l'humanité, chaque fois qu'on le lui demande.

LE MANTEAU DE LUMIERE
(Tube de Lumière)

Comme son nom l'indique, le Manteau de Lumière est une activité de la Protection Divine qui doit être invoquée consciemment et régulièrement par l'individu, afin d'en assurer l'efficacité. Lorsque l'homme fut individualisé sur Terre pour la première fois, ce Manteau de Lumière était un tube de radiation naturelle qui ceignait son aura. Lorsqu'il se fut graduellement éloigné de la Conscience de Dieu, ce courant de lumière devint de plus en plus petit et aujourd'hui dans une personne moyenne, il est à peine plus gros qu'une mine de crayon. Le flot de cette Substance Lumineuse dans le cœur est appelé la Corde d'Argent et c'est l'ancre de la Vie de Dieu dans l'Individu. Autour se trouve un courant doré d'énergie par lequel la Présence « JE SUIS » précipite dans le Monde le bien accumulé, à partir du Corps causal et par lequel également, tout Etre Divin, lorsqu'on l'invoque, déversera ses vertus et qualités, pour l'usage de l'étudiant, et le bénéfice de l'humanité. Ces qualités peuvent varier suivant les besoins, mais l'étudiant sage fait un stock d'une qualité spécifique dans son Manteau de Lumière afin de pouvoir s'en servir en cas de crise et de l'épandre quand il le veut, où cela est nécessaire. La Sphère d'influence d'un « Manteau de Lumière » dépend de la quantité d'ascèse donnée à une Vertu Divine en particulier. Il est nécessaire de demander régulièrement, et rythmiquement à sa « Présence « Je Suis » de soutenir et d'augmenter cette grande activité protectrice autour de soi.

LE LIBRE ARBITRE

Un des premiers cadeaux que les Dieux Parents firent à chaque courant de vie fraîchement créé, innocent et beau, hors du Cœur de l'Univers, fut celui du Libre Arbitre. Ce libre arbitre suivit tous les individus, ceux qui restèrent sur le sentier de la Lumière, et ceux qui tissèrent pour eux-mêmes les ombres et le chemin de l'obscurité. Le Libre Arbitre pour les Anges, les Archanges, les Séraphins et les Chérubins est une constante obéissance au Plan Divin toujours joyeuse. Le Libre Arbitre pour bien des êtres fut de renoncer à s'incarner sur cette planète. Le Libre Arbitre a fait que d'autres courants expérimentent des pensées et des sentiments. Ils créent par ces pensées et ces sentiments des formes qui les ont finalement enfermés dans des conditions de grande détresse.

L'image de la Sainte Trinité est une représentation visuelle de notre connexité avec notre propre Présence de Dieu individualisée, que le Maître élevé Saint Germain désigne par la *Présence* « JE SUIS », et qu'on appelle également le Corps Electronique, représenté ici en haut de l'image.

C'est un corps de lumière brillante, étincelante, entièrement pure et parfaite, séjournant dans le Royaume de Lumière, dans ce qu'on appelle habituellement la Quatrième Sphère, avec un taux vibratoire beaucoup plus élevé que celui du royaume physique.

Le Rayon de Lumière Electronique ou Corde d'Argent, coulant du Corps Electronique comme une grande rivière, entrant par le haut de la tête du Corps physique et s'ancrant au Centre du Cœur, est la lumière, la vie, la substance, l'intelligence et l'énergie par lesquelles nous pensons, sentons, parlons, agissons et avons un être de forme physique sur cette planète. Le Courant de la lumière électrique est composé de millions et de millions de minuscules électrons. Certains sont tellement petits qu'ils pourraient facilement tenir, en quantité, sur une tête d'épingle, chacun étant cependant un être élémentaire intelligent et obéissant, formé d'après un modèle défini, ayant même une jolie frimousse et émettant un son musical agréable.

Ce beau courant de lumière électronique, coulant dans la forme physique, s'il n'était pas interféré d'une quelconque façon par la conscience du bas moi extérieur, serait automatiquement l'image de la santé parfaite, de la jeunesse, de la beauté éternelles, et d'une source abondante illimitée de tout ce qui est BON. Malheureusement, par inadvertance, le libre arbitre nous fait choisir de redisposer d'une bonne partie de cette lumière électronique au moyen de pensées, de sentiments, de paroles, d'actions et de réactions discordantes comme : la critique, la condamnation, le jugement, la colère, la haine, la jalousie, le ressentiment, le meurtre, etc. Nous changeons ainsi l'action vibratoire de la Lumière Electronique Pure en un ton discordant qui, passant au travers du corps physique se traduit par la mauvaise santé, la maladie, la vieillesse et éventuellement la désintégration du corps. La Présence divine atteint le point où elle ne peut même plus remplir son Plan divin dans le Moi extérieur en une incarnation particulière. Cela rompt la Corde d'Argent et l'individu passe par ce qu'on appelle la mort.

Naturellement il continue dans son corps éthérique. Le corps physique est placé en confiance dans l'élément de Feu, ce qui permet aux électrons qui y étaient jusqu'alors emprisonnés, d'être libérés pour rentrer dans le cœur du Soleil central afin d'être re-polarisés.

Le Bien-Aimé Jésus a dit : « Ce que vous sèmerez, vous le récolterez. »

Les Causes mises en mouvement produisent des effets. La qualification **de l'énergie est absolue.**

La plupart de cette Lumière Electronique que nous avons utilisée de façon discordante coule également dans nos êtres et nos mondes. Ceci se traduit par un besoin, des limitations, des accidents, et toutes les fragilités de la vie humaine. En parlant scientifiquement, les semblables s'attirent, donc, la vie étant comparée à un cercle, cette énergie discordante appellera d'autres énergies identiques et, éventuellement, elles retourneront vers leur créateur : l'individu. Ceci devient ce qu'on appelle un « karma » qui exerce une pression sur les corps inférieurs, lorsqu'il se forme autour d'eux.

Ce karma **est fait des énergies** pures et parfaites, mais que nous avons **mal utilisées, il doit de ce fait** être épuré et racheté par l'individu. Avant le commencement du vingtième siècle le karma individuel devait être épuré par la souffrance, la maladie, etc., mais avec le commencement de ce Siècle, la connaissance extérieure et l'utilisation de la Flamme Violette de Transmutation ont été distribuées à l'humanité. Cette dernière est un moyen très miséricordieux dont la vie munit l'individu, et par lequel il ou elle peut racheter ces énergies discordantes, afin qu'elles ne se génèrent plus dans un tel inconfort. On peut faire cela, en demandant à La Présence « de flamboyer et flamboyer et flamboyer encore cette Flamme Violette Puissante dans cette accumulation Karmique, pour en transmuter les causes, effets, enregistrements et mémoires. Par ce moyen, l'individu peut commencer à racheter ces énergies discordantes, ce qui réduit leur pression et libère les Elémentaires emprisonnés dans les Electrons, afin qu'ils retournent vers le Soleil Central. Le tout est accompli par l'exercice de l'Amour Divin.

Chaque Electron émanant du Cœur du Corps électronique, qui n'est pas interféré par une requalification discordante en coulant dans la forme physique, représentera une partie de la

Trinité de l'ÊTRE

Volonté et du Plan Divins de la Présence de Dieu. Ces énergies, après avoir terminé leur voyage dans le monde de la forme, rentreront pour se rassembler dans le Corps Causal de l'individu, représenté par des Cercles de couleur autour du Corps électronique. Ainsi le Corps Causal devient un entrepôt de ce qui est BON. Lorsque l'individu fait volte-face, se regardant honnêtement, entreprend de racheter son accumulation karmique d'énergies mal utilisées, et que par l'exercice du contrôle de soi il commence à faire usage des énergies de la Vie de façon harmonieuse, la Présence peut commencer à lui distribuer selon ses besoins la quantité de trésors d'énergie emmagasinés dans le corps causal. Ceci afin que Sa volonté et Son plan puissent se manifester de façon plus efficace par le Moi extérieur.

Après avoir suffisamment médité sur ce qui précède, on en vient à la conclusion que tout le BIEN que peut faire un individu, que ce soit en bonnes pensées, sentiments, paroles, actions ou réactions, **n'est que la Présence** qui se manifeste au travers du Moi extérieur, exprimant Sa Volonté et Son Plan sans être gênée par la conscience extérieure. Donc plus il réalise cela, plus il devient humble, en sachant que son Moi divin est la source de tout le BIEN, alors que son moi inférieur est la source de toute discorde par l'inversion de la Lumière Electronique Pure.

La Lumière blanche émanant du Corps Electronique enveloppant la forme physique, qu'on appelle « Manteau de Lumière », agit comme un vêtement protecteur sous la forme de chair, en la protégeant des pressions des énergies discordantes de l'atmosphère où l'individu agit. C'est une émanation de Lumière autour de la forme de chair. Avant que l'homme commence à utiliser les Energies de Vie de façon non harmonieuse, cette émanation était absolument positive dans son efficacité. Mais lorsque l'on a commencé à convertir les pures énergies parfaites, en établissant un taux de vibrations discordantes, le Manteau de Lumière s'est troué, perdant ainsi une grande partie de son efficacité. Maintenant, afin de restaurer le côté positif de cette efficacité, l'individu doit faire appel à la « Présence » au moins trois fois par jour, matin, midi et soir, afin de s'envelopper de ce Puissant Manteau de Lumière de protection invincible. Il le fera en le visualisant, et en sentant son rayonnement enveloppant, pour que la Présence le rende suffisamment puissant afin qu'il repousse toute action vibratoire humaine imparfaite. L'efficacité de cela est évidente pour quiconque le met en pratique.

Chaque individu est en réalité un être à huit aspects, ayant quatre corps dans les Royaumes de lumière, et quatre corps dans le royaume physique plus bas. Les quatre corps du Royaume de Lumière sont : a) le Corps de Flamme Blanche, le premier corps d'origine créé par les Parents Dieux à leur image pour fonctionner aux Niveaux Cosmiques ; b) le Corps Electronique ; c) le Corps Causal ; d) Le Saint Moi Christique. Le dernier corps que nous mentionnons, non illustré sur le tableau, appelé parfois le « Corps Mental plus élevé », fonctionne comme notre intelligence discriminative et sélective. Il est pur et parfait comme le Corps Electronique, soit la Présence de Dieu. Il connaît la pureté et la perfection de ce corps électronique et se rend compte de l'imperfection et de l'impureté que le Moi extérieur a dessinées autour de lui, mais il ne veut pas accepter dans Son être et Son monde à lui cette imperfection du moi extérieur. Comme la Présence Divine ne connaît absolument rien d'une chose impure ou imparfaite, le Saint Moi Christique est muni d'un intermédiaire pour le relayer vers la Présence qui notifie les besoins du moi extérieur, afin qu'il puisse refléter le Plan Divin installé dans le Cœur de cette Présence.

Les quatre corps fonctionnant dans le royaume physique inférieur sont : a) le corps éthérique qui est le premier corps entourant la forme physique. C'est le siège de notre mémoire. Toutes les énergies que nous retirons de la Présence, sont tamisées par le corps éthérique qui fait un enregistrement de notre utilisation de ces énergies au travers des expériences. b) Le corps mental par lequel fonctionne la faculté du processus de pensée pour la création de la forme. c) Le corps émotionnel par lequel fonctionne la faculté de sentiment pour donner la vie et le mouvement à la forme. d) Le Corps physique qui est le tout par lequel ces autres corps s'expriment dans le monde de la forme.

La plus petite figure illustrée au bas du tableau représente l'Etincelle de Divinité, une Flamme de moins d'un millimètre et demi de hauteur chez l'homme moyen séjournant dans une cellule sans air du cœur. Lorsque le moi extérieur, par l'application, la dévotion, l'adoration et la prière commence à créer une atmosphère de pureté et d'harmonie autour de l'Etincelle de Divinité, celle-ci tend à prendre la forme du Saint Moi Christique dans la cellule en laquelle elle vit, et ceci à peu près de la même façon que le corps physique prend forme dans le sein maternel. Elle devient une image petite mais parfaite du Moi Christique, qu'on appelle parfois « le petit homme en Or ». Lorsque par un effort appliqué, l'atmosphère de l'individu atteint une certaine quantité de lumière, la cellule sans air s'ouvre pour permettre à ce Nouvel Etre Spirituel d'entrer dans l'atmosphère harmonieusement préparée, où il va se développer sous la Poussée Cosmique pour rassembler en Lui-même les activités restantes du moi extérieur. Ainsi, un Etre Divin est manifesté et la Flamme est son vêtement. L'expression de plus grande dimension notée sur le tableau est indicatrice de cette expansion.

Avant que le Monde soit, nous séjournions dans le Corps Electronique des Royaumes intérieurs de Lumière en cette Grande Unité de Conscience. Pour relever l'expérience planétaire, il fallait qu'un corps physique d'un niveau de vibration plus bas que le Corps Electronique soit créé, afin que le Moi Individuel puisse fonctionner sur la Planète où le taux de vibration était beaucoup plus lent que dans les Royaumes intérieurs.

Le Plan Divin appartenant à l'expérience planétaire était que chaque individu passe un temps déterminé sur la planète, pour s'accomplir et remonter ensuite dans la Présence Electronique. Donc, le but final de l'expérience physique est d'atteindre la Victoire de l'Ascension et de regagner cette complète Unité de Conscience dont nous jouissions à l'origine.

Lorsque l'individu a racheté son karma, qu'il s'est nettoyé et purifié suffisamment, La Présence commence à augmenter l'action vibratoire de la Lumière dans la structure atomique de la chair, à un point tel que la traction magnétique de la Terre, c'est-à-dire la gravité, ne peut plus La retenir. Elle commence à s'élever et à être absorbée dans le Corps Electronique. C'est le processus de l'Ascension exactement comme l'a réalisé le Bien-Aimé Jésus sur l'apex du Mont des Oliviers devant cinq cents personnes, il y a deux mille ans.

Au cas où l'individu ne peut pas soulever le véhicule physique à la fin de l'incarnation, lorsque l'Ascension est possible, Celle-ci peut cependant se faire par l'enveloppe éthérique, après avoir abandonné le véhicule physique au temps de ce qu'on appelle la mort.

On peut en conclure que l'homme n'est pas le corps. Celui-ci n'est qu'un véhicule dans lequel et par lequel il fonctionne. Son identité éternelle est une Etincelle de Divinité, Une flamme Triple Rose Or et Bleue. L'Action Triple de la Vie — l'Amour, la Sagesse et le Pouvoir, en équilibre parfait.

— Le Grand Créateur, dans sa miséricorde et ses gentillesses multiples, a créé le schéma électronique de chaque individu différent et distinct, afin que tous puissent profiter d'une certaine individualité, et beauté de forme. Les électrons de chaque individu diffèrent dans leur structure, comme les flocons de neige. Chaque dessin et forme représente l'identité de la Présence « JE SUIS » qui se manifestera par le Saint Moi Christique dans son plein épanouissement et par le moi extérieur lorsque les trois deviendront Un en la Sainte Trinité.

Comme on vous l'a dit souvent, le schéma des électrons du Maître Elevé Saint Germain est représenté par la Croix de Malte. Celui du Seigneur Gautama Bouddha est le Lotus ouvert. Celui du Bien-Aimé Régent, Sanat Kumara est l'étoile parfaite de l'Amour et de la Paix. Ceci signifie que tous les électrons qui constituent les corps de Sanat Kumara, de Saint Germain et du Seigneur Gautama sont des myriades innombrables de répliques des formes citées ci-dessus, au travers desquelles la Lumière de Dieu coule toujours dans les couleurs prismatiques de l'arc-en-ciel.

Toute l'Energie Divine qu'Ils tirent du Corps de Dieu, l'Informé, lorsqu'elle arrive sous Leur contrôle conscient, est immédiatement timbrée de ces marques et, chaque fois qu'elle avancera dans l'Univers, dirigée par Leurs pensées, leurs sentiments, leurs paroles et leurs actions, les électrons porteront le profil de leur modèle particulier.

De même façon, toute l'Energie Divine, que chaque Etudiant tire du non-formé, prend immédiatement la forme de *sa* marque électronique.

Vous pouvez rendre un formidable service en demandant aux Maîtres Elevés de diriger Leur Flamme individualisée dans la conscience de chaque courant de vie que vous rencontrez. De cette manière, vous pouvez enrichir la conscience de l'individu d'un éclair d'inspiration Cosmique venant du Cœur des Maîtres Elevés. Ceci permettra à cet individu de continuer à déployer sa nature spirituelle d'une manière presque incroyable. Changer la conscience d'une personne est l'une des tâches les plus lourdes et les plus difficiles jamais entreprises, soit par l'Octave du Maître Elevé, soit par une octave en dessous. Chaque conscience individuelle est formée par un jeu de pensées et de sentiments de conceptions, de croyances, de préjudices, de superstitions, de craintes, de doutes et une légion de faussetés construites au cours de siècles de conception erronée. Lorsque la Lumière frappe la conscience avec une nouvelle idée ou pensée, elle met cette masse tout entière en mouvement, elle remue les croyances latentes et les met en action, action ayant tendance à repousser toute intrusion dans leur état d'esprit complaisant, exactement comme le corps physique repousse et déteste d'être réveillé de son sommeil brusquement ou par la force.

Lorsque la Lumière et la Vie sont présentées à un individu, la conscience est mise en mouvement, les vibrations mentales et émotionnelles sont désagréables et la conscience préférerait les rejeter pour la plupart. Elle n'aime pas qu'on la dérange dans son repos, particulièrement du fait qu'une nouvelle pensée de bonne volonté cherchera à déloger des faussetés confortablement établies, qui n'abandonneront pas leur gîte sans livrer bataille.

Pour porter plus facilement la vérité aux Aspirants sur le sentier, vous devez savoir que, lorsqu'un individu est aspirant, cela ne signifie pas qu'il fait exception à la règle. Il représente très souvent une intensification de la réaction en masse. Un aspirant est habituellement un individu têtu, qui a pris la détermination de suivre le sentier et qui, consciemment ou inconsciemment a fait ses plans de progression, Vous arrivez vers ces gens avec une ligne attrayante venant du Ciel, mais la masse de leur conscience gêne beaucoup le service à rendre, à moins que vous n'utilisiez l'invocation de la Conscience des Maîtres Elevés, et leur Présence, pour frapper dans le centre de cette conscience humaine, exactement comme une hache peut fendre une bûche en deux, et poussiez la Flamme de Lumière au centre de quiconque s'ouvre à l'occasion. Si vous voulez rendre ce service, la Conscience du Maître Elevé tombera comme l'éclair sur l'aspirant, en le surprenant parfois au-delà de toute attente. C'est un pouvoir miraculeux que l'on peut utiliser sans limite. Il économise d'innombrables tonnes d'énergie en pensée dans la tentative humaine de transmettre la vérité au chercheur.

LES CORPS DE L'HOMME

LE CORPS DE FEU BLANC

Fait à l'image exacte de Dieu, L'ETRE DE FEU BLANC est moulé de pure substance électronique. Il est toujours actif comme centre de radiation dans les *Royaumes Cosmiques*. Une partie infinitésimale de cet Etre est le pouvoir énergétique pour les autres corps. Lorsque les planètes tournent autour de leurs Soleils individuels, les Corps de Feu Blanc de toute l'humanité participent activement à la joie de la Création Cosmique. La première décision, prise en l'Etre de Feu Blanc, est de savoir s'il ne doit fonctionner que dans le Cosmos, ou projeter volontairement l'aspect double (masculin et féminin) de sa Nature Divine dans les royaumes du Maître Elevé pour donner une aide plus concentrée à une évolution particulière. Ces Compléments Divins sont appelés la « Présence « JE SUIS » individualisée.

LA PRESENCE « JE SUIS » (CORPS ELECTRONIQUE)

La Présence « JE SUIS » Corps Electronique, est un être vivant, individualisé, avec lequel on peut parler et qui entend chaque appel ou prière. Il ne connaît que la perfection de la Tête Divine qu'il distribue sans arrêt dans le monde de la Forme. La Présence « JE SUIS » ne fait qu'UN avec la fondation de l'Univers, et ne fait qu'Un avec le grand « JE SUIS ». Les Rayons de Lumière ou l'Energie qui passent dans le corps physique, depuis le Corps Electronique sont identiques aux Rayons qui proviennent du Soleil pour devenir Lumière, Energie et Vie pour toutes choses sur la Planète. Si la Conscience individualisée voulait bien rester attentive à Sa Source, la Présence « JE SUIS », soit la Perfection, serait toujours manifeste dans le monde de l'individu.

LE CORPS CAUSAL

Le Corps Causal forme l'auréole de la Présence « JE SUIS ». Les belles couleurs du Corps Causal représentent les sept Sphères de la conscience qui sont l'Aura naturelle du Soleil de notre Système et, à un degré moindre, la quantité extériorisée de l'énergie qualifiée dont chaque courant de vie est doté, à partir du moment où il progresse depuis l'état pur d'innocence. Dans ces sphères, repose tout le BIEN accumulé en raison des expériences passées, jusqu'au moment où le monde physique est dans un état suffisamment harmonieux pour recevoir les bénéfices de ce grand entrepôt du BIEN. Chaque Corps Causal individuel varie en taille et en qualité suivant la quantité d'énergie constructivement qualifiée utilisée au travers des âges, dans et en dehors de l'incarnation. C'est le bien accumulé du courant de vie qui est créé par l'intérêt et l'activité de tout un chacun. La nature du service que chaque Présence « JE SUIS » doit rendre, fut déterminé avant que l'individualisation ait lieu. Vues par la vue intérieure, les couleurs du spectre sont une partie composante du Corps Causal. La Vertu ou la Qualité avec laquelle l'individu a une affinité, formera le plus grand réservoir d'énergie, la couleur dépendant de la Qualité. Sage est l'étudiant qui connaît la vérité : le Corps Causal a une réserve infinie, où il peut puiser pour son profit et celui de Toute l'humanité. Par son nom même c'est un corps de CAUSE et l'effet est destiné à se manifester chaque fois que l'étudiant avisé y a recours.

LE SAINT MOI CHRISTIQUE

Entre la Présence « JE SUIS » et la forme physique se trouve le Saint Moi Christique, qu'on appelle également l'Ange Gardien. Il est un Etre de Lumière intelligent disposant d'une conscience pure et parfaite, qui croît et augmente avec le Corps Causal. Bien qu'il ait une action vibratoire bien plus basse que la Présence « JE SUIS », il ne fait qu'UN avec elle dans son action. Comme Ses caractéristiques sont d'une nature sensible, il est l'Observateur Silencieux de l'individu, Le Seul Fils de Dieu Engendré, et si on laisse libre cours à ses actions dans le monde de l'individu, il agira comme Directeur Divin personnalisé de toutes les affaires matérielles. Lorsque l'étudiant a quelque peu avancé sur le Chemin, la reproduction du Moi Christique par le corps physique est ce qu'on appelle La Seconde Venue du Christ, qui ne doit pas être une affaire individuelle. Ainsi, nous devons comprendre pourquoi il n'est pas suffisant de croire dans le Christ, mais qu'en plus chacun doit DEVENIR LE CHRIST dans son propre environnement.

Lorsque l'individu a décidé d'utiliser ses expériences dans les Sept Sphères intérieures et de demander son incarnation sur Terre, le **Saint Moi Christique A AGI COMME TRANSFORMATEUR** pour réduire la Magnificence de la Présence « JE SUIS » dans l'atmosphère dans laquelle auraient à fonctionner les véhicules du moi extérieur. Il est en harmonie complète, émet une musique magnifique et une senteur délicieuse.

Jésus a parlé de cette Etincelle de Divinité dans l'homme : « Le Père à l'intérieur ». Lorsque la Présence « JE SUIS » se porte volontaire pour s'incarner sur la surface de la Terre, elle projette une minuscule réplique d'Elle-même dans le sein de la mère au moment de la conception. C'est le pouvoir de cohésion autour duquel les Constructeurs de forme créent les corps inférieurs. Lorsque le Rayon Féminin augmente son intensité sur la Terre, les mères de la race se rendent mieux compte du privilège sacré qu'elles ont d'aider les Constructeurs de Forme à nourrir le Saint Moi Christique. Elle est en somme le calice pour l'Esprit qui va arriver. L'obligation et la responsabilité des Parents envers les Esprits des embryons peut empêcher ou retarder le développement spirituel de ces enfants.

LES QUATRE CORPS :

LE CORPS EMOTIONNEL

Ce corps fut créé avec la Substance du Royaume Emotionnel ou Royaume du Sentiment, qui est le Royaume des Anges et des Archanges. Il a été développé dans un seul but : irradier la Nature de Dieu, et toutes les vertus de bonheur, de pureté, de miséricorde, de pardon et de paix. Il n'a pas été donné pour créer des sentiments violents qui se manifestent sous forme de guerre ou d'imperfections de tous genres.

C'est le monde du sentiment. C'est le plus grand des quatre

corps. Il est principalement composé de l'élément eau. Le corps émotionnel fut mis au point par les Constructeurs de forme pour servir de berceau protecteur aux corps inférieurs, de même que la surface de la Terre est bercée par les mers. Son but exact est de nourrir des Idées divines du sentiment positif de l'accomplissement. Les pensées, les paroles et les actions ont peu d'efficacité jusqu'au moment où l'enthousiasme des sentiments se projette en eux pour les soutenir dans toute sphère où la conscience de l'individu désire qu'ils agissent.

La conscience du sentiment, ainsi que les trois autres corps inférieurs, doivent être purifiés en invoquant le Bien-Aimé Maître Elevé Saint Germain et la Flamme Violette de Transmutation, car pendant des siècles l'individu a été assujetti à des situations variées où les désappointements, les désillusions, et les rebellions ont créé des sentiments antagonistes comme des « eaux troubles ». Lorsqu'ils sont ainsi purifiés, les sentiments déterminent toujours les activités du moi extérieur — conscientes ou subconscientes. Le Bien-Aimé Maître Jésus reçut le conseil de devenir d'abord Maître de soi-même, c'est-à-dire des quatre véhicules inférieurs qu'Il a utilisés dans Son dernier accomplissement victorieux, avant de devenir Maître des véhicules inférieurs des autres, et des éléments eux-mêmes. Ayant acquis cette Maîtrise, il lui fut aisé de déployer LE SENTIMENT DE PAIX sur les eaux orageuses qui alarmèrent Ses disciples en Galilée.

Comme environ quatre-vingts pour cent de la Planète Terre sont composés d'eau, tout individu, s'incarnant sur Elle, expérimente environ quatre-vingts pour cent de son essai Karmique par son corps de sentiment. C'est la formation la plus difficile de tout ce qui appartient à cette chaîne. Cela, dans une certaine mesure, explique pourquoi la Terre est tombée dans l'abîme. La tenue en laisse du monde sentimental est la plus grande initiation du Dieu qui évolue. Lorsque l'étudiant a acquis une maîtrise sur la nature du sentiment, il reçoit son diplôme terrestre, car c'est la leçon la plus importante qu'il puisse apprendre sur Terre. De sorte que les individus s'incarnent et se réincarnent sur Elle, comme les feuilles reviennent sur un arbre, pour maîtriser le monde du sentiment.

LE CORPS MENTAL

Le Corps mental, qui est façonné d'après la substance du Royaume Mental, est tout à fait similaire au Saint Moi Christique en cela qu'il doit être le véhicule du Saint Moi Christique dans l'expression inférieur ou extérieure.

L'activité mentale fonctionne par son corps qui contient tous les accroissements des conceptions, des opinions, des connaissances humaines et les conclusions tirées de toutes les sources d'information. L'esprit fut créé pour être le SERVITEUR de la flamme individualisée et NON PAS son maître. Il était destiné à être l'instrument pour créer et maintenir le modèle ou la vision jusqu'à ce que la manifestation puisse avoir lieu.

Il devrait être le calice de réceptions des idées divines. Il possède à l'intérieur de lui-même le pouvoir de concevoir ces idées divines sous une forme pratique de travail.

LE CORPS ETHERIQUE

Le Corps Ethérique est la contrepartie, et la véritable forme de la forme humaine tangible, mais il est composé d'une matière beaucoup plus subtile. A l'intérieur de ce corps se trouvent les enregistrements et les souvenirs de toutes les expériences subies par l'individu au cours d'innombrables incarnations. C'est également le moyen par lequel se transmet la force dans toutes les parties de la force humaine. Il détermine aussi l'état de santé du corps physique parce qu'en lui-même il est le dépositaire, le transmetteur d'énergie, et le véritable intermédiaire des mondes intérieur et extérieur de l'homme.

Le Corps Ethérique, quelquefois appelé « l'âme », enregistre toutes les expériences du courant de vie, depuis que l'individualisation a eu lieu. Il réceptionne du corps mental les idées qui ont reçu l'énergie de la part du monde du sentiment. Avant que les pensées et sentiments puissent se manifester dans le monde d'apparence physique, ils doivent être épurés par le corps éthérique. Comme le Corps Ethérique détient tous les enregistrements bons ou mauvais, en lui-même, il est d'importance primordiale que les méfaits du courant humain qui y sont enregistrés soient transmutés par la Flamme Violette. Ces enregistrements forment l'essence d'une personnalité et ils marquent toutes les activités de l'individu, de leur nature spécifique.

Le Bien-Aimé Orion :

« — Quelquefois une femme désirera un enfant, mais si sa première association avec cette âme a été malheureuse lorsque la pression du monde de sentiment de cette âme qu'elle va porter touchera son aura, elle éprouvera une grande répugnance dans son sentiment de future mère, évoquant des souvenirs de dissonances passées avec cet être qui va arriver. Il arrive que la future mère *décide* alors *d'avorter* de cette âme en raison de l'énorme antipathie qui, karmiquement, les relie ensemble. Dans ce cas, quelqu'un qui aura sincèrement prié pour avoir un enfant décidera soudain qu'elle ne le veut pas. »

Le Bien-Aimé Uriel :

« Vous savez que le Corps Ethérique est un miroir. C'est sa nature. Il reflète toute expérience et il prend la forme des pensées et des sentiments. Lorsqu'un homme meurt, son corps éthérique apparaît exactement comme sa forme prostrée. Si le corps physique est ratatiné et usé, l'éthérique a exactement cet aspect. Lorsqu'ils passent « de l'autre côté », je parle maintenant de l'homme réveillé, le corps éthérique reflète ce qui l'entoure, et il commence à rejeter l'apparence de l'âge. Chaque personne dans les Royaumes intérieurs est revenue aux environs de trente-cinq ans. Dans quelques années, le corps éthérique de celui qui vient de mourir ré-assumera une apparence de jeunesse. Les Corps éthériques arrivent à ce Temple, mais la substance physique qui formera le prochain corps terrestre, fera que les élémentaires du Corps physique et le corps éthérique soient de nouveau déformés, si c'est le type de vêtement que l'âme a gagné. **Il y a donc souvent une rébellion** des élémentaires du Corps, en raison de la légèreté et du bonheur qu'ils ont eus dans le corps éthérique, et il y a rebellion lorsque le courant de vie doit rentrer dans une forme grotesque ou mal conçue. — »

LE CORPS PHYSIQUE

Comme pour les autres corps, le Corps Physique est également retiré de la substance de son propre royaume. Sa fonction, comme nous le savons, est de faire des actes physiques et de s'exprimer dans le monde de la forme. Ce corps est fait de particules minuscules de Substances de Lumière que l'homme a choisi d'appeler électrons. Elles sont émises par le Corps de Dieu qui les prête au courant de vie individuel pour créer un vêtement de chair à l'image du Saint Moi Christique. Toutefois la réalité n'est pas le corps physique, qui est simplement le point d'ancrage sur la Terre pour les Rayons de Lumière qui sont projetés directement depuis la Tête Divine. C'est l'ancarge sur la surface de la Terre, par lequel doivent être partiellement canalisées les activités des sept autres corps. Lorsqu'ils sont parfaitement accordés avec l'Etre de Feu Blanc, ils sont une Présence Maître, ici sur la Terre. Réciproquement, les imperfections du corps physique sont le résultat de l'impact des natures émotionnelle, mentale et éthérique, émanant non seulement de lui-même mais encore d'autres courants de vie. L'environnement, et les associations présentes et passées, sont des facteurs de première importance dans la constitution de ces corps.

Bien des ascètes qui ont obéi à la loi de l'abstinence, qui ont mortifié leur corps et sont morts dans une chemise de crin, sans mortifier les corps de sentiment et mental, ne se sont pas élevés aussi haut, que quelqu'un plus relaxé dans les choses charnelles, mais plus strict dans la sublimation de la vie. Bien des hommes et des femmes dans des monastères ou des couvents, se livrant à certaines abstinences et mortifications du corps physique, étaient remplis d'amertume, d'orgueil spirituel, d'arrogance de l'âme, lorsque leur corps rencontrera la mort. L'âme qui était tout ce qui restait pour passer devant le Conseil Karmique était pire que s'ils avaient vécu une bonne vie et étaient revenus chez le Père avec une âme dans laquelle il y aurait eu au moins un peu de paix et de toléarnce ! Il existe un équilibre dans la Loi.

L'obéissance morale et éthique à la loi charnelle de bonne vie, sont bonnes et doivent être recommandées, si elles ont foi dans la force de l'âme, dans la conscience et la pureté de la nature. Mais si elles construisent des frustrations et laissent des cicatrices à l'âme, il vaudrait mieux qu'elles n'aient jamais existé.

LE CORPS EMOTIONNEL

La mer de Votre MONDE EMOTIONNEL est comme un grand Ovoïde autour de vous. Dans celui-ci se trouve l'ovoïde du CORPS MENTAL, à l'intérieur duquel est l'ovoïde du CORPS ETHERIQUE. Souvent vous pouvez voir la silhouette du Corps Ethérique s'étendant de dix à vingt-cinq centimètres autour de la forme charnelle. Au centre, comme la semence, se trouve la FORME PHYSIQUE. Ce sont les quatre corps inférieurs qui ont besoin de purification et, lorsque vous commencez à vous développer en tant qu'individu et n'appartenez plus à la masse, ces corps, au lieu d'être d'informes ovoïdes prennent une FORME et deviennent beaux en illustrant la beauté de votre Saint Moi Christique.

LE CORPS EMOTIONNEL, OU DE SENTIMENT, n'a été mis au point que dans un seul but, irradier la Nature de Dieu et toutes les vertus de bonheur, de pureté, de miséricorde, de pardon et de paix. Il n'a pas été donné pour créer les sentiments violents qui se manifestent sous la forme de guerre ou d'imperfections de toute sorte.

Les électrons qui constituent chaque véhicule sont soumis à l'action vibratoire que vous contactez et si c'est le royaume psychique discordant, le véhicule descend en dessous de l'action vibratoire de la tolérance, de la compréhension, de la fraternité et de la paix. Ce véhicule est comme un groupe d'hommes encordés ensemble pour escalader une montagne, qui souffrent tous de la perte de leur vie, si un homme tombe. Si votre monde émotionnel tombe dans une action vibratoire de dépression, de colère ou de détresse, il entraîne automatiquement tous les autres. Si votre corps mental s'ouvre à l'impatience, au souci, aux images de limitation, il entraîne les autres corps. Si le corps éthérique se rappelle les injustices du passé, c'est le coupable et si le corps physique exige la satisfaction de ses appétits, il ne vous permet pas à votre esprit et à vos sentiments de rester en Paix.

Mais, VOUS N'ETES AUCUN DE CES CORPS ! Le Saint Moi Christique, qui séjourne dans la Triple Flamme de Dieu Intégrée, IMMORTELLE provenant de votre propre Présence

« JE SUIS » et faisant battre votre cœur, est Votre Véritable VOUS-MEME.

Ce Saint Moi Christique a créé ces autres corps comme des INSTRUMENTS, pour que vous les utilisiez. Si toutefois, votre corps émotionnel continue à prendre l'Energie du Christ pour l'utiliser en scènes ou en colères, si votre corps mental continue à produire des images de carences et de limitations, si le corps éthérique continue à donner de l'énergie aux impuretés du passé, si le corps charnel continue à réclamer des attentions, alors la Sainte Flamme du Christ EN VOUS n'a pas l'occasion d'extérioriser le Plan Divin.

Vous devez prendre en main ces quatre corps inférieurs, car VOUS avez pris la responsabilité de leur Résurrection et de leur Vie. Lorsque vous maintenez ces corps dans un sentiment de tolérance, d'harmonie, de pureté, d'Amour, de bonheur, de joie, de compréhension et de toutes les belles qualités, VOUS EMETTEZ LA LUMIERE !

Vous pouvez comprendre comment chaque individu a créé, dans chaque vie terrestre depuis la chute de l'homme, une certaine quantité de ce qu'on appelle le KARMA DESTRUCTIF, qui est une mauvaise utilisation de la vie. Ce karma agit sur de nombreux plans suivant le corps qui est l'offenseur principal. Le CORPS PHYSIQUE Se livrant à des actes de violence, de dépravation physique, etc. libère une énorme énergie vitale dans la substance élémentaire du MONDE PHYSIQUE. Cette substance reste dans la vie élémentaire emprisonnée au plan physique, JUSQU'A ce que la MEME AME QUI L'A CREEE LA REPRENNE DANS SON PROPRE CORPS PHYSIQUE à l'occasion d'une vie future et que par la souffrance et la maladie elle rachète cette énergie, à moins qu'elle n'ait été précédemment transmutée par l'action du FEU VIOLET qui la LIBERE.

Les courants de vie qui font de grands actes de discordes sur le PLAN MENTAL, comme les crimes de cruauté mentale, chargent les éléments d'une action vibratoire dissonante. LA MARQUE de l'INDIVIDU remplit l'atmosphère mentale qui doit être rachetée, et remise dans le VEHICULE MENTAL de cette même âme, dans un temps à venir, pour sa rédemption.

Les Individus qui font des actes de CRUAUTE EMOTIONNELLE, chargent la substance du plan émotionnel d'une certaine action vibratoire, qui s'enregistrera d'abord dans le corps émotionnel du même courant dans un âge ultérieur. Ces différents types de crimes qu'ils soient physiques, mentaux ou émotionnels sont dans leur circuit de retour, à l'origine des causes de maladies mentales, émotionnelles et charnelles.

Pour qu'une. AME reçoive toute sa liberté, elle doit nécessairement RACHETER les énergies dont elle a fait mauvais usage. Pour cette raison, il faut que cette âme ait un corps sur chacun de ces plans, y compris une forme physique par laquelle elle puisse racheter la vie élémentaire.

Chaque courant individuel accepte la responsabilité d'une QUALIFICATION d'énergie pour chacun des Sept Sphères dans lesquelles un de ses corps fonctionne. Il y a un centre au cœur du Saint Moi Christique, du Corps Causal, du Corps Electronique et des corps physique, éthérique, mental, émotionnel. Chacun de ces sept corps contribue constamment, par la puissance qualifiante de son intelligence propre, aux activités de l'atmosphère de la sphère dans laquelle il fonctionne. Lorsque le Rayon de Lumière de la Présence « Je Suis », la corde d'argent, passe par les sept corps, L'ESSENCE DE VIE qu'il porte dans son état non-formé, pur et naturel, ainsi que l'individu prennent la responsabilité de qualifier cette énergie, en sachant très bien que SOUS LA LOI DU CERCLE, tout ce qui est EMIS REVIENDRA ACCOMPAGNE D'EMISSIONS IDENTIQUES AMPLIFIEES.

LES CHAKRAS

— LA BASE DE L'EPINE DORSALE est le centre du désir et de la passion dans le non-éveillé. Chez l'être éveillé, c'est le centre de la Pureté. L'Elohim qui en a la charge est l'Elohim de Pureté, l'Archange qui la distribue est Gabriel, la Flamme d'Ascension est Serapis Bey. Inutile d'y accorder trop d'attention. La Couleur de la Flamme est Blanche.

— LA RATE est le centre de la colère, de la méchanceté, de la haine et de l'aversion. En activité positive, c'est le pouvoir d'invocation. Son Elohim est Arcturus, l'Archange Zadkiel, le Chohan Saint Germain. La couleur de la Flamme est Violette.

— Le PLEXUS SOLAIRE est le centre de l'avidité, de la gloutonnerie, de l'envie et de la crainte. Son activité positive est la paix et l'harmonie. L'Elohim de Paix, L'Archange Uriel, et le Chohan Dame Nada gouvernent sa flamme d'Or et de Rubis.

— LE CENTRE CARDIAQUE représente négativement la paresse, la léthargie, la veulerie. La radiation positive est l'Amour et la Tolérance. Elohim Orion, l'incarnation de l'Amour l'Archange Chamuel et le Chohan Dame Rowena gouvernent sa flamme Rose.

— LE CENTRE DE LA GORGE est le centre où les désirs du pouvoir, de l'envie, de la jalousie sont d'aspect négatif. Dans l'aspect positif, c'est le pouvoir de créer la perfection, et de porter la volonté de Dieu. La Flamme du Pouvoir est Bleue, elle est gouvernée par l'Elohim Hercule, l'Archange Michel et le Maître El Morya.

— LE CENTRE DU FRONT, et personne n'a besoin de vous le dire, représente le pouvoir de la raison, de l'orgueil, de l'arrogance intellectuelle, du doute dans son aspect négatif. Son aspect positif est : la concentration, le pouvoir de se représenter les choses. Il porte les qualités de l'Elohim Cyclopea (Œil-Voyant-Tout, de Vista), de l'Archange Raphaël et du Chohan Hilarion. La Couleur est Verte. La Flamme de Vérité.

— LE CENTRE DE LA COURONNE — Dieu merci — n'a pas été touché par le négativisme, mais il est sous-développé et lorsqu'il est développé, c'est le centre de la Sagesse Divine. Il irradie la couleur Jaune du cœur de l'Elohim Cassiopeia, de l'Archange Jophiel et du Chohan Confucius.

LA HIERARCHIE SPIRITUELLE

LES SEPT ELOHIM TOUT-PUISSANTS

Après qu'Hélios et Vesta, Dieu et Déesse du Soleil, aient préparé les plans pour les Planètes de leur Système, les Sept Elohim furent appelés à l'action pour construire chaque pièce composante, ce qui, évidemment, comprenait la Planète Terre.

Chacun des Elohim est associé avec l'une des Sept Sphères ou Rayons. Chacun a donc contribué avec les caractéristiques de son Rayon individuel, à la Création. Les Elohim travaillant avec leurs Compléments Individuels Divins — rendant leur Service Cosmique en Un. Le rythme de la Création fut maintenu comme suit :

PREMIER RAYON	Hercule et Amazone	Décision, et la volonté de les amener à se manifester.
DEUXIEME RAYON	Cassiopeia et Minerve	Perception du Plan et la Sagesse d'analyser les méthodes d'opération.
TROISIEME RAYON	Orion et Angélique	Usage de l'action cohésive de l'Amour Divin dans des activités de construction.
QUATRIEME RAYON	Claire et Astrée	Maintenir la pureté dans les parties composantes de toutes les activités et maintien de la Conception Immaculée en toutes choses.
CINQUIEME RAYON	Vista (Cyclopea) et Crystal	Consécration de toute énergie à un But Divin.
SIXIEME RAYON	Tranquillité et Pacifique	Consécration au service immédiat. Gérer les besoins du moment pour maintenir la Paix au travers de toutes les activités.
SEPTIEME RAYON	Arcturus et Diane	Rythme d'invocation du Feu Sacré pour maintenir le Plan Divin.

LA COURONNE DES ELOHIM

Sur le front de chaque Intelligence Divine individualisée, il existe une belle couronne de Lumière, sur le devant de laquelle se trouvent **sept Flammes** dans les couleurs qui représentent les Sept Rayons des Elohims.

Le Premier Rayon est représenté sur le côté gauche du Front

par la Flamme Bleue d'Hercule, suivie par la Flamme jaune-soleil de Cassiopeia et ensuite par la Flamme Rose d'Orion.

La Flamme centrale sur l'avant de la couronne est la Flamme de Cristal de la Pureté Cosmique du Christ qui supporte en son centre l'Œil-Voyant-Tout de Dieu.

Autour de cette Flamme monte l'éclat du Rayon auquel appartient le courant de vie individualisé. Ensuite, c'est la Flamme Verte de Vista, la Flamme d'Or des Elohim de Paix, et cela se termine du côté droit du front avec la Flamme Violette d'Arcturus.

Lorsque chaque Elohim, Archange et Chohan versent la radiation de leur Rayon sur les jours successifs de chaque semaine, en commençant par le Rayon Bleu d'Hercule, chaque Rayon correspondant sur les fronts de l'humanité est successivement nourri et développé.

Cette couronne des Elohim dont nous parlons n'est pas visible à la vue physique moyenne de l'humanité non élevée. Elle peut être clairement vue par ceux qui possèdent leur véritable « Vue intérieure » bien développée et, évidemment, elle est toujours vue par les Etres Cosmiques, Maîtres Elevés et l'Hôte Angélique qui s'occupe de l'Humanité. Cette « Couronne » est un don de Lumière que Dieu fait à chaque intelligence divine incarnée. Elle est l'ancrage des Sept Rayons des Elohims dans chaque front. Lorsqu'elle est bien développée, elle offre une protection certaine à la structure cervicale et au corps mental, en même temps qu'un centre pour la « vue intérieure » de l'individu, en rehaussant dans l'activité divine la glande pinéale du centre du cerveau. L'ancrage de ces Sept Rayons dans le front de chaque individu procure aux Elohims, Archanges et Chohans une « porte ouverte » par laquelle ils peuvent donner de l'aide à l'humanité.

Lorsque l'étudiant sincère de la Vérité devient conscient de cette « Couronne », en ayant accepté sa présence sur son front, par la réception de l'instruction des Maîtres à ce sujet, il accepte également, chaque jour, la radiation des Vertus des Grands Etres qui s'y rattachent. Lorsqu'on « se met au diapason » d'une Vertu, en lui concentrant son attention, on reçoit rythmiquement beaucoup plus de bénédictions concentrées.

Ces Sept Rayons sur le front agissent comme une « antenne spirituelle », en magnétisant les dons des Sept Rayons dans les mondes individuels de ceux qui veulent bien les accepter consciemment. Alors, suivant la Loi Divine, ce courant de vie envoie les bénédictions reçues, en les amplifiant par sa propre direction consciente.

Chacun désirant utiliser journellement le chant suivant pour les Sept puissants Elohims trouvera un énorme sens d'équilibre dans sa vie et ses expériences, ici, dans ce monde d'apparence physique. Pour obtenir les meilleurs résultats en l'utilisant, il faudrait le pratiquer au moins une fois chaque jour à la même heure approximativement.

Les notes musicales pour chanter le Nom « E-lo-him » sont les suivantes : le Fa sous le do normal, suivi par le Sol grave — ensuite le Si bémol. Le mot « JE SUIS » doit être parlé dans le ton habituel — suivi immédiatement après en chant, avec un instrument musical si possible, de la note Fa en dessous du Do moyen, ensuite le Sol, puis le Si bémol.

Il faudrait répéter cette activité sept fois, en fixant à chaque fois l'attention sur les Rayons et les Noms des Elohims dans l'ordre, et en commençant avec le Rayon Bleu d'Hercule sur la gauche. Le Chant est le suivant :

« JE SUIS » ! E-lo-him ! E-lo-him ! E-lo-him ! E-lo-him ! E-lo-him ! E-lo-him ! E-lo-him ! Sept fois Sept — JE SUIS ! E-lo-him

Les mots « sept fois sept » et « JE SUIS » doivent être prononcés sur un ton de voix normal et l'E-lo-him final chanté sur les trois notes, très lentement la dernière fois. Les Bénédictions du Saint Esprit sont toujours sur vous, lorsque vous ESSAYEZ.

Maha Chohan
(Maintenant le Saint Eole)

LES SEPT ETAPES VERS LA SUBLIMATION
(ou Précipitation)

Premièrement : Rien n'est jamais créé dans ce monde et jamais rien n'est accompli dans aucun domaine avant que vous DECIDIEZ en vous-même de le faire. Ceci est l'activité du Bien-Aimé Hercule et du Premier Rayon. Que vous DECIDIEZ de descendre la rue, d'assister à une classe, de rendre service à quelqu'un, de faire un petit anneau ou un grand maison, vous devez d'abord, en vous-même, DECIDER de prendre les énergies vitales de votre vie et accomplir quelque chose de constructif avec elles.

Deuxièmement : Ceci se produit sous la radiation de la Bien-Aimée Cassiopéa. Lorsque vous avez décidé de créer une forme définie, il faut demander la PERCEPTION DIVINE, L'ILLUMINATION, pour connaître la meilleure manière de la créer. Lorsque vous avez, de façon abstraite, décidé de servir d'une certaine façon, la PERCEPTION du Rayon d'Or est nécessaire pour vous rendre capable, *en utilisant la discrimination et simplement le bon sens ordinaire,* de savoir quels sont les accumulations de qualités divines déjà développées que vous pourrez offrir, et comment elle vous permettront de servir mieux. Depuis le temps ou Madame Blavatsky a écrit jusqu'à ce jour, nous avons eu de nombreux hommes et femmes qui ont décidé de servir les Maîtres, mais qui, de façon irrationnelle, se précipitent dans l'action, sans discrétion, sans avoir mesuré leurs propres talents et capacités, indépendamment du type et de la qualité de substance qualifiée dans leurs mondes qui leur permettrait de donner le meilleur service, et sans savoir si le service qu'ils désirent rendre, peut convenir au Grand Schéma Universel.

Donc LORSQUE VOUS VOULEZ FAIRE vous avez besoin de PERCEPTION pour savoir au moins ce que vous désirez faire, et comment ce que votre monde a à offrir pourra coopérer amoureusement avec le Divin Plan de Dieu.

Troisièmement : Voici maintenant l'étape qui demande que vous émettiez de votre cœur le sentiment d'AMOUR DIVIN, et cette étape est sous la direction du Bien-Aimé Orion. Ce que vous faites au service du Maître ou en utilisant le pouvoir de sublimation, demande la coopération aimante de tous vos corps, *y compris la forme physique extérieure.* Vous avez entendu dire très souvent par vos grands maîtres que ce qui est fait dans un sens de devoir, doit être complètement refait *dans un sentiment D'AMOUR.* Donc, vous devez développer les qualités de sentiment de notre Bien-Aimé Orion, la constance aimante de poursuivre votre tentative jusqu'à ce qu'elle soit terminée, en y travaillant avec gratitude, bonheur et dévotion, sans accorder une pensée au temps, à la récompense ou à toute reconnaissance personnelle de n'importe quelle sorte, que ce soit *Servir simplement pour la joie de servir* est l'activité du Troisième Rayon. C'est une des étapes les plus importantes des « Sept étapes ».

Quatrièmement : la Bien-Aimée Claire (Elohim de Pureté) prend la quatrième place dans la précipitation. Ceci signifie : s'en tenir à la PURETE de la conception originale, qui a été donnée, à votre demande, à votre cerveau par votre Saint Moi Christique, ou, si vous êtes parmi les plus chanceux qui sont plus développés, dirigée dans votre esprit par un Maître. Maintenir la PURETE de votre conception signifie que personnellement vous n'élaborez rien en sus, vous ne brodez rien pour ainsi dire, vous ne cherchez pas à adapter ce plan à votre raison propre, à votre logique et satisfaction individuelle, mais que vous êtes d'accord pour soutenir le dessein et la conception parfaite qu'une intelligence plus grande que la vôtre a créé, afin que par vous, la race tout entière puisse en bénéficier.

Puis-je ajouter ici qu'en créant la planète Terre, après que nous ayons répondu à l'appel d'Hercule et AYONS DECIDE de créer, après qui nous ayons regardé dans le monde de l'Observateur Silencieux et PERÇU ce que les Bien-Aimés Hélios et Vesta voulaient que nous fassions, après avoir rempli nos cœurs d'AMOUR pour cette occasion de rendre un plus grand service, Nous faisions abstraction absolue de notre personnalité, dans notre désir de créer la Terre exactement comme Hélios et Vesta l'avaient conçue. Nous nous en sommes tenus à ce modèle parfait, jusqu'à ce qu'il sorte en grande beauté, en symétrie et en perfection de toutes sortes. Rappelez-vous que, comme Elohim, c'est-à-dire Constructeurs divins de la Création dans la Galaxie tout entière, Nous ne travaillions pas seulement avec la Planète Terre à ce moment-là, mais avec d'autres Galaxies, car Nous sommes rattachés à bien des Etoiles et d'autres Systèmes. Nous avons dans notre conscience de nombreux autres desseins de beauté et de perfection égales, et il a suffit que nous débarrassions nos esprits de toutes les idées autres que celles qui nous ont été fournies par cette douce Terre *Aucun de nous ne présuma de suggérer le changement de forme d'une simple feuille d'herbe !* C'est volontairement que nous fîmes de nos consciences de simples vitres claires, afin que le schéma de Lumière conçu par les Grands Hélios et Vesta puisse passer en éclairant nos consciences et se manifester. Nous n'aurions même pas pu commencer cette création si Nous n'avions pas été d'accord pour coopérer amoureusement avec Ses Dessinateurs.

Cinquièmement : L'activité suivante est celle de CONCENTRATION et de CONSECRATION de la Bien-Aimée Vista, la qualité et la capacité de s'en tenir à un projet jusqu'à ce qu'il soit terminé. Là encore, nous arrivons à ce qui est un grand test pour le courant de vie. Les feux vitaux d'enthousiasme et de zèle joyeux qui sont allumés par l'étudiant honnête lorsqu'il touche pour la première fois la Vérité de Cette Lumière, tombent habituellement en cendres sous environ six mois.

Toutefois, la CONCENTRATION sur le même plan, modèle ou schéma, jusqu'à ce qu'elle soit manifeste, est essentielle à la production d'une précipitation *instantanée.* J'ai étudié les activités des corps intérieurs des étudiants bien des fois, particulièrement pendant ces séries de leçons données par les Elohim. Chaque fois que l'un d'entre Nous a parlé de son activité particulière, presque tout le monde présent a déterminé en soi-même de développer cette qualité de Maîtrise. Ceci, vous le voyez, est parfaitement naturel car PENDANT QUE VOUS ETES DANS LA RADIATION DE notre conscience et de connaissance de cette Maîtrise, *ce genre d'accomplissement vous semble très facile* et il en vaut tellement la peine. Cela fait des mois que ces leçons sont données, et depuis, je peux compter sur les doigts d'une main ceux qui s'en sont tenus au modèle qu'ils étaient déterminés à développer il y a des semaines.

Si vous concevez une voiture, une maison, un vêtement à porter ou quoi que ce soit que vous choisissiez de précipiter, restez avec cette conception jusqu'à ce que vous soyez passés par les « Sept Etapes vers la Précipitation » nécessaires, car ceci est scientifiquement requis pour manifester ce que vous désirez, visible et tangible dans votre utilisation extérieure. *Ce que vous choisissez de précipiter n'est pas tellement important, mais il est important que vous compreniez clairement la Science de Précipitation.* Quand vous comprenez, et que vous pouvez réussir à utiliser cette Science *consciemment* et à volonté, alors, comme votre Maître Saint Germain l'a déjà dit : les choses du monde vous sembleront sans aucune importance.

Toutefois, ce que nous essayons de vous faire sentir, c'est la joie que vous pouvez avoir dans votre utilisation consciente du pouvoir qui est en vous, pour produire cette même manifestation. Lorsque vous l'avez fait une fois, l'usage de ce pouvoir est vôtre pour toute Eternité et la foi, la confiance et le bonheur qui sourdront dans votre cœur vous permettront de sentir votre Maîtrise.

Sixièmement : Important : Dans la science de précipitation consciente, le **Septième Rayon du** ***RYTHME INVOCATOIRE précède*** l'activité de scellement de votre manifestation dans la substance et la radiation de la PAIX DIVINE, qui est normalement l'activité du Sixième Rayon.

Septièmement : Lorsque vous en avez terminé avec le Cinquième Rayon de CONCENTRATION et êtes restés avec un schéma suffisamment longtemps, vous arrivez dans l'activité d'Arcturus : LE RYTHME D'INVOCATION. Là, de nouveau, si vous servez le Maître, le résultat sera pratiquement nul si vous le servez un jour dans un grand déploiement d'activité et ne revenez plus pendant un mois ! Toutes les activités de la Nature sont en RYTHME parfait. Etudiez vos Saisons, le lever et le coucher du Soleil, les marées montantes et descendantes, le battement régulier de votre propre cœur. Là vous pouvez vous rendre un peu compte de la nécessité du RYTHME. Ce que vous créez importe peu, c'est le RYTHME avec lequel vous alimentez ce dessein avec votre vie, par la pensée, le sentiment, les paroles au même instant, chaque jour — le matin, à midi, le soir, où à n'importe quel moment où vous décidez de le faire, qui est absolument essentiel à votre succès dans une telle tentative.

A ce sujet, mes chers cœurs, puis-je vous avertir que : Si vous ne donnez pas à votre dessein de précipitation le RYTHME, vous créerez une forme sans symétrie, *Si toutefois vous créez quelque chose !* Certaines de vos productions architecturales moins belles et, excusez-moi si je le mentionne, certaines imperfections de votre propre chair, sont dues aux effets déplaisants du RYTHME interrompu. Vous qui êtes des étudiants consciencieux « fuyez » le rythme interrompu dans le monde de la musique et, également dans vos propres mondes. Ce RYTHME interrompu dans la pensée, le sentiment, la parole et les actes a très souvent pour résultat la mauvaise santé, le manque d'argent, de paix ou d'autres limitations. Dans les Ages d'Or et de Perfection **passés qui ont existé sur** la Terre, *tous les gens* marchaient à un pas rythmé en respirant d'une lente respiration rythmique. Le RYTHME parfait de la Triple Flamme

Intégrée dans leur cœur pouvait gouverner leurs énergies vitales, au fur et à mesure qu'elles flottaient au travers de leurs quatre corps inférieurs. Comme le Bien-Aimé Arcturus vous l'a dit — vous ne pourriez pas rester en colère ou rancunier longtemps si vous deviez gouverner, Le RYTHME de vie passant au travers de vos corps, en maintenant sans arrêt la respiration rythmique. Ceux d'entre vous qui ont étudié l'art de la respiration rythmique savent ce dont je parle.

Rendre visibles, à la vue physique de tous, des Flammes du Feu Sacré, de ce qu'on appelle l'invisible est ce que nous désirons faire dans certains des sanctuaires de l'Activité Nouvelle, particulièrement aux endroits où il y a un foyer déjà existant, et un impact d'énormes proportions dans l'éther au-dessus d'une localité donnée, où, dans le passé, des Temples Atlantéens d'une qualité Divine spécialisée ont existé. Ces flammes ne peuvent passer de l'Invisible au Visible que lorsque vous en surveillez constamment et rytmiquement le foyer. La constance du service doit être établie *au-delà de la moindre possibilité d'interruption de ce* RYTHME *de surveillance assidue, par la « traction » d'un intérêt extérieur quel qu'il soit.*

Et maintenant — alors que je suis en train de voir dans vos esprits et vos mondes, pendant que je vous parle — puis-je vous suggérer que plus petite sera la chose que vous choisirez de faire sortir dans votre première précipitation, moindre sera l'énergie vitale qu'elle vous prendra. Ne commencez pas avec quelque chose de la taille d'une maison immense par exemple. Débutez avec quelque chose que votre raison ne réfutera pas aux petites heures du matin, lorsque vous vous trouverez seul avec vos pensées, ou en dehors des plus grandes radiations de la classe, ou lorsque vous prendrez le temps dans la journée d'accorder votre attention rythmique à votre projet, ou au cours de la journée lorsque vous gagnez votre vie et que les pressions du monde extérieur sont sur vous. Vous pouvez prouver, *si vous le voulez,* la véracité de mes mots dans tous cela.

Sixièmement : Alors, ô mes bien-aimés, mon Cœur vous demande instamment *d'étudier dans la prière* cette « étape » finale — probablement parce qu'il s'agit de Ma Propre activité. Lorsque vous aurez suscité votre précipitation magnifique, scellez-la dans ma Flamme de PAIX. S'il vous plaît, ne permettez à aucune inharmonie de quelque sorte qu'elle soit, venant de vous-même où des autres de la détruire. Exactement comme si vous placeriez une cellophane couvrant quelque chose de précieux que vous désireriez préserver. Scellez vos formes sublimes dans la Flamme dorée de l'Elohim de PAIX, et maintenez-la inviolée contre les forces de désintégration des pensées et sentiments humains. Peut-être que la plus grande force de désintégration de ces pensées et sentiments humains est la jalousie et le doute des autres.

Laissez-moi vous avertir ici, vous qui désirez pratiquer le Pouvoir de Précipitation, qu'il est extrêmement important que vous *restiez absolument muets au sujet de ce que vous faites !* Scellez vos lèvres et ne laissez jamais entendre à quiconque, par une parole, ce que vous faites, car, croyez-Moi, vous n'avez aucune idée de la violence de sentiment qui sera dressée contre vous de la part de ceux qui sont jaloux du développement plus grand de votre Lumière. Ce sont leurs sentiments d'insécurité qui les feront agir ainsi envers vous.

Lorsque la création de la planète fut finalement manifeste ; lorsque les activités du RYTHME d'Arcturus eurent finalement retiré la dernière invocation d'énergie pour la finition de cette planète ; lorsque la Flamme Intégrée des Sept Elohim eut accompli son œuvre parfaite ; lorsque la Planète Terre commença à tourner sur son axe et à libérer dans l'atmosphère sa gamme mélodieuse pour rehausser la musique des Sphères, ce fut un spectacle et un son merveilleux, vraiment. A ce moment-là, la PAIX qui surpasse la compréhension de l'esprit humain remplissait l'atmosphère de la Planète. Toutefois, lorsque ces âmes « retardataires » arrivèrent d'autres Systèmes, et apportèrent la désintégration par des sentiments de rebellion, d'orgueil, de haine, de doute et de crainte, exactement comme l'activité bien connue du « Cheval de Troie », la grande perfection, qui avait été établie depuis si longtemps, commença à reculer.

LA PRECIPITATION, UN POUVOIR UTILISE NATURELLEMENT SUR LEMURIA ET ATLANTIS

Vous ne vous en souvenez pas dans votre conscience extérieure, mais Nous nous rappelons bien la glorieuse perfection qui existait jadis sur la Terre, lorsque l'Archange Michel y régnait. Pendant les jours de perfection de la maîtrise de la Lumière sur Lémuria lorsque chaque homme, chaque femme et chaque enfant utilisaient les pouvoirs de précipitation et d'éthérisation aussi facilement que vous respirez aujourd'hui. A tous les repas, le patriarche de chaque famille s'asseyait, avec sa famille autour de lui, et leur table était garnie de toutes les bonnes choses possibles en nourriture et en boisson, pour les maintenir en bonne santé dans la perfection de leur corps, de leur esprit et de leur monde. Lorsque le repas était fini, la maîtresse de maison en enlevait les restes et les récipients du service en utilisant le pouvoir d'éthérisation, sans même lever la main. En ce temps-là, les femmes de la famille créaient des vêtements de beauté et de perfection pour tous en utilisant leurs centres de pensée et de sentiments, et en exerçant le pouvoir de Précipitation par la pratique de Ses Sept Etapes.

LES SEPT ARCHANGES

Chacune des Sept Sphères, ou Rayons, est représentée dans le Royaume Angélique par un Archange et Son Divin Complément, un Archaii. Ce sont les Directeurs de l'Hôte Angélique dans le service que ces Etres rendent à l'humanité. Leur association avec les Sept Rayons est la suivante :

PREMIER RAYON	Michel et Foi	Défenseur de la Foi, Puissance, Protection.
SECOND RAYON	Chamuel et Charité	Illumination.
TROISIEME RAYON	Jophiel et Constance	Pouvoir de l'Amour Divin.
QUATRIEME RAYON	Gabriel et Espérance	Pureté d'esprit et de corps, l'Espérance.
CINQUIEME RAYON	Raphaël et Mère Marie	Consécration au Service.
SIXIEME RAYON	Uriel et Donna Grace	Service des besoins de l'heure.
SEPTIEME RAYON	Zadkiel et Sainte Améthyste	Invocation de la miséricorde et de la compassion divine.

L'OBSERVATEUR DE PLANETE SILENCIEUX

Bien que les Services ci-dessus soient applicables à tout l'ensemble du système planétaire concernée par notre Soleil, les charges suivantes sont associées avec la Terre elle-même. A l'exception de l'Observateur Silencieux, ces services sont rendus par ceux qui ont terminé leur évolution sur Elle, ou par de grandes âmes d'autres planètes, qui ont accepté d'aider à l'évolution retardée de la Terre.

Au-dessus de tous les Etres qui servent notre Soleil, Hélios et Vesta, il y a celui qu'on appelle l'Observateur Silencieux de la Terre, qui a accès à l'esprit, au cœur, à la volonté, et à la présence de Dieu. Cet être en dirige les éléments vers le Seigneur du Monde, le Seigneur Gautama qui vient ensuite dans le service graduel de la Hiérarchie Spirituelle, qui est le Gouvernement Spirituel de notre Terre.

LE SEIGNEUR DU MONDE

Le Seigneur du Monde représente l'Intelligence la plus élevée au-dessus de chaque membre de la Hiérarchie Spirituelle. C'est l'Autorité Suprême sur toutes les activités de chaque sorte, le vrai Dispensateur des Œuvres et des Pouvoirs de Dieu. Il sert *d'abord* avec les Seigneurs du Karma et Le Professeur du Monde.

La charge de Seigneur du Monde était à l'origine tenue par le Bien-Aimé Sanat Kumara qui arriva de la planète Vénus, sur la Terre au temps où les habitants de Celle-ci avaient atteint le tréfonds de la dégradation, à un point qui menaçait son existence dans le système planétaire. Son grand Amour maintint l'équilibre de la Terre jusqu'à ce qu'un de Ses propres enfants, ayant atteint le point de maturité nécessaire à cette responsabilité puisse assurer la relève. Ce grand moment survint en 1955, lorsque l'ancien Gautama Bouddha devint le Nouveau Seigneur du Monde. Toutefois Sanat Kumara accepta de rester comme Régent jusqu'au moment où la Terre et Vénus devront entrer dans leurs initiations cosmiques respectives.

LE BOUDDHA

Le nom Bouddha est un titre qui désigne un Etre de Grande Lumière et de Grand Développement spirituels. Il est comparable au titre de Christ. Toutefois le Service Cosmique de Bouddha est habituellement tenu par un Etre suffisamment qualifié pour atteindre la charge de Seigneur du Monde, comme ce fut le cas avec le Seigneur Gautama. La position actuelle du Bouddha est tenue par le Seigneur Divino, que nous connaissions jadis sous le nom de Seigneur Maitreya, qui tenait avant le Service de Professeur du Monde, ou Christ Cosmique.

Le Service du Bouddha est d'incarner l'Amour de Dieu Luimême, et de soutenir le Feu Spirituel dans l'âme lorsqu'elle se trouve dans l'atmosphère de la Terre, où elle doit se développer et mûrir. Le Bouddha réduit la Nature et la Vibration du Royaume du Ciel de sorte que l'âme n'est pas complètement exilée, et que l'Etincelle Spirituelle n'est pas retirée de la Terre. Ce poste fut tenu pendant des siècles par le Grand Seigneur Gautama Bouddha, qui a récemment pris la charge de Maître du Monde, lorsque Sanat Kumara l'a laissée pour retourner vers Vénus et ses habitants.

LE PROFESSEUR DU MONDE

Le Professeur du Monde ou Grand Initiateur, sert sous le Seigneur du Monde et essaie de développer les esprits conscients des peuples de la Terre, en raccordant la radiation de Bouddha avec les évolutions de Celle-ci. C'est l'Etre qui inculque chaque religion au monde, et il sert pour une période d'environ 14 000 ans. Son service est d'apprendre aux prêtres, aux ministres, aux missionnaires, aux rabbins, etc., à tous ceux qui portent la Parole de Dieu aux hommes, comment stimuler les centres spirituels dans les sept types d'humanité distincts et différents. Ce poste est tenu conjointement par les Bien-Aimés Maîtres Elevés Lanto et Kuthumi.

LA TROISIEME PERSONNE DE LA SAINTE TRINITE

Cette charge est tenue par le Grand Maha Chohan Bien-

Aimé, ou Saint Consolateur, qui représente le Saint Esprit pour la Terre et qui, à son Tour, est le Super-Seigneur des Sept Chohans des Rayons. Il est également le Directeur des Forces de la Nature et de toute l'énergie pour la Terre. Il est le Grand Etre qui **donne à chaque individu sa première** bouffée d'air, lorsqu'il naît, et c'est Lui qui le reçoit de nouveau au sommet de sa soi-disant mort.

La Charge et l'Activité Cosmique du Grand Consolateur prirent naissance au moment où le premier homme « Adam » choisit d'essayer les centres créatifs de sa propre pensée pour la conception **et l'extériorisation d'une forme un peu** en dessous de la Perfection. Ceci fut le premier maillon de l'héritage karmique de cette race. A ce moment-là, le Grand Observateur Silencieux, sachant que toute Cause engendre l'effet, et que les effets, de la **même façon, engendrent des causes,** réalisa *qu'un jour* et dans un certain endroit, arriverait un appel pour *la Consolation* dans la Vie. On prépara donc dès cette heure le Temple Cosmique de la Consolation de la Vie, qui se trouve dans le Cœur de la Ceinture Electronique, autour du Soleil de notre Système.

Comme vous le voyez, la libération Cosmique de la Consolation pour l'homme était précommandée dès le moment où la première ombre sortit furtivement de son esprit. L'Observateur Silencieux, connaissant la qualité prolifique de création de cette ombre, se prépara à l'heure où la Lumière dans le Cœur de l'homme connaîtrait la multiplication de la première erreur des parents, et serait étouffée par la pression du « péché originel ».

C'est alors que le premier Maha Chohan fit sortir du Cœur du Père de Lumière la qualité de consolation, et les glorieux Chérubins firent avec Lui le calice dans lequel, au cours des siècles qui se succédèrent, Chaque Présence Consolatrice a versé la partie de Sa vie qu'Elle a choisie de dédier à cette cause. Il y eut beaucoup de ces Cœurs Bénis dans l'histoire des siècles.

Aujourd'hui, la dernière heure de l'histoire de notre planète approche et **le Message du Verseau** sera accompli, lorsque le Chérubin retournera la cruche ce qui permettra à la Consolation de la Vie de couler en apportant la Lumière dans le cœur de chaque homme.

Le passé, le présent et l'avenir ne font qu'un pour la Grande

Intelligence qui gouverne l'évolution des planètes et galaxies. La déclaration « Avant qu'ils demandent, j'ai répondu ! » est une véritable manifestation de l'Amour et de la Compassion de la Première Grande Cause qui a préparé le processus d'évolution d'une race, en nourrissant et soutenant la Consolation tout comme le salut de l'heure donnée.

Les Anges de Consolation sont entrés en planant, siècle après siècle dans le Temple Cosmique de la Consolation que préside le Glorieux Cherubim, dont le service est de maintenir cette qualité dans son essence concentrée. C'est ici que les Anges remplissaient leur coupe avec la Consolation de Dieu, pour l'emporter vers les Cœurs affamés qui avaient demandé ou prié pour cette Qualité Divine. Pour chaque coupe remplie, il descendait du Cœur du Soleil dix fois plus, afin que la qualité de Consolation gardée par les Chérubins ne soit jamais amoindrie.

Les activités des grands Hôtes Chérubiques sont particulièrement axées sur la garde d'énergie qualifiée, qui est utilisée par l'intelligence de la Tête Divine, dans un but spécifique.

Toute l'énergie dotée d'une certaine Qualité, bénéfique à la Cause, à une race, à une planète, à une galaxie, est saisie par les Grands Etres qui la gardent dans l'âme afin de l'empêcher de retourner à l'état primitif de la Lumière Universelle. En conséquence, lorsqu'un Grand Etre est investi de la responsabilité d'incarner une Qualité de la Tête Divine et que, par Lui-même, il éveille cette qualité dans n'importe quelle sphère, un membre des Hôtes Chérubiques se porte volontaire pour retenir l'énergie qualifiée, et concentrée. Toute *l'énergie contribuée* par ces courants de vie que le Grand Etre peut intéresser dans une semblable cause, devient *Une Quantité* qui s'accumule jusqu'à l'heure d'accomplissement. Alors, au travers du Centre du Cœur, choisi pour être le canal de sa délivrance, cette quantité accumulée pendant des âges coule pour enrichir la vie d'une planète ou d'une galaxie.

Ces Etres ne dérogent jamais de ce service concentré à la Vie, même pour un instant. Il est pratiquement impossible pour le cerveau humain de concevoir une pareille dévotion constante, patiente, à sens unique et, cependant, il existe des Etres qui appartiennent à ce Système et d'autres qui ont rendu ce genre de service pendant des millions d'années. Ils deviennent des Observateurs Silencieux de l'Univers, des systèmes de Mondes et de Galaxies. Les petits êtres élémentaires qui contiennent le schéma d'une fleur pendant son existence relativement courte durant une saison donnée, de même que Les Devas pendant des centaines d'années, sont des exemples de ce service rendu à La Vie dans le Royaume de la Nature.

Enfants bien-aimés qui vous trouvez sur le sentier :

Lorsqu'un être perfectionné centre son attention sur un membre non-élevé de la race, il part de la conscience du Maître un courant régulier de pure substance électronique qui est rempli de sentiments et de pensées. Le Maître dirige un Rayon de Lumière de Son Attention. Si vous pouviez, de l'œil intérieur, observer le processus au cours duquel Le Maître choisit de verser sa Conscience dans l'aspirant, vous verriez, émanant du Maître, des vagues de lumière et de couleur qui se déversent dans les quatre corps inférieurs de l'individu, en développant chacun de ces corps et en changeant également la couleur et le tonus de l'énergie émise par l'étudiant. Au cours de ce processus, la plupart de la substance astrale et psychique est éliminée hors des corps inférieurs de l'étudiant, et ses corps intérieurs sont remplis d'un espoir nouveau.

S'il n'y avait pas cette connection spirituelle entre le Maître et l'étudiant, le poids de la substance psychique accumulée chez ce dernier le ramènerait bientôt dans l'esprit de masse, car la lourde pression de la création humaine autour de la Terre dépasse actuellement la force par laquelle tout être non élevé et non assisté peut percer. C'est pour ainsi dire cette transfusion spirituelle, en provenance du Maître qui donne la quantité accrue de courage, d'inspiration, de force et d'amour de la Lumière à l'âme emprisonnée, et qui lui permet de rester sur le sentier ouvert devant elle.

C'est pourquoi nous désirons tellement que les gens placent leur attention, concentrée sur l'Octave des Maîtres Elevés, le Saint Esprit de Dieu Omniprésent, l'Hôte Angélique, ou tout membre de la Fraternité Spirituelle aussi souvent que possible. Ils forment le maillon ou le pont par lequel peut être transportée la nourriture Spirituelle qui maintient l'intérêt de l'âme, et en fait un Centre irradiant l'inspiration vers les autres. Sans ce maillon, mes bien-aimés, le sommeil de l'âme qui dure depuis des siècles, submergerait de nouveau les peuples de la Terre.

Le service particulier du Maître Elevé est d'intensifier la

lumière dans le cœur du chercheur de façon à ce que son voltage accru et plus puissant illumine son chemin d'un plus grand rayonnement. La quantité de Lumière dans l'étudiant déterminera sa capacité à percevoir et reconnaître la Vérité. L'accroissement constant de la Lumière par les Rayons consciemment projetés du Maître Elevé représente le moyen par lequel la lumière du chercheur peut avoir suffisamment d'intensité pour qu'il trouve l'objet de sa recherche : la réalisation qu'il ne fait qu'Un avec le Père Eternel de Tous.

Le Voyageur peut cheminer plus facilement quand la lumière du soleil de midi illumine son chemin, que pendant les heures de la nuit lorsque l'ombre dissimule toutes les pierres et crevasses. De même le pèlerin sur son chemin Spirituel accomplit son voyage plus facilement, et en sécurité, lorsque les Rayons combinés et soutenus de l'Hôte Elevé illuminent son sentier de leur lumière Spirituelle, en lui montrant les haies, les obstacles, et la route droite.

L'individu qui essaie d'avancer sans l'aide des Maîtres, peut le faire, mais ce n'est que la lumière de son âme qui peut le guider. On peut comparer cela au cheminement de quelqu'un dans une forêt, à la nuit noire, avec la lumière vacillante et incertaine d'une chandelle, alors que l'on peut voyager tranquillement à la lumière du soleil.

Tous les êtres non élevés doivent arriver sur le chemin de la vie, à l'endroit où ils deviennent les contrôleurs de l'énergie contenue dans leur courant de vie, en l'envoyant dans l'Univers d'une manière harmonieuse. C'est la raison pour laquelle chaque homme s'incarna. Il n'y aura pas de bonheur, de contentement, de joie avant que chaque courant de vie ne devienne le pouvoir contrôlant l'énergie qui est son essence de vie.

En en appelant aux Maîtres Elevés, à l'Hôte Angélique et aux Puissances de Lumière, Ceux-ci ancreront leurs énergies en vos corps intérieurs. Ils vous aideront en irradiant leurs Sentiments en vous, ceux-ci transformeront graduellement et transmuterons la quantité d'énergie que vous avez recueillie et imparfaitement qualifiée.

Il existe très peu d'être non-élevés actuellement, dans l'Hémisphère Ouest, qui aient pu maîtriser l'énergie de leurs courants de vie. La plupart essaient, suivant leurs aptitudes particulières, d'arriver à un point d'expression harmonieuse. Au cours d'une expérience individuelle, une personne contacte non seulement sa propre énergie discordante, mais aussi celle des courants de vie autour d'elle.

Toutefois, il n'y a pas lieu d'être découragé par la présence d'un manque d'harmonie, car tous les étudiants conscients savent qu'ils sont chacun, responsables d'essayer d'harmoniser dans toute la mesure du possible, les pensées *de leur propre courant de vie* et de donner ce qu'ils peuvent de radiation silencieuse aux gens qui leur sont proches.

Les Maîtres Elevés et Etres Perfectionnés sont volontaires pour développer l'âme et donner une protection à tout courant de vie désirant sincèrement une expression harmonieuse. Ils la revêtiront de tout leur Amour et de leur Lumière, en l'isolant de toute vibration déplaisante qui pourrait être dirigée contre lui. Ils feront également fondre les noyaux de discordance qui peuvent se manifester dans le malheur et la détresse.

Il existe une *loi établie* pour les êtres non-élevés, et tous doivent rester sur le sentier de l'expérience, en luttant avec les résultats de cause et d'effet, jusqu'au moment où la note d'équilibre, amour, lumière, harmonie, tolérance et compréhension coulera dans la radiation d'énergie que chacun a tiré directement de Dieu le Père, et dont chacun devra rendre compte personnellement et séparément.

LES SEPT CHOHANS DES RAYONS

Les Sept Grandes Sphères Intérieures entourant la Planète Terre, par lesquelles les Sept Elohims, les Sept Grands Archanges et les Sept Chohans déversent leurs vertus et sentiments sont centralisés par les Sept Chohans des Sept Rayons. Ceux-ci, comme bien d'autres Etres Cosmiques, ont un foyer de Lumière sur la Terre, qui est appelé Retraite du Maître Elevé, d'où ils peuvent déverser leurs bénédictions particulières pour le bénéfice de toute l'humanité.

PREMIER RAYON	El Morya	Divine Volonté	Darjeeling Inde
DEUXIEME RAYON	Confucius	Illumination Sagesse	Montagnes Rocheuses U.S.A.
TROISIEME RAYON	Dame Rowena	Amour divin	Sud de la France
QUATRIEME RAYON	Serapis-Bey	Pureté	Louxor Egypte
CINQUIEME RAYON	Hilarion	Vérité	Ile de Crète
SIXIEME RAYON	Nada	Paix	Au-dessus de la Terre Sainte
SEPTIEME RAYON	Saint Germain	Liberté Miséricorde Pardon	Royaume Ethérique au-dessus du Mont Fuji, Japon

LA BIEN-AIMEE ASTREA

En essayant de comprendre le bon usage du Feu Sacré, l'étudiant doit d'abord apprendre que Celui-ci est consciemment qualifié, obéissant, qu'il a une existence Intelligente, qu'il est tout à fait d'accord et capable de rendre le service pour lequel on l'appelle. L'acceptation dans la conscience extérieure, et particulièrement dans le monde des sentiments, des quantités déjà recueillies des différentes qualités et activités du Feu Sacré, telles que la Flamme de Liberté, la Flamme de Résurrection, etc., est absolument essentielle au succès de son utilisation.

Le Feu Sacré rend deux services, l'un se manifestant comme pouvoir de Précipitation, soit la création consciente de formes constructives dans n'importe quelle Sphère, y compris le monde d'apparence physique, l'autre se manifestant comme pouvoir d'Ethérisation qui dissoud la forme à la fin de son utilité.

LES SALAMANDRES

Les Salamandres sont les Etres qui servent l'Elément Feu. Elles aident énormément les Directeurs du Royaume du Feu. Certaines de ces Salamandres sont aussi énormes que l'Empire State Building à New York, alors que d'autres sont aussi petites que la tête d'une épingle ordinaire. Elles servent constamment, sous l'égide de leurs Directeurs, à dissoudre les impuretés qui émanent de l'humanité en raison de son utilisation destructrice des centres créatifs (pensées, sentiments, paroles). Ce sont des bienfaitrices pour les autres éléments : la Terre, l'Eau et l'Air. Il est peut-être difficile que vous vous imaginiez des Etres de Feu agissant comme agents purificateurs au travers de l'Eau, mais c'est vrai ! Sans ces Salamandres nombreuses, dont nombre d'entre elles proviennent de la Ceinture Electronique autour du Soleil Physique, les forces des trois autres Eléments se seraient rebellées depuis longtemps, en provoquant des cataclysmes, de la peur et du chaos chez les peuples de la Terre. J'aimerais qu'à partir de ce soir, vous reconnaissiez et bénissiez consciemment ces Salamandres pour leur service au travers des âges, non seulement dans ce monde physique, mais aussi dans les Sphères Intérieures où des courants de vie désincarnés séjournent entre leurs différentes incarnations.

Le Feu, comme tous les autres Eléments, a donné de nombreuses bénédictions à la race, en se manifestant de manière constructive : pour l'incinération, la chaleur, la lumière, la cuisine, etc., et aussi de manière destructive, en provoquant des pertes de maisons, de vies, de propriétés. En conséquence, l'humanité en général a une peur terrifiante du feu et de son action. Ce soir, nous allons essayer d'enlever cette peur de la conscience éthérique, c'est-à-dire du monde de la mémoire des gens, et de la remplacer par l'amour de la radiation et des activités purifiantes qui se trouvent dans le Feu Sacré.

De nombreux individus, particulièrement ceux qui ont été brûlés au bûcher dans des vies passées ou torturés par le feu, ont été traumatisés éthériquement profondément. L'enlèvement de la cause, de l'effet, de l'enregistrement et du souvenir de ces craintes aura lieu *maintenant !* Ensuite les activités du Feu

Sacré seront mieux accueillies par toutes les évolutions de la Terre, sur Elle-même, et dans son atmosphère. Ce sera, *je le décrète,* un pouvoir libérateur de purification.

Au cours des siècles et, en raison d'une mauvaise utilisation du Feu, de nombreux courants de vie désincarnés restent très effrayés par lui. Ainsi, les courants purifiants de la Flamme Violette de Transmutation, et même la radiation de mes Rayons, comme ceux de l'Elohim de Pureté, sont violemment rejetés par les âmes qui ont utilisé l'élément Feu pour provoquer l'agonie et la mort chez leurs semblables, et ceci même aux niveaux intérieurs. Lorsque le premier Zarathustra ramena le souvenir de l'utilisation de l'Elément Feu à la conscience extérieure de l'Humanité sur la Terre, pendant un temps très long, le Feu fut aimé et béni par les Prêtres et le peuple qui l'utilisaient constructivement. Vint ensuite le temps, au cours de nombreux siècles, où des Prêtres et des Prêtresses peu scrupuleux invoquèrent le pouvoir du Feu dans des buts destructeurs. Les Salamandres qui répondirent par obéissance à ceux qui pratiquaient ces rites de Magie Noire, devinrent liées aux courants de vie de ceux qui les avaient invoqués, et elles les ont suivis depuis. Nous vous demandons de nous aider à libérer ces salamandres de ces courants, dont un certain nombre attend encore de naître sur Terre. Ceux qui ont des tendances incendiaires les ont souvent stimulées par ces salamandres qui ont pris la « faute » de leurs maîtres, sur elles.

Je souris à la conscience de ceux qui refusent de croire que la Terre doit d'abord être nettoyée et purifiée de *l'intérieur vers l'extérieur,* avant que la radiation glorieuse du Royaume des Maîtres Elevés puisse de nouveau se manifester pour la douce Terre et ses évolutions.

Cette idée est aussi folle que celle qui consiste à penser qu'on peut ignorer les mauvaises herbes qui remplissent un champ et qu'en semant par-dessus on pourrait avoir un gazon touffu d'une douceur veloutée.

Mon Service envers *cet* Univers est d'aider à enlever toutes les causes et noyaux de toutes « les semences » d'égoïsme humain, de discorde, de limitations et de détresses, dans les quatre corps inférieurs de l'humanité, ainsi que les masses de créations qui couvrent la Terre et toute son atmosphère. Beaucoup d'entre vous sont actuellement en train de se faire extraire de leurs quatre corps inférieurs certaines qualités destructives, tendances et noyaux d'impuretés. C'est quelquefois aussi désagréable de subir cela que d'avoir une dent arrachée hors d'un abcès à la gencive, mais c'est aussi nécessaire pour le bien-être permanent de l'individu.

Vous seriez surpris de voir la ténacité avec laquelle les individus s'agrippent à certaines habitudes et tendances. Ils les aiment vraiment et ne désirent absolument pas s'en débarrasser. De même les entités de discorde créées humainement haïssent vraiment les activités purifiantes du Feu sacré car elles craignent une perte d'identité. Cette résistance, nous devons y faire face avec l'aide d'étudiants sincères qui demanderont Notre aide, puisque nous devons avoir la demande et l'autorité de *votre* octave humaine, c'est-à-dire de ceux qui sont toujours en incarnation physique et qui ont besoin de nous.

Comme je vous l'ai dit précédemment, j'ai choisi de coopérer avec le Bien-Aimé Elohim de Pureté, créant, entretenant et agrandissant par l'usage, les activités de Mon Cercle et de Mon Epée de Flamme Bleue que je libère dans et autour de toute condensation destructive que vous désignez lorsque vous m'appelez.

LE BIEN-AIME NEPTUNE

Je vous salue aujourd'hui au nom de la Présence Universelle « Je Suis » et des Bien-Aimés Hélios et Vesta, à l'appel desquels j'ai répondu en offrant la pleine force Cosmique de mon Courant de Vie, de celui de la Bien-Aimée Lunara, Ma Flamme jumelle, et de toutes les Ondines que nous commandons. Nous avons offert de créer et d'entretenir la substance des éléments d'Eau sur la planète Terre.

Chaque Directeur des Forces des Eléments a reçu au cours des âges, l'occasion de développer le pouvoir de précipiter certaines substances, le pouvoir de la contrôler. Il en va de même pour les Etres qui offrirent de servir avec nous partout où nous choisissons d'offrir nos services. D'autres Grandes Intelligences ont également répondu à l'appel d'Hélios et de Vesta afin de créer l'Elément Eau pour la Terre, mais en raison de certaines affinités dans nos Courants de Vie, la Bien-Aimée Lunara et Moi-même furent choisis pour créer et gouverner cet élément Eau qui forme un coussin pour la surface terrestre de cette Planète. Il constitue aussi la plus grande partie de vos corps physique et émotionnel.

Toute Maîtrise requiert le contrôle conscient du taux d'action vibratoire de chaque électron qui est utilisé dans un but spécifique. Ainsi pour créer la substance que vous connaissez *comme l'eau,* il a été nécessaire que nous apprenions comment utiliser consciemment notre pouvoir créatif de pensée, et notre pouvoir de sentiment pour maintenir la qualité harmonieuse de cette substance et des Etres qui travailleraient avec et dans cet Elément.

L'action vibratoire de substance requise par l'Eau de la Terre au moment de la création, était beaucoup plus rapide qu'elle n'est aujourd'hui. Les eaux des superbes océans, lacs et rivières étaient *alors* cristallines et irridescentes. Elles chantaient littéralement, ajoutant à la musique de la belle atmosphère de la Terre. Les Ondines étaient heureuses de servir dans un Elément aussi beau et, vraiment, tout était *paix* dans le Royaume où nous servions. En ce temps-là, les peuples de la Terre aimaient l'Eau et jouissaient de ses services de rafraîchissement et de purification. Ils aimaient aussi voguer sur sa surface. De même les Ondines et les électrons qui constituaient l'eau aimaient l'humanité et étaient heureux de la servir.

Comme les corps émotionnels de l'humanité étaient heureux, respectueux, purs et libres de discorde, les gens bougeaient sans effort sur la Terre. Il n'y avait pas de poids de mauvaise énergie autour des électrons dans leur quatre corps inférieurs et particulièrement dans leurs mondes émotionnels. C'était véritablement une Ere de contentement, de paix, dans cette association aimante des Anges, des Maîtres, de l'humanité terrestre et du Royaume Elémentaire. C'est vers le rétablissement de cette Ere *en permanence* que nous servons maintenant en coopération dans cette « Poussée » cosmique vers la purification de tous les Eléments de la Terre, sur sa surface et dans son atmosphère.

Après la pollution, de la conscience de l'humanité par l'arrivée des « retardataires » en provenance d'autres étoiles, il fût nécessaire que les Directeurs de chaque élément en abaissent l'action vibratoire afin qu'il puisse être efficace par rapport à la vibration plus lente des peuples de la Terre. Ceci requérait la Maîtrise dont je viens de vous parler, c'est-à-dire changer le taux de vibration des électrons et des atomes dans l'Elément Eau, tout en les gardant harmonieux. De même que le rythme lent et gracieux de la Valse, est aussi harmonieux que les rythmes rapides et tourbillonnants des grandes Salamandres et des Sylphes dont les danses sont des péans d'éloges pour Dieu, pour le seul don de la vie et de son usage. Bien que la substance des différents Eléments ait été consciemment conforme à l'usage des corps des peuples de la Terre qui allaient s'épaississant, la véritable pollution des Eléments : Eau, Air et Terre fut effectuée par les gens qui étaient invités sur cette Planète.

Le Contrôle des Ondines, la naturelle obéissance des éléments de l'Eau dans le flux et le reflux, etc., nous demandèrent plus de puissance. Une rebellion naturelle prit naissance chez eux, en raison de la pollution superflue de l'Eau, et ce ne fut qu'avec une grande patience et un contrôle Herculéen que les Eaux de la Terre furent empêchées de noyer les masses ingrates.

Ce n'est que lorsque la Loi Cosmique ordonnait la nécessité d'une activité cataclysmique, par laquelle la surface terrestre devait être immergée sous les mers pour sa purification, que nous avons permis à l'Eau de répandre un rideau de substance purifiante sur la Terre polluée.

Nous obéissons aussi à la Loi Cosmique et n'agissons que sur instruction Divine. Nous retirons également d'Une Source appropriée les pouvoirs spécifiques requis pour servir l'Elément dans lequel nous avons offert d'aider la Vie. L'Eau est commandée par le Dieu de tous, en tant qu'alliée de l'homme. Est-ce que l'homme est un allié de l'Eau ? Réfléchissez à cela.

Comme la Bien-Aimée Astréa vous l'a dit l'autre soir, l'usage que l'humanité fait des différents Eléments pour servir un but destructif amène toujours une répercussion sur le moi personnel. La Loi de Cause et de son Effet final sur son créateur est inexorable, excepté là où l'expiation de la cause et de l'effet peut être invoquée et utilisée par ceux qui aiment leur prochain suffisamment, pour demander consciemment cette expiation.

Mes bien-aimés, de nombreuses atrocités ont été commises par l'humanité sur Terre, en utilisant l'Elément Eau pour éteindre la vie, par noyade, non seulement d'êtres humains mais d'animaux aussi. De nombreux courants de vie ont participé à des guerres où beaucoup de navires ont été coulés. Un grand nombre de gens quittèrent leur corps dans des craintes et des souffrances atroces. Ces souvenirs sont restés dans les corps éthériques et émotionnels de ceux qui sont actuellement incarnés ici. La peur de l'Elément Eau est due au fait d'avoir souffert d'un naufrage, d'une noyade ou d'avoir participé à faire souffrir les autres par ces expériences agonisantes. Dans certains endroits où de nombreux navires se sont échoués, l'éther est encore rempli des gémissements et des cris de ceux qui depuis longtemps sont passés à des vies plus heureuses et qui, grâce au Ciel, ne se rappellent plus ces tragédies. *Ces enregistrements éthériques destructeurs forment des tourbillons de détresse dans lesquels les ouragans, les typhons et d'autres terribles orages naissent.*

Bien-Aimé Maha Chohan

Le berceau où naissent les ouragans ressemble à un tourbillon créé dans le passé par une très grande utilisation destructive de l'énergie de vie. La Section des Caraïbes et de l'Atlantique Sud fut une matrice pour cette activité destructive des éléments avant le naufrage d'Atlantis.

Bien-Aimé Ariès

« JE SUIS » Ariès, le Directeur, avec Thor ma Bien-Aimée Flamme Jumelle, de l'Elément Air et des Sylphes, êtres aimants, intelligents, qui servent sans cesse dans l'atmosphère de la Terre, afin que l'air soit assez pur pour permettre à l'humanité de vivre sur sa suface.

Si vous pouviez voir la quantité de poison sortant de la respiration des corps humains dans l'air pollué pendant une période de 24 heures, vous réaliseriez encore mieux l'énorme service que les Sylphes rendent, et vous leur en seriez certainement beaucoup plus reconnaissants. Ces êtres bénis utilisent les pouvoirs purifiants du Feu Sacré vingt-quatre heures par jour pour éviter à l'Humanité et à la vie élémentaire emprisonnée des quadrupèdes, de s'empoisonner au point qu'ils en meurent, par le seul fait de respirer de nouveau leurs propres exhalaisons.

Comme on vous l'a dit, l'atmosphère de la Terre a un « plafond », afin de ne pas permettre aux dissonances et impuretés de Celle-ci d'interférer dans le rythme et l'harmonie naturels du Système planétaire et de toute la Galaxie à laquelle elle appartient. Ce « plafond » au-delà duquel ne peut s'élever aucune dissonance, ni aucune impureté, est une bénédiction pour l'Univers, mais pour Nous, c'est une responsabilité supplémentaire, car cela nous donne beaucoup moins d'espace pour nos activités de purification. Cela nécessite aussi que nous demandions au Feu Sacré une action de purification beaucoup plus forte et donc plus rapide. S'il n'y avait pas de plafond, la tendance de radiation provenant de la Terre s'élèverait et transmuterait éventuellement son ombe au Feu de Pureté qui est l'atmosphère naturelle de Dieu, dans laquelle résident les autres planètes de la Galaxie. Donc, nous sommes obligés d'agir beaucoup plus rapidement dans un espace plus petit, pour ainsi dire, afin de faire et entretenir l'atmosphère autour de la Terre suffisamment pure pour maintenir l'existence physique.

Chaque fois que les Directeurs de l'Elément Air, et les Sylphes qu'ils commandent, se retirent d'une planète ou d'une étoile, selon les directives de la Loi Cosmique, vous avez rapidement une Planète « morte », et même les plantes n'y peuvent plus vivre. Telle était la crise Cosmique à laquelle était confrontée la Terre, lorsque le Bien-Aimé Sanat Kumara intercéda pour elle et pour ses évolutions. Dans tout l'Univers vous pouvez voir ces planètes ou étoiles aller à la dérive, elles ne sont plus que des « coquilles », car on en a retiré consciemment les Directeurs des Forces et des Eléments, ainsi que les Elémentaires qui les servaient. Ces coquilles d'anciennes planètes et étoiles se désintègrent finalement dans une poussière cosmique et rentrent dans l'Univers. Alors, les Electrons qui constituaient les anciennes planètes peuvent être repolarisés et rendus au Soleil particulier d'où ils étaient venus à l'origine. Ultérieurement, ils sont renvoyés pour aider à créer et à entretenir quelque nouvelle création constructive qui profitera aux évolutions de la Galaxie ou du Système qui aura été choisi pour cette bénédiction.

Il est bien connu que l'humanité peut vivre pendant plusieurs semaines sans nourriture, approximativement douze jours sans eau, mais seulement *trois minutes* environ sans respirer, sauf évidemment les initiés qui ont maîtrisé l'art de la suspension de respiration, et ceux-ci sont rares à l'extrême. Le nouveau-né commence son existence dans le monde d'apparence physique en aspirant son premier souffle. Aussi longtemps qu'il vit l'approvisionnement de l'essence vitale de la respiration et la purification de la respiration polluée exhalée du corps est de Notre responsabilité, et Notre obligation. Lorsque la Présence « JE SUIS » choisit de retirer la corde d'Argent d'une forme physique, l'homme exhale son dernier souffle et il cesse d'exister, du moins dans le monde de la forme.

Le but vers lequel nous travaillons est la Purification de toute l'atmosphère de la Terre, afin que toute la vie s'y déroulant puisse être alimentée et entretenue en air pur, ce que Dieu voulait pour tout le monde au début. Nous sommes également reconnaissants que, pour ce faire, nous ayons la coopération merveilleuse et aimante des Directeurs de tous les Eléments qui servent la Vie et les Hommes et qui travaillent à leur service.

Le Bien-Aimé Neptune et les Ondines fournissent le sel qui ancre la substance de l'Air dans l'atmosphère inférieure de la Terre et aident les Sylphes à s'élever et à sortir de l'air pollué dans lequel ils sont obligés de servir. Les Bien-Aimés Hélios et Vesta tirent la substance de l'Eau pour l'Air, donnant en somme le ballast à la plus haute atmosphère que nous fournissons. En utilisant la radiation émise par les arbres et différentes plantes, le Bien-Aimé Maha Chohan et le Royaume de la Nature nous aident à transmuter les impuretés exhalées par l'humanité et le royaume animal. Ils nous assistent également dans la purification des fumées, qui vont en s'augmentant sans arrêt, ainsi que des exhalaisons et des odeurs de ce qu'on appelle les usines modernes.

La Bien-Aimée Thor, Ma Flamme Jumelle, pousse les grandes masses d'air vers les points où elles sont les plus utiles, fournissant des brises rafraîchissantes à ceux qui transpirent dans la chaleur humide, remplissant les voiles des navires immobiles sur des mers sans marées, dirigeant les énergies purifiantes du Vent du Nord qui apporte la neige, ce merveilleux don de l'Elohim de Pureté, pour revêtir et nourrir certaines portions de la surface de la Terre avant la nouvelle moisson. Sur le Vent d'Est, la Bien-Aimée Thor dirige les nuages chargés de pluies qui transportent l'humidité nécessaire aux zones arides. Elle conduit les brises douces du Vent du Sud, et les courants absorbant l'humidité qui éthérisent les précipitations excessives, et sèchent les eaux qui sont en de mauvais endroits. C'est certainement une des tragédies de la conscience exprimée par l'humanité, de voir la Bien-Aimée Thor représentée comme une grande silhouette boursoufflée, dirigeant des énergies destructives par le vent pour accabler une humanité déjà en détresse !

Mon Service est de fournir l'essence de l'air ! Comme Neptune et Virgo, les événements des âges m'ont demandé de réduire les actions vibratoires des électrons qui constituent l'Air, afin que les poumons des hommes puissent l'absorber, l'utiliser et en profiter. L'activité de la Bien-Aimée Thor est de pousser cet Air, avec sagesse et bonté, partout où cela est nécessaire pour donner à la Terre et à ses évolutions les plus grandes bénédictions possibles.

Comme les autres Directeurs des Eléments, après que les ombres des créations discordantes arrivèrent sur Terre, nous avons été obligés de tirer beaucoup plus de pouvoir et de contrôle divin pour traiter les Etres de Notre élément — les Sylphes. Ils ont construit, au cours des siècles, une quantité toujours croissante de ressentiments et de rebellions contre l'humanité, en raison de l'ingratitude de celle-ci pour les services qu'ils lui rendaient. En raison de la pollution négligente et irréfléchie de L'Air par les effluves humains et par les usines ingénieuses des hommes et Leurs unités de fabrication. Le Bien-Aimé Hilarion et la Fraternité de Crète Nous ont aidés considérablement en dirigeant dans la conscience extérieure de certains individus doués pour la recherche, les moyens pratiques de dissoudre la plupart de la pollution de l'Air, par la mécanisation. Nous bénissons le Bien-Aimé Hilarion et sa Fraternité ainsi que les Etres non élevés qui ont voué leur vie à ce processus de purification, tel que la mise en place d'épurateurs de fumée sur les cheminées des grandes usines. Ceci est un exemple de leurs efforts.

Il existe dans l'air un si grand nombre de forces spirituelles que l'individu n'utilise pas du tout ! Certains appellent cette énergie spirituellement stimulante « Prana ». C'est la « nourriture que vous ne connaissez pas » dont parla le Bien-Aimé Jésus. Cela le soutint, non seulement dans son « jeune » temporel dans le désert, mais tout au cours de son difficile ministère. Lors Gautama, jadis Bouddha, utilisa également le « Prana » pour maintenir en vie son corps physique, alors qu'il était absent au cours de sa longue veille en cherchant la Vérité par l'élévation de son état conscient.

L'homme moyen de la race humaine répond seulement à l'inhalation et à l'exhalation de la respiration, presque involontaires, telles qu'elles sont réglées par le Saint Moi Christique et le Corps Elémentaire. Les courtes respirations rapides de l'homme maintiennent en lui une certaine quantité de vie, dans son corps physique, mais elle n'ont que peu d'effet sur la vie spirituelle pour la revitaliser et la nourrir. Nous appelons cette humanité pour qu'elle s'éveille désormais à la nécessité absolue de développer la respiration rythmique, en aspirant profondément les énergies spirituelles contenues dans l'Atmosphère autour d'elle, en digérant la nourriture de l'essence en la développant et en la redonnant, comme une bénédiction, à l'Air, lorsqu'elle expire la respiration purifiée de son corps.

Comme dans les autres royaumes du temps passé, de nombreux individus ont appris à utiliser la respiration pour entretenir la vie dans le corps, pendant de longues périodes, afin d'être en mesure de faire certaines choses « magiques », en rassemblant de ce fait autour d'eux-mêmes de grandes foules crédules. S'enhardissant, ces individus invoquèrent certains des Sylphes pour les aider dans la production de phénomènes qui surprenaient le peuple. Ces Sylphes, comme les Salamandres et les Ondines, s'attachèrent aux courants de vie des individus qui les invoquaient et les suivirent au cours de leurs nombreuses incarnations, devenant ainsi souvent le maître plutôt que le serviteur de ces individus.

Les individus arrogants, audacieux ont dans leur aura, soit la présence d'un de ces Sylphes, soit une certaine quantité de leur pouvoir.

Au cours de ces quatre jours de classe, ce qui nous intéresse tout d'abord est la purification de toute l'atmosphère terrestre et l'enlèvement du « Voile de Maya ». Lorsque cela aura été fait, l'humanité pourra de nouveau voir, face à face, sa propre Présence « JE SUIS » individualisée, les Anges, les Maîtres et les Etres de Lumière. Vous n'avez aucune idée de la somme de confiance, de vraie foi, de force spirituelle pouvant remplir la conscience de quelqu'un qui voit se confirmer sa croyance, lorsque le Moi personnel voit en fait la réalité de sa propre Présence et les Etres Elevés ou Angéliques, de ses propres yeux.

Aujourd'hui, ce qui nous intéresse également, c'est la purification des corps éthériques de l'humanité, afin qu'ils n'aient plus de désir de forcer les courants élémentaires à obéir à la volonté destructive des êtres humains. Nous sommes concernés par l'enlèvement des rebellions, des ressentiments qui existent actuellement entre les Forces de la Nature et l'humanité en général. Lorsque les Elémentaires sauront, par des preuves, que l'humanité cherche vraiment à coopérer avec eux, nous verrons le rétablissement de ce glorieux Royaume des Anges, de l'humanité et de la vie élémentaire qui sera extériorisée dans l'Age d'Or du Bien-Aimé Saint Germain, avec une perfection permanente de cette planète dans ses évolutions.

« JE SUIS » vrai ! « JE SUIS » votre ami ! La Bien-Aimée Thor est véritable ! Elle est votre amie. Les Sylphes sont eux aussi réels et ils souhaitent devenir vos amis. En dépit de la grande ingratitude de la part de l'humanité, pour les bénédictions reçues des Sylphes, ceux-ci ont prouvé leur bonne volonté de servir en maintenant l'atmosphère de la Terre suffisamment pure pour y entretenir la vie, jour après jour, la vie humaine aussi bien que celle du Royaume de la Nature.

Lorsque vous entendez parler, ou que vous lisez à propos de courants aériens de nature destructive essayant de se manifester en quelque point de la terre, appelez notre assistance et vous verrez comme nous arriverons rapidement à l'aide de ceux qui appellent.

En gratitude aimante pour votre compréhension, votre service, votre désir de coopérer avec notre Royaume et ses habitants, je vous bénis au Nom de Dieu Unique, des Esprits de l'Air, dont j'ai volontairement pris la direction pour aider à faire de la Terre une Planète belle, heureuse et habitable. Merci et bonsoir. »

Bien-Aimée Virgo

Je suis Virgo, l'Esprit de la Terre, que beaucoup appellent affectueusement « Mère Terre ». Il y a longtemps, mon Bien-Aimé Pelleur, la Flamme jumelle de mon courant de vie, et Moi-même répondîmes à l'appel des Puissants Hélios et Vesta pour aider volontairement les Sept Puissants Elohims dans leur devoir joyeux de créer une Planète habitable pour l'humanité qui arriverait en son temps sous forme de courants de vie individualisés, depuis les Flammes du Cœur d'Hélios et de Vesta eux-mêmes.

D'autres, à nos côtés, eurent l'occasion de montrer les capacités particulières dont ils étaient doués pour créer et soutenir une substance pour cette planète, dont les vibrations auraient un tel taux, qu'ils la rendraient suffisamment solide pour qu'elle forme une plate-forme où les gens de la Terre pourraient marcher en toute joie et sécurité. Finalement, nous fûmes choisis pour cet honneur insigne et on nous donna l'occasion de servir ainsi. On nous demanda de manifester le « pouvoir de rester », la force centripète qui maintiendrait la surface terrestre à son emplacement approprié, calé par l'élément Eau. On nous demanda aussi de créer la juste quantité de « force de gravité » de façon à ne pas gêner les gens, mais à maintenir leurs corps afin qu'ils ne s'envolent pas de la planète dans l'espace.

Pelleur offrit alors la totalité de sa masse de force centripète pour créer la Loi de Gravité pour cette Terre et la traction magnétique qui maintiendrait les surfaces émergées à leur place désignée. Au cours des âges, il a fallu ajuster de temps en temps, suivant les vibrations des corps des gens, le poids véritable de leurs corps ainsi que le poids de la substance qu'il avaient tiré pour soutenir et étendre leurs civilisations. Mon cadeau à cette création fut d'offrir de mouler une substance de lumière intelligente et universelle dans la conception de cette planète, dont le plan avait été créé par Hélios et Vesta. Ce plan parfait était gardé dans le sein de l'Observateur Silencieux de cette planète. Il fut donc nécessaire que je détermine exactement la densité de substance nécessaire pour permettre à la radiation divine, ancrée par le Bien-Aimé Pelleur, au centre de la Terre, d'aller du centre de la planète vers sa surface, afin de bénir l'humanité et le Royaume de la Nature qui devaient y vivre.

J'ai travaillé en étroite harmonie avec le premier Maha Chohan qui a servi sur cette Terre, avec les Etres de chacune des Quatre Saisons, avec les Grands Esprits de la Nature qui habitaient les montagnes, les vallées fertiles, les arbres, les buissons et les fleurs, ainsi qu'avec les Gnomes, les Fées, les Elfes et les plus petits Esprits dont les activités peuvent être à la surface aussi bien que dans le corps de la Terre elle-même.

Lorsque les premiers habitants de la Terre, appelés les Saints Innocents, s'incarnèrent ici, Elle était parée des fleurs les plus odorantes, Amaryllis (l'Esprit du Printemps) s'étant préparée pendant plus de neuf cents ans pour mettre au point la plus grande beauté possible pour les courants de vie futurs.

Au commencement, le Premier Age d'Or, la substance de la Terre était cristalline, pure iridescence et la radiation rougeoyante du centre de la Terre pouvait être facilement discernée, se déversant en et autour de la Terre ainsi que dans ses évolutions. Ce centre rougeoyant de la Terre fut l'endroit où mon Bien-Aimé Pelleur dirigea son Rayon Magnétique, au point où se rencontrent les rayons masculins et féminins. Le Rayon masculin d'Or entrant dans la Terre par un point du Thibet et le Rayon féminin Rose entrant par un point de l'Amérique du Sud, près du Lac Titicaca. Ce centre de la Terre, d'une lumière dorée et rose, créa un tourbillonnement et une élévation d'Amour Divin qui surgit au travers d'Elle et de son atmosphère, permettant aux corps des gens d'absorber la substance irradiée, de vivre, de bouger, d'avoir tout leur être dans cette atmosphère Divine de Pureté et de Paix. Ceci aida les gens à accomplir rapidement leur propre Plan Divin.

Quand vous regardez au travers d'une eau claire vous pouvez observer la vie sous-marine. De même, tout membre de la race incarnée pouvait regarder dans les profondeurs sous la surface de la Terre et voir les Salamandres s'activer dans les rayons roses et dorés de son Centre. Ces êtres portaient les forces vivifiantes du feu sacré vers tout le Royaume de la Nature, et vers les courants de vie résidant sur la surface de la Terre. De la même façon, les incarnés pouvaient observer les petits Gnomes affairés et d'autres Esprits de la Nature qui, à cette époque étaient tous parfaitement proportionnés et symétriques, servant à nourrir, à développer et à pousser vers la surface de la Terre, la vie des plantes conçues par les Constructeurs de Forme et les Directeurs du Royaume de la Nature.

Il existait alors une harmonie et un rythme parfaits dans les changements de saisons, car chacun des Grands Etres dirigeant les Quatre Saisons, avec son Complément Divin, donnaient des variations dans les couleurs, les dessins, et les types de récoltes, pour nourrir et entretenir les corps des gens.

Ensuite, comme nous vous l'avons souvent décrit, on eut besoin qu'une Planète de notre Système s'offre à être l'Hôte pour quelques âmes d'autres planètes. Ces âmes n'avaient pas choisi de progresser sur le sentier de la Vie aussi rapidement que le reste des courants de vie évoluant avec elles. Par le commandement de la Loi Cosmique, ces planètes devaient avancer vers une plus grande perfection, avec des vibrations beaucoup plus rapides. Ces âmes récalcitrantes, vibrant plus lentement, ne pouvaient pas les suivre. Lorsque l'appel fut émis pour qu'une planète offre volontairement à ces âmes une occasion de s'incarner, Ceux qui étaient chargés de la Terre et de Ses évolutions en ce temps-là y répondirent et l'offrirent pour l'accueil de ces « retardataires ». Ces courants de vie arrivèrent à l'incarnation ici, amenant évidemment avec eux, dans leur conscience, les ombres formées par leur rebellion, et leur refus d'avancer plus rapidement dans une lumière plus grande. Les vibrations plus lentes de ces ombres furent contagieuses pour les gens de la Terre. Tellement en fait qu'à la longue, elles provoquèrent un abaissement de l'action vibratoire des corps des gens et des vibrations de la planète ellemême. Evidemment, au fur et à mesure que le taux de vibration des corps physiques de l'humanité baissait ils devenaient de moins en moins lumineux, plus lourds. Leurs rejets d'impureté commencèrent à créer ce qu'on appelle justement : le sol. La substance de la Terre qui vibrait à l'origine si rapidement, ne pouvait plus soutenir ces corps par le réconfort et la miséricorde. La Grande Loi Cosmique Nous demanda d'abaisser les vibrations de la substance Terrestre de façon qu'elles puis sent soutenir le poids de l'homme, et les civilisations existantes d'alors, pendant leur déclin dans ce qu'on est convenu d'appeler la matière. Le Bien-Aimé Pelleur eut aussi à abaisser les vibrations de la « force de gravité » sur la Terre et à créer une force centripète dans celle-ci, qui correspondrait au type plus dense de création que l'humanité avait suscité autour d'elle sur la surface du Globe.

Comme cela s'était produit dans les autres trois Royaumes : Salamandres, Ondines et Sylphes, parmi les Gnomes et d'autres Esprits de la Nature, des révoltes et des ressentiments commencèrent à se créer contre les membres égoïstes, indifférents et étourdis de la race humaine qui utilisaient le corps de la Terre, les richesses des chaînes de montagnes, les moissons des travailleurs du Royaume de la Nature, comme si cela était naturel. Pour toutes ces bénédictions, les gens rendaient peu ou pas de gratitude à la Vie, voire rien si ce n'étaient les déchets et les rejets impurs en échange de cet héritage, de moissons, de pierres précieuses, de métaux, donné librement et même pour le sol où l'homme marchait, construisait des Temples, des maisons ainsi que d'autres lieux de plaisir et de vanité.

Comme tous les autres Etres de la Nature, les Gnomes sont imitatifs à l'extrême. En raison de leur vœu d'obéissance à l'homme, ils reproduisent ce qu'ils voient, le bien ou le mal. Bien des Gnomes éthériques et délicats d'origine devinrent déformés, en imitation de ce qu'ils voyaient : l'humanité créant, par l'utilisation de service de l'énergie vitale de façon défectueuse, par l'utilisation en une forme destructive des paroles, des pensées, des actions et des modes de penser. Ces gnomes devinrent également très malicieux par nature, aimant jouer des tours à leurs tortionnaires humains. Tout comme les «Leprechauns» irlandais, ils connaissaient bien les endroits où gisaient des dépôts d'or sur la surface de la Terre, et ils promettaient en conséquence à ceux qu'ils pouvaient contacter qu'ils deviendraient riches à condition qu'ils acceptent de faire leur volonté. Evidemment, il n'était pas dans l'intention de ces «Leprechauns» de révéler aux gens de la Terre les endroits où se trouvaient ces richesse. Mais ils connaissaient l'amour de l'or et des biens qui est tapi dans le cœur de l'homme et ces êtres élémentaires jouaient avec ces désirs charnels. Pelleur et moi-même aimerions tellement voir les Gnomes et les Esprits de la Nature se libérer maintenant de cette déformation, se débarrasser de leur malice et de leur façon de jouer des tours par leurs pensées et leurs sentiments.

Pire encore, certains parmi les Grands Esprits Montagnards, eux aussi saisis par celui de rebellion, crachaient du feu, des fumées et de la lave fondue, provoquant ainsi de temps en temps des catastrophes, la mort et la destruction des habitants de la Terre. Toute action volcanique passée et présente est due à cette antipathie entre les êtres terrestres élémentaires et les gens qu'ils étaient si amoureusement venus servir.

Souvenez-vous, mes Bien-Aimés, que la Terre a beaucoup souffert au cours de nombreux siècles par les activités destructives de l'humanité. Les corps des morts en décomposition ont été enfouis dans la Terre, au cours des siècles. Les Gnomes ont eu la tâche répugnante de terminer la dissolution de véhicules imparfaits et pollués ayant atteint cet état d'imperfection par les discordes de personnalités habitant autrefois ce corps dont le Saint Moi Christique et l'élémentaire corporel ne pouvaient faire usage dans un but constructif quel qu'il soit. Miséricordieusement, incarnation après incarnation, La Loi Cosmique rappela ces courants de vie hors de ces « coquilles » d'imperfection physique. L'humanité donnait sans égard à la Terre ce corps, que Dieu lui-même ne jugeait plus digne de vivre dans le foyer de Sa propre Vie Triple Flamme Intégrée Immortelle de la Vie éternelle.

Par l'embaumement, utilisé si efficacement par les Egyptiens et les Atlantes, il y a bien longtemps, la tâche de démanteler ces corps malades était rendue plus difficile pour les Gnomes, qui, pendant des siècles, eurent à supporter la présence de ces coquilles en décomposition, mises au rebut, dans leur élément et leur habitat. Merci à Dieu que quelques races aient utilisé les bûchers funéraires et que, dans cet Hémisphère Ouest l'incinération soit de nouveau reconnue et acceptée comme un moyen d'éliminer la « coquille » terrestre usée.

Faisons une pause ici afin de demander la Loi du Pardon pour tout le mauvais usage que l'humanité a fait des dons de la Terre, pour toutes les tortures conscientes et inconscientes, infligées au Gnomes et aux Esprits de la Nature par toute l'humanité, par vous-mêmes, et par d'autres courants de vie incarnés, tous ceux qui ont été, qui sont et qui viendront ici s'incarner à l'avenir. Demandons aussi à la Loi du Pardon de prendre en considération tous les désastres, les dégâts, les malheurs provoqués par les rebellions, ressentiments et haines des Etres Terrestres vis-à-vis de l'humanité. (Ces décrets furent donnés ici.) Merci infiniment !

Comme les autres Bien-Aimés Directeurs des Forces de la Nature vous l'ont dit, nous vous parlons actuellement très clairement. Beaucoup d'étudiants sérieux ne désirent pas considérer *ces causes* de détresse, préférant éventuellement penser que tout s'arrangera. Mais que nous sommes petits, vous qui désirez nous aider, et Nous, pour recréer une harmonie et une affinité entre les différents Etres des Eléments, les Anges et l'Humanité, à moins que quelques-uns ne comprennent et ne s'efforcent consciemment de supprimer les *causes* destructives derrière les *effets* qui affligent tellement les peuples de la terre. Vous comprenez que ce n'est que lorsque les *causes* seront supprimées que les *effets* cesseront : c'est l'évidence même !

La substance de la Terre a été utilisée, comme tous les autres éléments, pour différents types de torture, tel que enterrer des gens vivants, et des animaux, etc. Il y a très peu de gens sur Terre qui, de temps à autre au cours des siècles, n'ont pas participé d'une façon ou d'une autre à ces tâches malsaines. La peur d'être « enterré vivant » est très réelle chez certains peuples de la Terre. Pourquoi ? Eh bien, c'est parce qu'ils ont été enterrés eux-mêmes par des gens de leur famille, frères ou sœurs, par des éruptions de la Nature, ou simplement parce qu'ils participèrent à ces pratiques, souvent au nom de la religion. Ces vieux souvenirs vivent dans les corps éthériques de l'individu qui a pris part à ces faits. Appelons aujourd'hui la Loi du Pardon pour toute transgression de la Loi d'Amour commise par vous, toute l'humanité incarnée, tous ceux qui viendront dans l'avenir et tous les membres errants du Royaume de la Nature. Appelons, au Nom de la Bien-Aimée Présence « JE SUIS », la toute-puissante Astrea pour qu'elle referme son Cercle Cosmique et passe son Epée de Flamme Bleue au travers et autour de la *cause* et du *noyau* de ces craintes. Qu'en les enlevant, elle les remplace par un sentiment de gratitude aimante pour les Etres de la Nature, les Forces des Eléments et par un sentiment de confiance aimante et de coopération entre l'humanité et le Royaume Elémentaire.

Demandons maintenant que soit dissous, et enlevé de tout ce qui appartient à cette évolution le désir et la capacité d'utiliser la Terre, la richesse de ses gisements montagneux, etc., dans des buts destructifs.

Au cours de cette Classe, vos corps physiques sont en train d'être purifiés d'une grande quantité de substance impure. S'il vous plaît, LAISSEZ ALLER ! SENTEZ ! ACCEPTEZ ! SACHEZ ! Ceci est la réalité de Notre Présence, et de Nos tentatives pour vous aider ainsi que les évolutions planétaires tout entières, en vous redonnant toute la perfection que vous connaissiez et exprimiez jadis *ici exactement* sur cette planète bénie.

De très nombreux Salamandres, Ondines et Sylphes se sont attachés à certains courants de vie qui les avaient invoqués par des rites mystiques et par la magie noire. De même de nombreux Gnomes et esprits de la nature se sont attachés à des courants de vie. Comme les génies invoqués par Aladin et sa Lampe Mystérieuse, ils ont servi leurs maîtres pendant un certain temps pour ensuite devenir eux-mêmes maîtres de ces courants de vie qu'ils avaient autrefois servis. Aujourd'hui, je vous demande d'appeler la liberté pour ces gnomes et esprits de la nature, afin qu'ils soient libérés de l'influence destructive de l'humanité. Demandez aussi que tous ces gnomes et ceux qui travaillent avec la Terre soient libérés du soutien de ces associations et activités destructives.

Si vous pouviez voir combien de Salamandres, d'Ondines et de Sylphes ont été libérés jusqu'à présent par vos demandes, uniquement dans cette classe, vos cœurs se réjouiraient. La libération des êtres élémentaires vous aidera personnellement, et aidera aussi merveilleusement les âmes qui doivent s'incarner ici à l'avenir et qui ont eu, dans le passé, ces attachements, ces puissances et ces inclinations.

Vos corps physiques sont destinés à illustrer la gloire de votre propre Présence « JE SUIS » *individualisée.* Je suis là pour vous aider à retrouver cette perfection.

En terminant, puis-je vous demander d'envoyer votre amour le plus profond au Bien-Aimé Pelleur qui réside dans le cœur de la Terre, lui rendant service ainsi qu'à Son peuple au travers des âges. Dans ces planètes où la force centripète de Grands Etres comme Pelleur a été enlevée, où il n'existe pas de « force de gravité » pour retenir les courants de vie, ni de Forces de la Nature, Vous pouvez voir leur désintégration et celle des étoiles jusqu'à ce qu'elles deviennent de la poussière d'étoile sans forme ou but. En vous souvenant que, par la force centripète de son amour, Pelleur vous a redonné l'occasion de vivre sur cette planète au travers de nombreuses incarnations qui furent nécessaires pour vous permettre de développer et de remplir votre propre Plan Divin.

VENUS

Brillant dans le Ciel, Vénus est la planète sœur de la Terre. Combien de fois les yeux des enfants de la Terre se sont-ils élevés pour admirer la beauté et l'éclat de sa Présence dans la noirceur de la nuit terrestre ? Se pourrait-il que Vénus et toutes les glorieuses planètes de notre système soient dénuées de vie et d'évolution, et que le seul but des Galaxies du Ciel soit de donner de la Lumière et du Plaisir à la petite orbite de la Terre ? Non, un moment de réflexion dispersera cette conception arrogante et légère lorsque nous verrons que la Terre est l'une des plus petites planètes, et certainement Ses produits et Son éclat actuels ne sont pas d'une importance suffisante pour contrebalancer les dons infinis, la Présence du Soleil et des étoiles qui tournent dans leur silencieuse splendeur au travers de notre nuit.

Oui, sur Vénus, il y a la vie, l'amour et l'évolution d'un but Cosmique dépassant de beaucoup ce que nous avons fait sur Terre, c'est un but vers lequel nous, les penseurs de la race, sommes dirigés depuis le début des temps. Car Elle est, même dans sa position physique par rapport au Soleil, une planète plus avancée. Son nom même sur la Terre a toujours voulu dire la plénitude de l'Amour.

Le Voyage de l'Homme dans la vie est la progression de l'âme, apprenant par l'expérience les Lois de la Vie et de l'Amour, l'implacable Loi de Cause et du dernier Effet. Dans ce long pèlerinage qu'il a choisi, il doit porter bien des vêtements (corps) et vivre sous de nombreux climats. Il amasse ainsi dans son conscient et par expérience la richesse de connaissances, qui est le germe de la Maîtrise sur soi-même et sur le Monde. Lorsqu'elle a appris les leçons de la Terre, l'âme émigre parfois vers une autre Planète pour accomplir sa nature, de même qu'un étudiant entre dans une école de plus haute science pour mieux se préparer à une vocation. Ainsi, très peu d'êtres, les plus privilégiés de l'humanité, ont pu parachever le développement de leur âme sur la Planète Vénus, et ce n'est qu'à de rares occasions que les Grandes Ames de Vénus sont entrées dans le monde des Hommes.

Vénus possède Ses propres Etres évolués qui ont grandi et mûri avec Elle, comme les enfants de la Terre, en leur temps, se développeront avec leur Planète dans l'harmonie, la maîtrise de soi et la paix. Ces êtres sur Vénus sont les anciens Frères et Sœurs de la race humaine.

La vie sur Vénus est placée sous la direction d'une Grande Hiérarchie d'Hommes et de Femmes perfectionnés, appelés les Seigneurs de la Flamme. Ils sont l'incarnation de la Sagesse et de l'Amour. Il n'existe qu'un seul langage, un état, une race, un but. Il n'existe pas de maladie, de crime, d'armée ou de marine, d'instrument de force pour la violence physique, le déséquilibre est inconnu. Chaque citoyen de ce monde-là contribue de ses talents à la cause commune pendant quinze courtes années, entre 20 et 35 ans. Avant cette période, tous sont éduqués par l'Etat suivant leurs talents particuliers et l'intérêt du citoyen individuel.

Les Citoyens de Vénus, après avoir été éduqués par l'Etat, reçoivent la permission d'utiliser leurs dons et talents pendant la période de « profit pour le Monde » pour le bien de la citoyenneté tout entière. Après des années de service, chacun peut poursuivre les études spirituelles et culturelles que sa propre nature peut choisir.

La Vieillesse et la désintégration sont inconnues car il

n'existe pas de dissonance. Au moment de quitter l'écran de sa forme, l'individu utilise le Pouvoir du Feu et à l'aide des Seigneurs de la Flamme, il libère les atomes qui faisaient ses vêtements physiques. Son âme entre dans les Royaumes intérieurs pendant un certain temps, pour revenir ensuite au moment délibéré, dans une famille choisie pour une autre incorporation et une autre occasion de terminer sa croissance requise avant que l'individu ne soit délié du cercle de vie et de mort et s'en aille pour ne plus revenir. L'âme sur cette Planète n'est pas liée par des restrictions karmiques et elle peut exercer sa complète liberté en choisissant les parents pour une future naissance.

Ces parents reçoivent souvent l'information avant que l'individu meure et s'ils sont d'accord pour la réincarnation proposée, l'individu peut leur laisser en garde pas mal des trésors de sa vie courante, ses livres et papiers de recherche. Lorsqu'il assume sa nouvelle personnalité, il peut continuer dans une chaîne sans fin de conscience, à travailler au développement de son âme ou à quelque grand service pour sa famille planétaire.

Ceci évidemment accélère grandement le progrès individuel de l'âme ainsi que le haut degré de culture et de perfection pour l'Etat, car les grands esprits d'une génération ne sont pas perdus pour les générations qui suivent.

Les Grandes Ames de Vénus qui appartiennent au même Univers que la Terre ont été, de temps à autre, volontaires pour abandonner le glorieux bonheur de leur Vie sur leur planète, afin d'aider les gens de la Terre à progresser. Ces âmes se soumettent à un exil volontaire et elles s'incorporent comme enfants à des hommes et des femmes qui apprennent leur leçon en tant que membre de la race humaine.

Une des restrictions actuelles de la Vie Terrestre est que l'âme arrivant doit se soumettre à la perte volontaire de la « conscience consécutive », qui est l'une des facultés naturelles de la Vie Vénusienne. Lorsqu'une de ces âmes s'incarne sur la Terre, elle oublie son passé, sa vision intérieure est voilée, sa mission confuse et même le fait qu'elle est exilée n'est pas connu par sa vie consciente. Bien que ses Corps Intérieurs brûlent d'un feu céleste, ce n'est que par des éclairs d'intuition, par un sens de mal du pays, par un rêve qu'elle est consciente de son Refuge Planétaire Céleste.

Lorsque cette âme avance, si elle a eu de la chance en parents, en environnement et en circonstances, elle peut se réveiller suffisamment pour rendre quelque service à la race humaine, en levant le rideau sur des possibilités d'avenir plus glorieux pour son peuple. Nous rencontrons rarement ces gens dans le cours d'une vie terrestre, cependant si cela se produit, nous savons instinctivement que bien qu'ils soient parmi nous, ils ne sont pas de chez nous. Ils stimulent la Flamme de notre Cœur vers une plus grande Lumière, ce sont les avant-coureurs de ce que notre race pourra être un jour.

La radiation de Vénus est un déversement constant de Beauté et d'Amour. Son service, par son peuple, est de nous aider à changer la radiation de la Terre, d'un cri de douleur et d'agonie en un chant d'harmonie et de paix.

Un service énorme a été rendu à la Terre par les peuples de Vénus en envoyant dans notre Atmosphère Un de Leurs Grands Chefs et Seigneurs Cosmiques avec ses Lieutenants. On l'appelle « Sanat Kumara », le Grand Kumara.

LE SACRIFICE DE SANAT KUMARA

Les Grands Seigneurs D'Amour sur Vénus se rassemblèrent en un Conseil Saint et on les informa que leur Planète Sœur la Terre, appelée aussi l'Etoile sombre ou la Planète Ombre ne pouvait pas irradier suffisamment de Lumière pour s'assurer d'une place permanente dans le Système Solaire.

De même qu'un homme remplace une ampoule brûlée sur l'arbre de Noël, la Loi Cosmique doit enlever de sa Chaîne Cosmique les planètes ou étoiles qui ne peuvent ou ne veulent pas remplir leur destinée individuelle et contribuer, dans un temps qui leur est imparti au développement et à la radiation de la Lumière, de la Paix et de l'Harmonie dans l'univers dont ils font partie. Lorsque la planète a dépassé son temps de croissance et d'expansion, qu'elle est sans puissance pour s'autogénérer et soutenir par la radiation du bien, elle doit disparaître. Ses éléments composants doivent rentrer dans le non-formé pour être repolarisés et reformés dans un schéma plus productif.

Plutôt que de voir la Terre dissoute, et de laisser ainsi les millions d'âmes qui évoluent sur la Planète, sans foyer planétaire où ils puissent travailler à leur propre Maîtrise, le Conseil de Vénus décida d'envoyer certains de ses membres porter et maintenir la Lumière sur la Terre, jusqu'au moment où suffisamment de ses habitants pourraient être éduqués dans l'Instruction de la Flamme, et instruits sur la façon dont ils devaient régler leur propre Flamme de vie, afin qu'elle émette une Lumière constante et régulière. La Lumière ainsi cultivée dans le cœur des Hommes serait « la Lumière du Monde ». Les Grands Visiteurs de Vénus pourraient retourner vers leur Etoile Céleste, dans le même sentiment d'Amour avec lequel ils étaient venus, leur mission étant alors accomplie.

Les Plus grands étant toujours les serviteurs des plus petits, leur Seigneur Cosmique Lui-même — Sanat Kumara — et trois de Ses Enfants offrirent de conduire la troupe des missionnaires. Les Grands Kumaras, avec leur trente loyaux volontaires préparèrent leur descente sur la Terre et son atmosphère, sachant parfaitement qu'Ils y resteraient jusqu'à ce qu'un nombre suffisant des enfants de la Terre soit éveillé au besoin de l'heure et au consentement Cosmique, afin que la Terre puisse émettre plus de Lumière. Ces enfants de la Terre doivent ensuite entrer dans les siècles d'entraînement, pour acquérir le contrôle de soi et la discipline nécessaires pour devenir les Seigneurs de leur Propre Flamme, et par cette Flamme délier les Grands Kumaras de leur service d'Amour et de Lumière.

Les trente pupilles des Kumaras dirent au revoir à leurs familles, à leurs foyers, à leur Planète et ils arrivèrent dans la Cour solennelle des Seigneurs du Karma de la Terre. Ce grand Conseil accepta avec gratitude l'arrivée de ces Ames dans le cercle Terrien d'évolution. Chacun fut lié à la roue d'incarnation, d'expérience Terrestre et de mort pour le temps que la Terre aurait besoin de leur Lumière et AUCUN NE POURRAIT ETRE LIBRE avant que n'arrive l'heure où la propre Lumière de la Terre soit suffisante pour convenir aux exigences de la Loi Cosmique.

Alors seulement ces Etres pourraient être libérés de la roue et réassumer leur propre évolution sur la Douce Planète d'Amour. Y a-t-il jamais eu un pareil sacrifice suprême ? Non pas pour une durée de vie, une seule incarnation de souffrance, une mort, une naissance, mais pour d'innombrables et inconcevables millions de tours.

Les premiers devoirs des 30 pupilles aimant furent de préparer un endroit pour l'arrivée de Leur Seigneur. Lorsque chaque âme fut bâillonnée par les « liens d'oubli » du magnétisme de la Terre, et entra dans sa naissance, seul Son Amour Ardent lui restait pour Illuminer son chemin. Cependant, chacun put, dans ces premiers jours, avant que le pénible voyage ne ternisse l'éclat du Feu Spirituel, se souvenir suffisamment de son But pour retrouver ses Frères pèlerins, et participer à la préparation du Foyer de Sanat Kumara, dans l'atmosphère de la Terre. Cette grande préparation demandant des centaines d'années est connue sous le nom de « Construction de Shamballa ».

LA CONSTRUCTION DE SHAMBALLA

Dans l'Asie Orientale, s'étend un grand désert qui recouvre aujourd'hui la terre qu'utilisèrent les Frères Vénusiens pour l'Habitat de Leur Seigneur Cosmique. On l'appelle le Désert de Gobi. C'était à l'époque, une belle mer intérieure au centre de laquelle reposait une île verte et chatoyante, qu'ils appelèrent l'Ile Blanche et qui devait être le site de la construction de l'Eternel Shamballa, le Foyer de l'Amour Céleste.

Les trente volontaires de Vénus qui avaient attaché la Lumière de Leur Ame à la roue de la Terre, commencèrent la grande tâche de construire sur l'Ile Blanche un Temple de Lumière qui serait la maison de Sanat Kumara et de Ses Lieutenants. En travaillant plus de neuf cents ans, ne quittant leurs corps terrestres fatigués que pour retourner vers le répit spirituel d'un repos céleste, ils terminèrent les Temples, et la perfection de la Cité Blanche qui devait être la merveille de la Terre pendant des siècles à venir. Comment traduire par de simples mots, la constance de ce service pour représenter la fidélité de ces trente Etres de Flamme.

Finalement, tout fut prêt. La dernière Heure de l'Initiation terrestre devait arriver. Les Seigneurs Karmiques s'étaient inclinés devant la Présence Auguste de Sanat Kumara et de ses trois lieutenants en attendant leur visite avec Amour. La Nature et les hommes étaient prêts. Les étoiles et les Soleils du Système furent immobiles pour un moment et le Sacrifice Suprême fut effectué en silence.

En dehors de l'Aura de Vénus, le premier grand rougeoiment de l'Aura grandissante des Kumaras commença à illuminer le ciel de la Gloire d'une Aube Céleste. Ensuite fusa une Grande Etoile à Cinq pointes qui se fixa au-dessus de la Planète Vénus pour intensifier son auréole de couleurs.

Toutes les âmes sur Vénus savaient que toute Activité Cosmique des Grands Kumaras avait pour présage la Présence de l'Etoile qui annonçait les décrets des Seigneurs de la Flamme qui affecteraient le progrès du Grand Etat Vénusien. Chaque Cœur sur Vénus était fixé vers cette Etoile, dans l'attente du Message de l'Heure. Lentement et majestueusement quatre Figures Dorées et Rayonnantes s'élevèrent dans les Rayons de l'Etoile et se tinrent là pour un moment, déversant leurs Bénédictions et l'Amour le plus profond de leur Cœur sur la Planète de leur naissance. Les enfants des Kumaras ignoraient le sentiment très profond dans le cœur de Ceux-ci, lorsqu'ils dirent au revoir à leur Etoile, non pas pour une vie, mais pour des siècles incertains non encore nés des entrailles du Temps. Et dans un tonnerre éclatant, les habitants de Vénus pour la première fois dans leur histoire, virent l'Etoile commencer à se mouvoir vers la périphérie de leur Sphère, et à l'intérieur bougeant lentement et majestueusement les silhouettes des Seigneurs Solaires. Tous tombèrent à genoux et chantèrent un superbe hymne de bénédictions et d'amour, teinté de la grande tristesse du départ, enveloppant les partants d'un manteau de l'Amour le plus sacré. Les Quatre Kumaras quittèrent la Lumière de Vénus pour l'ombre de l'aura de la Terre. Sur les sept Kumaras, Quatre se sacrifièrent pour les péchés du monde et l'instruction des ignorants, pour rester jusqu'à la fin de l'actuelle aventure humaine.

Oh, que la réception fut différente du départ ! La Terre tournant sombrement sur son axe faussé. Pas de cœurs levés, pas de gratitude de bienvenue... Ah, oui, trente petites têtes de Lumière, comme de petites chandelles vacillantes, guidèrent la descente des Maîtres Cosmiques, lentement et majestueusement, la grande Aura rose enveloppa la Terre. Quel est le soudain réconfort, la paix et l'espoir qui rentrent dans les cœurs des hommes ? Qu'est-ce qui fait lever la tête aux fleurs fanées, chanter les oiseaux avec une douceur nouvelle, rire les enfants de nouveau ? Quelle est la chose mystérieuse, invisible qui vient d'entrer dans l'atmosphère même de la Terre ? Seuls trente Esprits en attente le savent, et ils s'agenouillent en amour respectueux devant la Présence souriante du Seigneur qu'ils ont tant attendu : Ah ! Sanat Kumara, Seigneur d'Amour, un jour nous vous rendrons Vous et Votre Equipe Etincelante à Votre Etoile Bien-Aimée et lorsque Vous partirez, la Lumière brillante de la Terre sera une Vague puissante qui vous portera triomphant, nous laissant une Etoile de Liberté, acceptée par la Loi Cosmique, un foyer permanent de bénédiction dans notre Système — grâce à Votre Amour.

Sanat Kumara,

Shamballa veut dire rendre sacré. C'est le nom de la Cité du Soleil dans le Cœur de Vénus qui est Ma Maison. Au moment où je suis allé au Conseil Cosmique et où il fut voté que la Terre retournerait au néant, Je suis retourné à Ma Planète, Vénus et à Shamballa. Là j'ai dit à ma Bien-Aimée et à mon peuple que j'aimerais aider le peuple de la Terre, mes Amis Bien-Aimés offrir de venir et de construire sur la Terre une réplique de cette Eternelle Cité de Lumière étincelante. Dans les dossiers Akashiques fut élaborée la perfection de cette conception qui y reste jusqu'à ce jour. Pour les élèves qui sont parmi vous, Shamballa fut construite trois fois, et trois fois, les bâtiments physiques furent détruits. La première fois, elle fut construite et préparée pour l'heure où je devais faire ma visite. Elle fut ensuite détruite et reconstruite, par des esprits sensibles qui se mirent au diapason du modèle glorieux des dossiers Akashiques. Là encore, un cataclysme la réduisit à néant. La construction définitive de Shamballa, il y a soixante mille ans, est enregistrée dans la littérature occulte. Elle a aussi souffert de déprédations, mais la réplique éthérique de la cité d'origine puissante et étincelante vit et respire dans les éthers du désert de Gobi. Elle y restera jusqu'à ce qu'elle soit redescendue en permanence dans le monde d'apparence physique, lorsque l'Age d'Or arrivera et que l'humanité, individuellement et collectivement, s'avèrera digne de l'entretenir pour l'éternité. Ce sera ma contribution à l'évolution que j'ai aimée, et elle restera une partie de l'Etoile de Liberté, longtemps après que je serai rentré chez Moi, peut-être pour repartir de nouveau dans quelque autre future Etoile, une autre évolution plus enfantine, une autre vie évoluant plus innocemment. C'est l'Amour, c'est le Service, c'est la Joie.

J'ai laissé Vénus auparavant. Ce n'est pas la première Planète qui ait gagné le Manteau de mon Amour. Je me suis tenu sur d'autres Orbites, avec d'autres évolutions et je suis rentré à la maison victorieux dans chaque cas. Quelquefois un courant de vie avait suffisamment de Lumière dans son cœur pour payer ma rançon. Quelquefois toute une évolution développait cette radiation nécessaire pour l'exigence de la Loi Cosmique. Ce n'est pas le nombre, mais la qualité — mes bien-aimés — qui détermine la radiation de lumière requise pour maintenir la place d'une Planète dans son évolution ou de garder la place d'un individu dans un schéma planétaire.

Bien-Aimé Maha Chohan

Savez-vous que dans la construction de Shamballa, toute la population fut anéantie quatre fois et que la Cité du Soleil terminée fut achevée au prix du sang et de l'agonie d'étudiants de Sanat Kumara ? Beaucoup parmi vous étaient des Lieutenants des Lieutenants de confiance, qui se tenaient avec l'individu qui commandait et qui temporairement tomba avant l'assaut de la horde sauvage, trois fois sur quatre. Lorsque le glorieux « Pont » vers Shamballa fut terminé, il raccordait la terre à cette île resplendissante, vous étiez dans le groupe qui traversa le Pont avec les Kumaras et Moi-même.

Pendant les premières vingt-quatre heures, l'Ile resplendissante fut complètement vouée à la naissance de la Flamme par les Kumaras. On peut comparer cette cérémonie à la consécration d'une nouvelle église sur la Terre aujourd'hui. Le jour suivant, le peuple put entrer dans le Saint Temple Central pour faire ses dévotions.

Ces souvenirs, chers cœurs, sont dans vos corps éthériques. Le bouillonnement terrestre que certains d'entre vous semblent avoir actuellement n'est qu'un jeu d'enfant par comparaison aux agonies du passé. Si vous pouviez voir ce que vous avez supporté pendant tous les siècles qui ont été, votre expérience actuelle ne serait qu'un grain de poussière dans le Soleil. Il y a eu des moments de désespoir noir dans vos expériences précédentes dans la classe terrestre ! En tenant fermement la Lumière, comme vous l'avez compris, chacun à sa façon, ces expériences se sont muées en des moments brillants de la plus belle victoire de Dieu.

Bien-Aimé Kuthumi

Le Shamballa, en tant que Foyer de Lumière éthérique permanente sur la Terre fut transféré du Désert de Gobi dans le Royaume éthérique, sur le rivage nord de Long Island, New York. La cérémonie officielle eut lieu à midi, le jour de la Reconnaissance, le 26 novembre 1964 en Présence du Logoi Solaire de notre Grand Soleil Central, Alpha et Oméga, notre Logoi solaire Hélios et Vesta, tous les Logoi Planétaires de notre Système Solaire, le Seigneur du Monde, actuellement Gautama, le Régent Seigneur Sanat Kumara, Seigneur Maitreya, maintenant Seigneur Divino, tous les Chohans et membres de la Hiérarchie Spirituelle.

Le même jour et à la même cérémonie, le Maha Chohan assuma la Charge de « Représentant de l'Esprit Saint Cosmique sur les Sept Planètes de nos Systèmes Solaires ». Par dispensation spéciale accordée par la Loi Cosmque, il fut permis que le Foyer de sa Lumière reste sur Terre au lieu d'une autre Planète et qu'elle soit dans le Shamballa, récemment créé sur Long Island.

En même temps, Paul le Vénusien, jusque-là Chohan du Troisième Rayon, fut élevé au poste de Maha Chohan alors que Dame Rowena lui succédait comme Chohan du Troisième Rayon.

Sanat Kumara Seigneur du Monde fut libéré de son exile Terrestre et rentra sur sa Planète Vénus, sa maison, le 21 janvier 1965. C'est l'ancien Bouddha, Gautama qui lui succéda pour devenir le Seigneur du Monde.

TRANSFERT DE SHAMBALLA A LONG ISLAND

Depuis le 15 novembre 1964 d'importantes préparations eurent lieu aux niveaux intérieurs, afin que le Temple éthérique soit prêt en magnificence pour l'Ancrage de la Flamme et du Rayon de Shamballa dans la vraie substance de la Terre, où ils seront constamment activés et augmentés par la Hiérarchie jusqu'à ce qu'une Réplique Visible soit manifeste sur cette Terre.

La Fraternité est reconnaissante à l'extrême pour la reproduction glorieuse du Temple d'origine du Saint Esprit qui a été construit par Ceux qui étaient choisis, et Ceux qui furent volontaires pour accomplir sa réalisation.

Les éthers sur cette Ile Sainte sont remplis de Lumière de grande intensité. Je vous assure que lorsque les étudiants se purifieront eux-mêmes davantage, ils pourront être témoins dans les « Cieux » de cette région et sur la grande métropole de New York, de magnifiques activités, lorsque la maya de la création humaine ainsi que celle actuellement présente dans les véhicules des étudiants seront enlevés par transmutation.

Plusieurs jours avant le 26 novembre, les Etres et les Forces des Eléments furent engagés dans une activité de purification de l'atmosphère. Ceux présents dans cette localité peuvent attester du fait que cela ressemblait à un ouragan accouplé avec les bénédictions de Neptune, que les Ondines versèrent dans la substance de la Terre. Elle fut gracieusement reçues par la Bien-Aimée Virgo, par les Bien-Aimés Gnomes et Ondines eux-même qui furent très reconnaissants pour cette eau si nécessaire.

Au petit matin du Jour Cosmique, il existait encore ce qui paraissait être un voile ou un nuage sur l'Ile de Manhattan et sur Long Island.

Ceci représentait évidemment le fait qu'il reste une énorme purification à faire dans cette zone et sur toute la Planète où le chaos est rampant.

Graduellement cette maya fut écartée, et Hélios et Vesta préparèrent l'atmosphère pour cette occasion cosmique. Lorsque tout fut prêt, on put apercevoir la Beauté et la Magnitude de la Lumière qui fut transférée sur cette Ile Sacrée. Elle continuera à s'étendre, jusqu'à ce que tous sur cette Orbite sentent et sachent que la Radiation est la Bénédiction et le Pouvoir de cohésion des Etats Majors spirituels de la Hiérarchie de cette Planète.

Il y avait dans cette localité un grand amphitéâtre rempli des Hôtes Angéliques, depuis le plus petit en grade jusqu'aux Princes et aux Trônes. La Musique céleste qui émanait de leurs Etres était un exquis mélange de tons jamais entendus sur cette Planète depuis l'apparence de la création humaine.

En regardant mieux, on pouvait voir que chaque Observateur Silencieux participait par une émanation de Lumière, et que les Hôtes Angéliques sentant chaque Nation sur Terre avaient pris place afin de pouvoir aider à faire la liaison avec les énergies des étudiants qui se mettaient à l'unisson de cet Evénement Cosmique. Je vous le dis, chaque Nation avait des étudiants engagés en cette activité, bien qu'ils ne vous aient pas fait connaître leur présence. Tous au bon moment, en temps opportun.

Les Etres Angéliques de toutes les Planètes appartenant à Hélios et Vesta sont venus à ce foyer central. Depuis le quinze du mois, ils ont été dans l'atmosphère au-dessus de ce foyer, car ils étaient responsables de façon privilégiée, de créer un chemin de Lumière pour la Tête Spirituelle de chacune de leurs Planètes afin qu'elles viennent dans toute la dignité de leur Charge, et de leurs foyers individuels, pour être présents à la Cérémonie.

Un Trône Autel spécial construit en étages, avait été érigé pour cette Occasion particulière de façon circulaire autour du Saint des Saints, La Triple Flamme Intégrée, Victorieuse, Immortelle, Cosmique et Sacrée. Elle se trouve dans un Brasier d'Or qui repose sur un piédestal d'albâtre dans lequel coule une veine d'Essence Dorée.

Je lirai maintenant le rapport éthérique de ce Spectacle Cosmique remarquable, dont le temps présent nous apporte encore l'excitation :

On entend une symphonie magnifique, lorsque les invités assemblés se lèvent et que les Bien-Aimés Hélios et Vesta prennent leurs places dans la section des Trônes du Temple, près du gradin le plus élevé.

Viennent ensuite en procession glorieuse, précédés par une Garde Séraphique le très humble Seigneur du Monde Gautama, vêtu simplement de vêtements blancs bordés d'un ruban d'or au bas, aux manches et au col, ensuite, notre Bien-Aimé Régent Sanat Kumara, puis le Seigneur Divino, jadis Seigneur Maitreya, tous Deux vêtus de blanc et d'or comme le Seigneur Gautama. Ces Hôtes Bénis prennent leur place dans le demi-cercle.

Nous voyons maintenant le Royal Saint Germain dans toute la dignité de sa Charge accompagnée de son épouse Portia, monter vers leurs places dans la Section des Trônes.

Le Bien-Aimé Jésus et sa Mère suivent et se rendent à leurs places, où j'ai eu le grand privilège d'avoir un siège réservé pour mon humble personne.

Nous voyons maintenant la présence électrifiante du Bien-Aimé El Morya, ensuite les Seigneurs Lanto, Serapis Bey,

Hilarion, Dame Nada et la Bien-Aimée Kwan Yin qui représente le Septième Rayon à la place du Bien-Aimé Saint Germain.

Vous réaliserez que la courtoisie est une des principales qualités du Royaume du Ciel. Les Individus Régnant de chacune des autres Planètes appartenant à Hélios et Vesta, c'est-à-dire : Mercure, Aquaria, Uranus, Liberté, Athene et Pureté, entrent maintenant pour se rendre à la Section de l'Assemblée Générale, en face des Etres servant la Terre actuellement. Ils furent invités antérieurement par les Bien-Aimés Hélios et Vesta pour être assis dans la section des Trônes, mais ils préfèrent aller dans les sièges réservés à la Terre, puisque cette activité cosmique leur appartenait.

On ressent un énorme Respect, presque muet. Toutefois les accents du Chœur Angélique peuvent être entendus, alors que toutes les têtes sont courbées et que chacun se lève au signal que les Bien-Aimés Alpha et Omega vont entrer dans le Temple. Dans une explosion de la plus triomphante musique, les Bien-Aimés Alpha et Omega descendent la nef vers le demi-cercle et montent ensuite vers le plus haut gradin. Dans cette magnificence puissante, nous voyons avec respect la Lumière et l'Amour de tous ces Etres se fondre dans une Lumière Etincelante d'une intensité telle qu'elle est impossible à décrire. Ceux d'entre vous qui ont vu une Aurore Boréale ont un exemple peu significatif qui pâlirait auprès de celui que nous avons eu le privilège de contempler à l'entrée des tout-puissants Alpha et Omega.

Oh, Enfants de Dieu Père et Mère, quelle humilité dans les cœurs de ces Invités Elevés et Cosmiques, lorsqu'ils s'inclinent par respect devant la Lumière des Glorieux Alpha et Omega. Ils sont maintenant assis sur leur Trône, fait d'une substance comme l'albâtre du piédestal soutenant le brasier pour la Triple Flamme Intégrée.

Tout est prêt pour les cérémonies d'introduction et la note Cosmique incarnée dans « A l'aube » et « Chez soi » se fait entendre, indiquant que le Bien-Aimé Eole est présent. Il s'approche de l'autel suivi des Bien-Aimé Paul et Dame Rowena. Ils s'avancent vers l'étage juste en dessous d'Hélios et Vesta, d'où ils reçoivent une bénédiction dans une langue inconnue du peuple de la Terre.

Un Aide de la Cour d'Hélios et de Vesta enlève la cape Verte et Or que porte le Bien-Aimé Maha Chohan, tandis qu'un autre porte ce vêtement. Maintenant on place sur les épaules de l'ancien Maha Chohan un Vêtement du blanc le plus doux, chatoyant, brodé d'une belle Colombe. La toute-puissante Vesta, dans l'autorité qui est la sienne, lève la main et revêt le Bien-Aimé Eole selon le rite de la Charge de *Saint-Esprit Cosmique* pour les Planètes sous la direction d'Hélios et de Vesta.

Cette cape vert et or est maintenant mise sur les épaules du Bien-Aimé Paul, l'Aide Angélique lui ayant enlevé sa robe de Velours Rose. Alors la Bien-Aimée Vesta, prononçant l'Invocation appropriée, l'élève à la charge de Maha Chohan, *Représentant le Saint Esprit* pour la Planète Terre.

La Cape Rose, précédemment portée par le Bien-Aimé Paul, est placée sur les épaules de Dame Rowena et, alors que la Bien-Aimée Vesta fait sa proclamation, la main levée, Dame Rowena devient Chohan du Troisième Rayon.

La Lumière flamboyante qui émane de ces Trois Etres en vraie gratitude pour le privilège de continuer à servir la Première Cause Omnipotente est indescriptible.

Le Bien-Aimé Eole va sous le dais, dans la rangée immédiatement en dessous des Puissants Alpha et Omega où il est rejoint par la belle Pallas Athené. Le Maha Chohan, Bien-Aimé Paul, prend sa place aux côtés du Seigneur Gautama, une chaise lui ayant été réservée. Dame Rowena, digne et resplendissante, prend sa place sur la troisième chaise, là où se tiennent les autres Chohans, suivant le Rayon auquel ils appartiennent.

A ce moment, il y a un court instant de profond silence, juste une pulsation de Lumière de grande intensité. Nous entendons un gong aux accents des plus mélodieux et le Puissant Alpha fait une intonation et, alors qu'avec le Bien-Aimé Omega, ils soufflent la Lumière de leur Cœur dans l'Etre du Seigneur Gautama, tout le Temple est rempli d'une Lumière intensifiée, par laquelle toute l'Assemblée est fondue dans Une Grande Lumière. Chacun d'entre Nous vibre de l'énorme pulsation de la Flamme et du Rayon du Saint Shamballa émanant de Alpha et Omega, du Bien-Aimé Eole et du Seigneur Gautama, pour aller dans la Flamme en face de l'Autel et ensuite dans la substance même de la Terre. Ainsi, le Foyer Sacré de la Grande Fraternité Blanche est officiellement établi dans sa nouvelle Permanence, physiquement et éthériquement, sur Long Island.

Qu'il suffise de dire que la Triple Flamme Intégrée, transférée du désert de Gobi à l'autel de Shamballa sur Long Island, a des proportions qui se sont agrandies considérablement au fur et à mesure de cette Activité. Le Silence, la Gratitude, et le pur Amour Divin sont d'une grande magnitude. Vraiment c'est la Terre elle-même qui est bénie au-delà de toute compréhension puisque la Hiérarchie Spirituelle possède maintenant un Foyer sur la Surface Terrestre, d'où émaneront les instructions, les bénédictions dont on n'a encore jamais entendu parler, pour l'amélioration de la Planète et de toutes ses évolutions.

Comme les étudiants du monde d'apparence physique réunissaient leurs énergies et leur amour, en gratitude, grâce à l'aide de leur Saint Moi Christique, la Lumière de leur Cœur forma un Triangle dirigé vers le ciel. Ce triangle entra dans le Temple où il fut accueilli par le Triangle descendant de l'Assemblée afin de former une Etoile Parfaite resplendissante en l'honneur de Notre Régent tellement aimé Sanat Kumara, le Sauveur de cette Terre, et de son épouse la belle Vénus.

On voit maintenant dans le Dôme Central du Temple, à la partie la plus élevée formant une voûte, une glorieuse Colombe de Lumière Blanche irradiante, émettant une très douce et très délicate Lueur Rose, l'Insigne de l'Esprit Saint.

Le Mouvement Cosmique est arrivé et l'Edit divin a été rempli.

Comme nous l'avons dit ailleurs, dans ces pages, le Shamballa fut transféré sur la Côte Nord de Long Island, New York, en le jour de grâce du 26 novembre 1964.

Ce Shamballa, toutefois, est dans les royaumes éthériques au-dessus de Long Island. Ce n'est pas une réplique de l'original, au-dessus du désert de Gobi, qui était une reproduction du Véritable Shamballa, Cité du Soleil, de Vénus, résidence officielle du Logos Planétaire. Le « Shamballa » sur Long Island est la conversion de l'ancien Temple du Saint Esprit Cosmique qui florissait, il y a des milliers d'années au cours des jours Atlantéens, et qui flotte dans les royaumes éthériques au-dessus de son emplacement originel.

Au cours de cette période passée, le Temple était le foyer central et le pouvoir magnétique, qui retirait du Cosmique les courants électroniques pour le Saint Esprit Cosmique. C'est la raison pour laquelle, le Maha Chohan, lors de son Elévation au Poste de Représentant du Saint Esprit Cosmique, a demandé et reçu la permission de le réinstaller dans sa grandeur passée afin qu'il devienne le centre de Son Service Cosmique. Ce Service comprend les sept Planètes de notre Système Solaire.

LA FONDATION DE LA GRANDE FRATERNITE BLANCHE

Lorsque Sanat Kumara offrit de prendre la Charge de Seigneur du Monde, les Seigneurs du Karma, qui représentent la Loi Cosmique gouvernant les affaires de la Terre et l'évolution de son humanité, lui donnèrent le plein pouvoir sur la vie et le progrès des fils de l'homme.

Comme ces Seigneurs d'Amour avaient offert à la Loi Cosmique Leurs auras personnelles de Lumière, pour convenir aux exigences de la Loi qui voulait que la Terre donne un peu de sa Lumière au Système Solaire, ou qu'elle disparaisse de la chaîne, il devint immédiatement évident qu'il fallait trouver le moyen d'apprendre aux enfants des hommes comment ils pouvaient augmenter leur Etincelle de Divinité afin de devenir, en temps voulu, Seigneurs de la Flamme, et d'illuminer leur planète sans l'aide d'autres Etoiles.

En préparation de ce jour-là, Sanat Kumara et Son Conseil à Shamballa établirent un Grand Ordre Spirituel d'Etres Divins, appelé LA GRANDE FRATERNITE BLANCHE dont le service et le devoir était d'intéresser, de guider, d'instruire et de protéger les Enfants de la Terre et, éventuellement de les attirer dans la Fraternité pour qu'ils se chargent des responsabilités et des services tenus par les Volontaires venus de mondes d'une évolution plus élevée.

Par Son Grand Amour et Sa Radiation, cette Fraternité commença à réveiller la Lumière Spirituelle dans les âmes de quelques êtres de la race.

Ces egos commencèrent à sortir du sommeil de leurs âmes et à répondre à la Présence et à la Flamme de L'amour de Sanat Kumara. Des consciences commencèrent à monter de la grande masse des dormeurs, et les Maîtres en se penchant effectuèrent la première rencontre entre la Terre et ces Etres Divins. Les deux premières âmes qui répondirent ainsi devaient, dans leurs vies très, très postérieures devenir le Seigneur Gautama Bouddha et le Seigneur Maitreya. Ce furent les premiers parmi les enfants Terrestres qui demandèrent à être membres du Conseil de Shamballa, et à être aidés dans leur éducation pour se préparer à participer au grand travail de devenir des Porteurs de Lumière pour le monde des hommes.

Grande fut la joie à Shamballa, lorsque ces deux esprits frais et avides de savoir, répondant à la Présence d'Amour, eurent prouvé que la sagesse et le sacrifice des Seigneurs de la Flamme n'étaient pas vain, car, puisque deux étaient venus d'autres suivraient sûrement. Ce fut le cas, et maintenant des milliers sont entrés dans le Conseil Cosmique où les enfants de la Terre ont assumé la plupart des Charges jadis tenues par des Etres d'autres Sphères. Un jour, les Kumaras eux-mêmes verront que les enfants de la Terre les ont déliés de l'exil qu'ils se sont volontairement imposé. Ils pourront partir dans la Lumière de la Terre comme ils étaient venus, plein de Patience et d'Amour miséricordieux.

Depuis le moment où le Seigneur Bouddha et le Seigneur Maitreya se présentèrent devant le Grand Sanat Kumara, jusqu'au moment où ils purent assurer Leur Charge Cosmique, comme Enseignants du Monde, des siècles et des siècles d'autodiscipline, d'abnégation, de maîtrise de soi passèrent sans arrêt, sur le parchemin du temps. Les deux Frères s'incarnèrent et se réincarnèrent, passant par chaque expérience suivant ce que le Conseil Cosmique jugeait bon pour que leurs Ames soient fortes, constantes, pleines d'Amour afin qu'ils puissent remplir leur Rôle Cosmique au mieux avec la certitude de la Victoire.

Bien-Aimé Hercule :

Je viens vous instruire et vous préparer pour les jours à venir.

Il semble y avoir beaucoup de bruit dans vos journaux, votre télévision et radio à propos d'objets « étranges » apparus dans l'atmosphère et suffisamment proches pour que les terriens les voient. Ce ne sont pas des produits de l'imagination des hommes. Il s'agit de véritables visites qui sont dirigées *cosmiquement* dans l'atmosphère de la Terre pour une raison spécifique.

Du fait qu'il y a actuellement tant d'inquiétude sur la Planète et que les responsables des Gouvernements et des Organisations semblent incapables de stabiliser les conditions, et d'apaiser les émeutes de toutes sortes, y compris l'immense horreur de la guerre, la Terre reçoit des visites de Volontaires d'autres planètes, notez-le. Ils viennent aider pour régler et mettre à l'alignement une Planète qui doit être rééquilibrée de manière à ce qu'elle se meuve d'une façon ordonnée, quand l'ordre sera donné de se mettre dans l'Orbite d'Uranus, avant de succéder à Vénus dans Sa Position Présente. Soyez assurés que Nous, les Légions Spirituelles Inivisibles, servons sans relâche pour repolariser cette Orbite Bien-Aimée.

Mes bien-aimés, je vous conseille d'écouter très attentivement. Au cours de toutes ces années passées, nous vous avons parlé de futurs changements planétaires. Je vous avertis d'avoir de « l'huile » dans vos lampes afin que vous puissiez avancer dans la Lumière et que vous nous manquiez pas en raison d'une attitude négligente, telle que : « Oh, nous avons entendu cela depuis longtemps. »

Maintenant, revenons aux visites « extraordinaires » de la Lumière au milieu de vous. Certains dans cette salle ont eu le privilège d'être témoins de ces événements et je sais de qui je parle. Certains endroits sur cette planète méritent ces visites, si je peux dire, assurés qu'elles apportent plus de Lumière et plus d'aide à la partie concernée du Globe. Certains de ces Porteurs de Lumière dont je parle, sont peuplés par des Etres d'autres Etoiles, qui sont comme vous dans une période intensive d'entraînement. Leur échelle d'évolution a une action vibratoire plus haute et plus rapide ; leur radiation et leur nature sont mieux développées que celle des habitants de la Terre. Je vous garantis qu'il y a des dispositifs électroniques beaucoup plus avancés que ceux que les bons savants de ce globe ont pu développer à ce jour.

Il y a eu des cas, où des rapports ont été faits, notant que la surface d'atterrissage avait été « blessée » ou brûlée. C'est vrai, car la radiation puissante de Lumière a été émise à cet emplacement dans le but de transmuter et de purifier certains foyers physiques d'imperfection et de renvoyer les éléments composants à l'Univers pour re-polarisation. De même, les moyens de transport des Etres des autres Planètes supportent la radiation augmentée que la Terre ne connaît pas encore. Elle protège les gens à l'intérieur du véhicule de toute contamination possible. La Terre a souffert de la pollution par les mains des retardataires et La Loi Cosmique ne permet pas que ces volontaires ramènent à leurs Etoiles des radiations imparfaites émanant d'Elle.

Vous aimeriez peut-être savoir, mes bien-aimés, que de nombreux visiteurs sont de vos amis, avec lesquels vous avez lié connaissance dans vos séjours sur d'autres Planètes dans vos véhicules éthériques. Il existe des gens sur la Planète qui ont des communications conscientes avec ces Porteurs de Lumière, et d'autres auront également ce privilège dans un avenir pas très lointain. Puis-je maintenant vous suggérer que s'il vous arrive de voir une de ces Expressions de Lumière dans le Ciel ou dans votre voisinage, vous envoyiez d'abord votre amour et votre gratitude par la puissance de votre propre Présence « JE SUIS », pour cette aide jusqu'alors inconnue, rendue à votre Terre ; et qu'ensuite vous restiez sereins et acceptiez la bénédiction donnée. Vous savez, par exemple, que les invités ne reviennent pas chez vous, s'il ne se sentent pas les bienvenus. Ces « invités » dans votre atmosphère, viennent pour vous amener, ainsi qu'à toute la vie sur cette Planète, une aide et des bénédictions sans nombre. Ils devraient donc recevoir toute la gratitude que vous pouvez leur donner pour leur service.

Le Bien-Aimé Archange Michel parlant depuis sa retraite à Banff. —

Bienvenue dans le Cœur et l'Esprit de la Foi, ce soir, mes amis bien-aimés, vous qui avez préservé, guidé et protégé la foi de la vie humaine, et ceci continuellement pendant des âges de temps.

J'ai le grand honneur et le privilège de ré-ouvrir les portes de Ma Retraite ici, dans l'Hémisphère Ouest, ce soir, pour le grand et magnifique but d'établir la base, l'impulsion, le rassemblement de toutes les énergies, sur lesquelles le Seigneur du Monde Lui-même remontera vers Sa Maison dans toute sa majesté, sa gloire et sa dignité.

L'activité commence ce soir à Shamballa. Vous la connaissez tous. Le Pont de Marbre, les Beaux temples représentant les Sept Grands Rayons... le Grand Bassin central, dans lequel jouent les magnifiques fontaines de Flamme, et le superbe Temple de Sanat Kumara surplombant le tout. De l'intérieur de ce Temple, Sanat Kumara a régné depuis sa venue sur Terre, il y a de nombreux millions d'années. De l'intérieur de ce Temple, il a envoyé chaque Messager de Lumière qui ait jamais transporté de Message de Dieu et *l'exemple de La Nature pour l'homme.* Ce Temple, tel que nous le voyons aujourd'hui, est rempli de souvenirs pour chacun d'entre vous, et pour chacun d'entre Nous.

Sur ce Temple la Bannière aux armes de Sanat Kumara a toujours flotté. Elles sont évidemment la Planète Vénus entourée d'une couronne de lauriers, sur un champ de pourpre profond.

Ce soir, lorsque cet Etendard sera descendu pour la première fois depuis son arrivée, c'est Celui du Seigneur Gautama qui sera levé, les deux activités ayant lieu presque simultanément. Lorsque la Bannière pourpre de Sanat Kumara descendra, c'est la Bannière Dorée du Seigneur Gautama qui s'élèvera : la Planète Terre, entourée des couleurs du Corps Causal, sur champ d'Or.

Vous vous souviendrez que le Bien-Aimé Sanat Kumara a ôté la couronne de Sa Tête, le jour de l'An, pour la mettre sur celle du Bouddha, ce qui signifiait le transfert partiel de ses pouvoirs au Seigneur Gautama. Toutefois, Sanat Kumara restera dans l'atmosphère de la Terre, comme Régent jusqu'au moment où le temps qui lui a été alloué par la Loi Cosmique expirera, exception faite de visites à Vénus qui dépendront des loisirs que lui accordera le peuple de la Terre. Il voyagera, pour ainsi dire, entre les deux Etoiles. Cette Activité devrait créer une énorme affinité entre la Terre et Vénus, parce que, chaque fois qu'il rentrera chez Lui, une partie de la radiation de la Terre l'accompagnera et lorsqu'Il reviendra Il ramènera à sa suite la radiation de Vénus. De cette façon, nous aurons un entrelacement de l'action vibratoire des deux Planètes, ce qui est vraiment essentiel, pour l'Ascension de la Terre dans l'orbite de Vénus, dans le court laps de temps qui reste.

Chaque Grand Prêtre, chaque Etre Elevé ainsi que chaque Retraite a une Bannière, un Etendard ou un Drapeau. Vous connaissez le Mien : champ bleu avec le soleil d'or et les figures gravées des Sept Archanges. Chaque Grand Prêtre, chaque Retraite ou Sanctuaire de la Fraternité est représenté à Shamballa ce soir, par un Etendard illustrant leur foyer et l'activité de Lumière. Ces magnifiques drapeaux sont alignés de chaque côté du bassin central où jouent les fontaines de Flamme, sur une profondeur de cent ou presque. Cette promenade est très, très longue et sur toute son étendue, depuis le pied du Temple de Sanat Kumara jusqu'à la fin du Pont sur la mer de saphir, se trouvent des Etres en masse, Membres de la cour des Elohim, Etres Cosmiques, Anges, Devas, Maîtres. Tous portent leur Etendard individuel et, lorsqu'on descend le drapeau de Sanat Kumara, tous les étendards sont inclinés, ce qui ressemble à votre façon de rendre les honneurs lorsqu'un personnage important passe.

Revenons un instant en arrière et voyons l'activité telle qu'elle eut lieu. L'Etendard de Sanat Kumara flotte toujours sur le Temple, Son champ de pourpre bien visible avec la belle étoile de Vénus dans sa couronne de lauriers. Maintenant, alors que tous les yeux sont fixés dessus, il descend lentement et simultanément tous les étendards sont inclinés, en témoignage de gratitude et d'amour pour les services qu'il représente. Ensuite presque dans le même mouvement l'Etendard or du Seigneur Gautama monte à l'endroit où il flotte maintenant, ses plis de couleurs douces ondulant dans la douce brise.

Le Bien-Aimé Sanat Kumara est ce soir dans une simple robe blanche, aucune ornementation, alors que le Bien-Aimé Seigneur Gautama porte la robe de pourpre royale avec la couronne et le sceptre. A son côté, le Seigneur Maitreya porte aussi les robes royales d'autorité avec la mitre et la crosse.

Pour le moment, il a été prévu que l'activité du précédent Bouddha, le Seigneur Gautama, et celle du nouveau Bouddha, le Seigneur Maitreya, seront combinées, car le Service du Seigneur du Monde est d'engendrer suffisamment de Lumière pour maintenir la Planète dans le Système Solaire, et le don du Seigneur Maitreya est de se charger de l'activité de la cérémonie, chaque fois que cela est possible. Comme vous le savez, le Seigneur Gautama n'a pas d'inclination de ce côté-là. C'est une activité triple qui sera magnifique, Gautama tenant la Lumière, la paix et l'illumination. Sanat Kumara comme Conseiller et Régent, et Maitreya la Tête et le Cœur de toute la fraternité dans pratiquement toutes les cérémonies.

Sanat Kumara, Gautama et Maitreya apparaissent maintenant à la porte du grand Temple. Ils descendent lentement le long escalier. Lorsqu'ils atteignent le bas, ils se tournent en regardant vers le haut où l'Etendard de Sanat Kumara flotte toujours dans la brise. A un signal donné, l'Etendard pourpre est descendu à Terre et l'Etendard or du Seigneur Gautama monte. Au cours de la lente descente de la bannière de Sanat

Kumara tous les drapeaux de l'assemblée sont baissés. C'est un moment très solennel. Un moment nostalgique d'une certaine façon, car il présage un changement, non seulement dans la Hiérarchie Céleste, dédiée au bien-être de la Planète, mais aussi pour les gens qui y évoluent.

Tous les Drapeaux sont maintenant levés en hommage au Seigneur Gautama et un des Etres Angélique plie doucement la bannière pourpre pour la mettre soigneusement sur le bras de Sanat Kumara qui marche le long de la large avenue, vers le Pont, en souriant et en saluant la Fraternité réunie, alors que chaque Bannière est inclinée pour leur rendre hommage quand ils passent.

Lorsqu'ils arrivent à l'entrée du Pont, ils arrêtent et se retournent. Il semble qu'ils veuillent implanter à jamais dans leurs esprits les scènes qu'ils viennent de vivre. Maintenant le Bien-Aimé Sanat Kumara se prosterne et embrasse l'herbe à ses pieds, pendant que toute l'assemblée qui n'a pas bougé, contemple les Grands Maîtres d'Amour avec une tendresse et un amour indicibles, qu'ils expriment dans leur maintien et dans leur contenance.

Le Seigneur Gautama, Sanat Kumara et Le Seigneur Maitreya restent là pendant un moment et ensuite en élevant Leurs mains pour toucher Leurs cœurs et Leurs têtes en un geste d'adieu, ils se tournent, traversent le Pont et disparaissent dans un flamboiement de lumière. Le moment suivant, ils se tiennent à la porte de ma retraite dans l'Hémisphère Ouest, située à un endroit appelé Banff, dans les Montagnes Rocheuses du Canada, sur le Continent Nord-Américain.

La cérémonie finale de la passation du pouvoir de Sanat Kumara au Seigneur Gautama, et le départ pour Vénus de Sanat Kumara ont lieu dans Ma retraite de l'Hémisphère Ouest, ce qui, nous le pensons, a une véritable signification intrinsèque. Ceux d'entre nous qui ont eu le privilège d'y assister comme témoins, n'oublieront jamais la solennité de cette grande occasion.

Les deux grands Prêtres s'approchent l'un de l'autre par les directions opposées du grand Autel, montent les marches ensemble et se font face l'un l'autre ensuite. Leurs grands corps causals brillent comme de grands éventails, de taille identique, dans toutes les couleurs glorieuses des rayons. Maintenant, ils s'approchent l'un de l'autre jusqu'à ce qu'ils rencontrent la Flamme sur l'Autel et deviennent Un. Alors se produit un éclair de lumière énorme, suivi d'une expansion de la Flamme qui passe dans toute l'atmosphère de la Terre.

A ce moment précis, le Corps Causal de Sanat Kumara est retiré du Corps de la Terre, pendant que celui du Seigneur Gautama l'entoure de ses bras. Le Corps Causal de Sanat Kumara devient l'auréole qui l'enveloppe ainsi que son entourage, en route vers Vénus. Cette transition vers Son Etoile Bien-Aimée avec ceux qui l'accompagnaient, fut accomplie par Sanat Kumara dans un superbe chariot, fait de la substance éthérique par la visualisation des Etudiants sur le plan terrestre qui savaient qu'elle aurait lieu dans une période de temps spécifiée. Le voyage en lui-même fut évidemment accompli à la vitesse de la lumière et ils arrivèrent dans l'orbite de Vénus presque immédiatement. Entre-temps Dame Vénus, avec sa suite, était venue à la rencontre de son Seigneur. Lorsque les deux compagnies approchèrent l'une de l'autre, Sanat Kumara descendit de son chariot et, dans la simple robe blanche, qu'il avait revêtue en donnant ses robes d'Etat au Seigneur Gautama, s'en alla seul pour rencontrer sa Reine. Dame Vénus avançait également seule et lorsque ces deux grands Etres se saluèrent avec les mains tendues, la Lumière de leurs Corps Causals les enveloppa et pendant un moment ils furent hors de la vue des multitudes de spectateurs.

Alors les chants et la musique des Chœurs Angéliques remplirent l'atmosphère et les voix de Vénus se firent entendre lorsqu'elles chantèrent le chant de bienvenue à leur Roi Bien-Aimé, le même chant qu'elles avaient chanté lorsqu'il les quitta de nombreux âges auparavant, chant rendu plus joyeux par le bonheur. Sanat Kumara et sa Vénus Bien-Aimée allèrent au grand Temple et là, avec tout leur peuple, ils rendirent grâces pour son retour joyeux et victorieux, et pour le succès de la Mission d'Amour qu'il a accomplie.

Avant de quitter la Retraite de l'Archange Michel, Sanat Kumara s'adressa à la grande Fraternité Blanche, aux Initiés conscients et aux étudiants, en ces termes :

« Hiérarchie Spirituelle bénie et Bien-Aimée, Vous qui avez répondu à l'appel de Mon Cœur et formé la Grande Fraternité Blanche, Vous qui avez vécu, êtes morts, et avez revécu, siècle après siècle, ère après ère, afin d'avancer la cause du Bien sur la Planète Terre, à Vous tous ce soir, je donne mon Cœur et ma Main. Comme il n'y a pas de séparation en Amour, je serai aussi près de Vous que vous désirerez m'avoir.

Je ne penserais jamais à vous laisser de façon permanente, vous les Elohims, les Archanges, la Fraternité et vous les doux étudiants besogneux, sans le confort et la consolation de ma Présence, de ma Force, pas plus que je ne penserais à laisser mon Dieu.

Nous sommes toujours aussi Unis dans cette Transmission Cosmique Actuelle que nous ne l'avons jamais été.

A vous, Bien-Aimé Gautama, dont la grande Lumière et l'expansion de conscience ont permis que Je redevienne de nouveau part de l'évolution de Vénus, à Vous, Mon Frère, je donne l'Amour de mon Cœur.

A chacun de ceux qui ont répondu à l'appel du Bien-Aimé Morya, qui a cru qu'il y avait dans le cœur humain une capacité et une aptitude à coopérer avec des Etres libres grâce à Dieu, pour enlever les chaînes de limitation et les ombres qui ont enseveli les âmes des hommes, A vous je donne Mon Amour ! aux bien-aimés étudiants, je dis : « Pensez-vous que je puisse oublier la chère Terre quand tellement de ma Vie et tant de Moi-même sont tissés dans la substance de ses peuples, ses élémentaires, ses continents, ses océans ? Oh, non ! « Je Suis » content de toujours tenir devant mes yeux sa forme purifiée. »

J'accepte avec plaisir les dons que vous m'offrez aimablebent, les bagues et la couronne qui ont été tissées avec votre propre substance de pensée pour Moi-Même et Ma Bien-Aimée. Ce soir, en entrant dans l'Orbite de Mon Etoile et en parlant à Mon peuple, face à face, pour la première fois depuis mon départ, je lui parlerai d'une race brave au-delà de toute description. D'une race qui a cru en Dieu en dépit de toutes sortes d'agonies mentales, émotionnelles et physiques, et Mon peuple sera plus riche, en raison de l'exemple d'une poignée de braves étudiants dispersés sur toute la surface de la Terre, de son humanité non encore éveillée en général et des autres évolutions qui essaient de se produire sur Elle.

Donc, douce Terre, douce Virgo, Bien-Aimé Neptune, Bien-Aimé Ariès, Bien-Aimée Amaryllis, tout ce qui est dans et sur la Planète, merci de m'avoir donné l'occasion de servir !

Le temps n'existe pas dans un service aimant ! Merci, Terre bien-aimée pour votre hospitalité et pour m'avoir donné le privilège de vous tenir sur mon sein. Merci de me permettre de partager votre Rédemption, merci pour me permettre de partager votre Victoire. Merci d'avoir été une Hôtesse si merveilleuse non seulement pour moi, mais aussi pour Mes Kumaras et les autres évolutions qui sont venus ici de Vénus. Merci pour avoir essayé de comprendre ma Présence et d'avoir accepté la Patience qui est Mon Cadeau. Merci Bien-Aimé Michel pour avoir préservé la Flamme de la Foi, sur laquelle est assurée la liberté de la Terre. Dieu soit avec vous tous, jusqu'à ce que je revienne.

RAYONS JUMEAUX

Lorsque la Grande Flamme de Dieu est projetée en tant qu'Intelligence individualisée hors du Cœur de Dieu, Elle contient dans son Essence même les aspects féminin et masculin de la Divinité.

C'est un choix conscient et individuel qui détermine si, oui ou non, cet Etre de Feu Blanc cherchera à développer son individualisation, en se manifestant comme les Rayons jumeaux venant de la même source du Cœur.

Ces Etres Puissants qui ne choisissent jamais de voyager par le monde de l'expérience, continuent à fonctionner à partir de l'intérieur du Corps de Feu Blanc, rendant service dans les Sphères Cosmiques et déployant ainsi leur Plan Divin, en restant Un.

Toutefois, ceux qui par leur propre choix décident de partir, comme le firent les Flammes Jumelles, sont rendus capables de doubler leur pouvoir et leur capacité grâce aux efforts individuels de chaque Rayon en particulier. Lorsqu'ils reviendront dans les Champs Cosmiques de Service, ils auront, en raison même de leur service et de leur expérience, presque triplé leurs pouvoirs et capacités de servir la vie, par comparaison avec ceux qui restent dans l'orbite unique des Royaumes de Lumière.

Lorsque l'Etre de Feu Blanc décide d'individualiser les Rayons jumeaux, une Cérémonie Cosmique a lieu, au cours de laquelle les Corps Electroniques des Aspects masculin et féminin de la Flamme Divine sont extériorisés et s'agenouillent devant leur propre Source de Feu Blanc pour recevoir la Bénédiction du Soleil de leur Système.

Un anneau de Feu part du Corps de Feu Blanc pour passer au travers de leurs deux cœurs et revenir dans le Corps de Feu Blanc. Ce cercle cosmique est la Présence Protectrice de leur amour et l'ultime union jusqu'à la fin de leur pèlerinage individuel, quelle qu'en soit la durée.

Personne ne peut décrire la joie et le bonheur pendant des siècles dans lesquels résident les Flammes jumelles, dans de la Lumière Glorieuse des Royaumes Intérieurs qui forment leur foyer spirituel naturel. Là elles fonctionnent en UNITE de but, d'effort, de service, mais elles ont le bonheur supplémentaire de la camaraderie et d'une douce association dans leurs tentatives.

Comme la pulsation constante du Cœur du Père du Système est d'étendre son Royaume à la périphérie de l'Etoile la plus reculée, tôt ou tard, cette impulsion doit trouver une note en écho dans le cœur de l'une ou l'autre ou des deux Flammes Jumelles qui ont profité du bonheur paisible des Sphères intérieures. Alors arrive la première séparation réelle, avec l'oubli qui s'y rattache et, malheureusement aussi, les siècles de pataugeage qui si souvent accompagnent l'incarnation, particulièrement sur le plan terrestre.

Quelquefois les deux Flammes choisissent les rôles de Missionnaires et elles s'incarnent souvent. Une seule s'incarne car l'autre reste en qualité de pôle positif et de soleil spirituel. C'est ce qui se passe, lorsqu'un courant de vie est dédié et voué à être une Présence Gardienne ou appartient à un autre schéma d'évolution ou à une Chaîne précédente.

Finalement, nous arrivons au terme du pèlerinage des Rayons, et là encore la Cérémonie mystique est répétée quand les Flammes du Cœur des enchaînés et des libérés sont réunis spirituellement pour toute l'éternité. Cette Union Cosmique n'a lieu que lorsqu'un des rayons jumeaux est déjà élevé et lorsqu'il a été déterminé par le Conseil Karmique que cette Union sera bénéfique au progrès du Schéma Universel de Création.

Le courant de vie non élevé est amené devant les Seigneurs du Karma. Le Maha Chohan présente le parchemin contenant l'enregistrement de tout le pèlerinage de la Vie et le Saint Moi Christique doit indiquer la *possibilité* que l'Aspirant s'élève au terme de sa Vie Terrestre au prix d'efforts continus. Si l'un de ces trois tests séparés et distincts donne un résultat négatif, le moment de cette union est retardé.

Le jugement individuel devant les Seigneurs Karmiques révèle le développement actuel des corps intérieurs, le pouvoir de motivation derrière l'utilisation de la Vie par l'individu, les activités possibles de ses pouvoirs et de cette confiance sont accrues sur la foi de la vie terrestre présente.

La lecture du parchemin faite par le Maha Chohan révèle les expériences de l'individu au cours des vies précédentes, par l'usage qu'il a fait de certaines occasions de servir la Vie, de son choix d'emploi entre les incarnations, etc.

Le Saint Moi Christique, connaissant l'Ego personnel, les tendances de la nature, les ambitions cachées du conscient, etc., fait alors un rapport *honnête* sur le futur résultat possible de cette bénédiction supplémentaire.

Lorsque l'individu a passé les trois initiations ci-dessus le moment de son acceptation arrive et Sanat Kumara, ou le Seigneur Maitreya à sa place, signifie que cet individu est prêt à son Union. A ce moment le Rayon jumeau est appelé devant le Tribunal et là on lui confie la charge solennelle des pouvoirs, réels de la Substance, des énergies et de toute la masse cosmique rassemblée dans sa Conscience Cosmique libre qui seront désormais liés dans le cœur de la partie de lui-même non-élevée. Celle-ci, par cette Union volontaire de la part de la Partie Elevée, a l'accès et le droit d'utiliser ce pouvoir et cette énergie suivant les dictats du moi extérieur, mais la *responsabilité* de l'utilisation de ces énergies *appartient à la Flamme élevée.*

Pouvez-vous, même vaguement, imaginer cette responsabilité ? Les siècles et parfois les âges de force Cosmique accumulée donnés à un « enfant » ?... En comptant sur la discrimination, l'honneur, l'intégrité, la pureté et la fidélité d'un être non-élevé, pour qu'il ne gâche ou ne dissipe pas cela pour toujours.

Lorsque le Rayon jumeau admet que — par Amour, il est prêt à faire ce sacrifice, le Tribunal donne sa bénédiction aux deux parties et fixe la date pour cette Union. Chaque Rayon est mis sous la protection des Etres qui les préparent pour cette heure-là.

Le Soleil du Système auquel appartient ce courant de vie, réalise la cérémonie. Par exemple : des Rayons Jumeaux de Vénus sont réunis devant le Grand Autel de leur Soleil, des Rayons jumeaux de la Terre, devant Hélios et Vesta, des Rayons jumeaux Cosmiques devant le grand Soleil Central du Système. Lorsqu'ils s'agenouillent de nouveau et que le Cercle Cosmique unit leurs Flammes de Cœur pour l'éternité, c'est véritablement, véritablement, véritablement qu'on peut dire :

« Que l'homme ne sépare pas, ce que Dieu a uni. »

MAHA CHOHAN

LE CORPS ELEMENTAIRE

Il existe un corps élémentaire, dont les fonctions sont de travailler avec les Constructeurs de forme, le Saint Moi Christique du courant de vie, et les Seigneurs Karmiques qui limitent la liberté de l'âme dans son choix de vêtement. Ce corps élémentaire commence son travail au moment de la conception. Dans la plupart des cas, il motive le corps physique du nouveau-né et la presque totalité de son enfance.

L'âme, c'est-à-dire le Moi personnel accumulé fonctionne à peine au travers de cette forme élémentaire. Lorsque l'individu est hautement développé et qu'il a mûri spirituellement, il s'efforse de se charger de contrôler le corps élémentaire et l'ego personnalisé dès son jeune âge.

Ce corps élémentaire n'est pas nouvellement mis au point à chaque vie successive. C'est l'un des « serviteurs » de l'être de Dieu en évolution qui, comme l'âme, le suit dans tout son voyage. Contrairement à l'âme toutefois, le corps élémentaire se sépare de l'Ego au moment de la mort et il profite de la période où l'ego est dans le royaume désincarné pour être dans son propre royaume d'êtres élémentaires, avant d'être convoqué par les Seigneurs du Karma, pour inspection, avant que l'âme ne soit retournée à la Vie terrestre.

La forme du Corps que prendra l'ego au moment de son incarnation, ses caractéristiques, ses forces et ses faiblesses, tout réside dans la nature évoluée de cet élémentaire qui a une intelligence et une volonté propres. Lorsque des individus doivent donner un meilleur service à la Vie, les Seigneurs du Karma permettent souvent aux Constructeurs de forme de modifier l'être élémentaire en l'amenant dans une plus haute Sphère d'activité, dans les Niveaux Intérieurs, avant que l'âme ne soit convoquée pour incarnation.

Donc, au cours d'une période de plusieurs siècles le corps élémentaire devient très positif et, parfois très endommagé lorsqu'on lui laisse faire ce qu'il veut. Dans les cas où une puissance énorme est concentrée dans un courant de vie, le corps élémentaire est toujours plus fort, en raison de ce pouvoir ancré dans les cellules de sa structure physique. Dans d'autres cas, le corps élémentaire se trouvant constamment contrarié dans ses tentatives de construire et de projeter la perfection du Saint Moi Christique par des abus et des excès se rebelle, boude et parfois se montre ouvertement ennemi de l'âme et de l'égo personnel auxquels il est assigné. Cet état se manifeste habituellement par le cancer et la désintégration de l'unité corporelle.

La paix, l'unité, l'harmonie, la compréhension parmi ses propres membres (corps, esprit, âme, personnalité et Moi divin) sont essentiels à l'égalité d'esprit et à la progression sur le Sentier. Combattre le corps élémentaire ne sert à rien, le cajoler, c'est le perdre. Pour le connaître il faut diriger son état major dans la dignité mûrie du Maître avec Sagesse. Cela vaut également pour l'âme (nature de la personnalité).

MAHA CHOHAN

L'ADDITIF DU MAITRE ELEVE SAINT GERMAIN AU DISCOURS DU MAHA CHOHAN SUR LE CORPS ELEMENTAIRE

Comme notre correspondance sur le corps élémentaire a soulevé quelques questions intéressantes, j'ai décidé d'élaborer quelque peu sur l'instruction.

Au moment où le courant individuel de vie a choisi de s'incarner, le Saint Moi Christique fut appelé devant le Conseil Karmique qui lui donna Sa permission en lui indiquant la destination vers laquelle il serait acheminé.

Afin de se procurer une forme physique, dans laquelle le Saint Moi Christique pourrait fonctionner, les Constructeurs de Forme ont dû fournir des Etres élémentaires dans la même Sphère et le même Rayon que ceux des courants de vie qui allaient s'incarner. Ces Etres Elémentaires avaient été formés aux Niveaux intérieurs, pour tirer la Substance de Lumière Universelle et suivre un modèle ; pour créer une fleur en forme de Flamme ou une simple manifestation naturelle. Le temps pendant lequel l'Elémentaire pouvait tenir le dessin dans sa conscience, déterminait la durée de la forme manifestée. Au fur et à mesure que ces Constructeurs de forme potentiels augmentaient leur capacité à maintenir les modèles qu'ils recevaient des Grands Devas de la Nature, ils gravissaient l'échelle de l'évolution jusqu'au point où on pourrait leur confier la construction du temple, c'est-à-dire du corps qui abriterait la Présence de Dieu.

Chaque courant de vie, avant sa première incarnation, a été uni à un Elémentaire, dans une cérémonie solennelle, devant les Seigneurs Karmiques. Les Elémentaires ont été chargés de rester avec le courant de vie aussi longtemps qu'il désirait habiter un corps physique, d'entretenir ce corps physique et d'en faire un temple habitable de toutes les façons.

La Pure Substance de Lumière Electronique et les Forces des éléments ont été données pour garder le Corps Elémentaire, auquel il était permis d'admirer la perfection du Saint Moi Christique, qui devait être le modèle selon lequel il se construirait avec la substance du troisième plan dimensionnel.

Tout d'abord, la création du corps fut une expérience joyeuse et heureuse, Après que la Présence ait projeté la Flamme Immortelle dans la cellule sans air, le Corps élémentaire tira les éléments nécessaires et recréa, presque parfaitement, le modèle et le plan du Saint Moi Christique. Les formes charnelles des premiers âges furent belles au-delà de toute description, c'est vraiment un Age d'Or et de Beauté qui prévalut. Le Double Ethérique fut le dessin utilisé par l'Elémentaire, car ce beau corps représentait la pleine gloire du Saint Moi Christique, et il était facile pour l'Elémentaire de se référer, de temps à autre, à ce modèle. L'élémentaire résida dans le temps qu'Il avait construit et comme un gardien, entretint les fonctions qui maintenaient le corps en état de marche (réparation, alimentation ,etc.) et l'association entre les Résidents et l'élémentaire fut heureuse.

Lorsqu'on commença à essayer l'utilisation d'énergie, et d'incorporer dans le corps éthérique certaines malformations et des impuretés d'essence, le Corps Elémentaire se troubla parce que le dessin était déformé, et PAR OBEISSANCE, il commença à construire la malformation dans la chair.

Ensuite, entre les incarnations, l'âme en évolution avait la permission de séjourner dans le Royaume ou La Sphère qu'elle avait gagné le droit d'habiter par son utilisation de l'énergie dans la vie terrestre. L'Elémentaire était libéré pour profiter d'une certaine liberté dans son Royaume et se reposer pour le prochain service quand l'âme serait appelée pour une nouvelle incarnation.

Lorsque les Seigneurs du Karma rappelaient le courant de vie pour une réincarnation, il apparaissait habituellement dans son Corps Ethérique, où étaient enregistrées toutes les expériences qu'il avait subies non seulement sur la Terre, mais aussi dans les Royaumes Intérieures entre les incarnations. Le Corps Elémentaire refusait, et de droit, d'utiliser son énergie pour mouler et former un corps aussi déformé que le Corps éthérique de Son partenaire pour ce long voyage. Le Saint Moi Christique du courant de vie était également là pour apaiser le Corps élémentaire par sa Présence et son offre d'aide. Ensuite la Substance que l'âme avait chargée de son énerggie, pure ou autre, était donnée au Corps Elémentaire pour qu'il l'incorpore dans la nouvelle forme physique. Là encore, il hésitait beaucoup à prendre cette substance impure et, chaque fois que cela était possible, il mettait de côté le meilleur des éléments pour l'extérieur, en mettant la substance impure dans la forme (Sépulcre blanchis).

Vous verrez qu'après des siècles de tentatives pour reproduire le Saint Moi Christique dans la Substance fournie par le courant le vie, et qu'après l'énorme fatigue supplémentaire d'avoir à travailler contre les appétits et les passions que l'individu avait développés lorsqu'il était déchu de la Pureté et de la Grâce, le Corps Elémentaire conçut une antipathie pour le courant de vie avec lequel il était forcé de travailler.

Ce corps Elémentaire n'était plus un aide aimant et coopérant ; mais il entravait les projets de l'individu chaque fois que cela était possible.

Lorsque l'individu arrive à un point de compréhension, et qu'il essaie d'observer les lois de pureté et d'abstinence de ces activités qui décomposent la structure de la forme physique, il y a un commencement d'association et d'amitié nouvelles entre l'individu et le Corps Elémentaire. Ceci toutefois ne se fait pas en quelques instants, car des siècles de mauvaise utilisation du temple, créé et entretenu par cet Elémentaire, ne sont pas facilement oubliés. Là encore, le Corps Elémentaire doit attendre la purification de l'enveloppe éthérique qui forme son modèle. Lorsque ce corps Ethérique a été tenu dans le Feu Sacré et qu'il reprend son modèle lumineux du Saint Moi Christique, le Corps Elémentaire peut rapidement le reproduire au travers de la chair.

La substance même qui constitue la forme physique a été utilisée et ré-utilisée encore et encore dans des incarnations successives et, ceci également, demande la purification afin d'augmenter l'action vibratoire et d'émettre la Lumière.

Vous verrez en conséquence la nécessité d'utiliser la Flamme Violette et l'action de la Flamme de Pureté Cosmique, en rapport avec le travail fait par les Constructeurs de Forme. Lorsque ceci est compris et appliqué consciencieusement, Nous avons de nouveau quelques-uns de ces « corps solides » qui n'enregistrent absolument pas la maladie, la désintégration et finalement la mort.

En espérant que ceci aidera les cœurs sincères qui ont demandé cette élaboration du sujet.

Avec Sincérité, Affection et dévotion, je reste

« JE SUIS »
SAINT GERMAIN

LA DEUXIEME MORT

Le moi extérieur qui voyage au travers de l'univers à la recherche de Dieu augmente sa Lumière, suivant l'utilisation de l'énergie dans chaque vie successive, ou diminue l'accumulation d'ombres qui forme le karma de l'avenir.

Le but du contact avec le Maître est d'augmenter la « soif » du moi extérieur pour la Lumière Spirituelle, afin que par application consciente, l'Etincelle de Lumière puisse devenir un jour la Flamme et que *la Seconde Naissance* s'effectue.

La Chambre dans laquelle l'Etincelle de Divinité est maintenue, est une cellule *scellée* sans air. Le moi personnel doit fournir une atmosphère de Lumière avant que le sceau soit enlevé, et que l'Etincelle, dans Son premier Contact avec le Troisième Rayon Dimensionnel, se trouve dans une aura protectrice d'essence spirituelle, comme en Elle-même, étant ainsi une Flamme activée plutôt qu'éteinte. La naissance prématurée du corps physique a souvent pour résultat un enfant mort-né. La Naissance Spirituelle est, de la même façon, un moment très délicat et tous les efforts sont faits pour éviter la manifestation du même risque quand le nouveau Christ est délivré de la tombe qu'est la cellule sans air.

Pendant tout le voyage de l'âme, depuis le commencement du temps, l'Etincelle d'Immortalité a été retenue dans cette chambre, de sorte qu'il est demeuré sans importance que les ombres deviennent de plus en plus noires, car elles ne pouvaient pas toucher ce Feu Immortel. *Mais,* lorsque le sceau a été ôté et que l'Esprit de Feu a été libéré, le courant de vie devient immortel, ou subit la Seconde Mort. Vous verrez que ce n'est pas une chose légère que d'enlever les scellés et de confier à l'âme la tâche de fournir et d'entretenir l'atmosphère nécessaire pour le Feu Sacré. Le don d'origine du Créateur émis par le moi extérieur, est la Vie et la Lumière par laquelle l'Ego peut se mouvoir. Ce Don ne se mélange jamais avec les activités de l'Ego dans toutes leurs étendues.

La cavité pulmonaire est comme une caverne taillée dans le roc. Au centre se tient le Sanctuaire, le Cœur, où séjourne le Saint des Saints : Une étincelle de Divinité contenant la motivation, l'intelligence, le dessein d'une grandeur future. Le moi personnel, par la pensée et les centres de sentiment peut remplir l'atmosphère du sein, de toutes les qualités qu'il désire. *Mais* tant qu'il ne pourra fournir consciemment une atmosphère spirituelle, comme celle du Royaume d'où a surgi l'Etincelle, la Sagesse de Vie ne permettra pas au Feu du Courant de vie de contacter la représentation extérieure, et de devenir Un avec elle. C'est délicat à l'extrême, et ce Feu retournerait à la Quatrième Dimension s'il ne trouvait pas un élément naturel dans le courant de vie auquel sa vibration correspondait. Si cela était fait en ce qui concerne l'ego personnel, la Seconde Mort en serait le résultat.

Lorsque le moi extérieur commence, par son application, sa dévotion, son adoration et sa prière, à changer l'atmosphère qui entoure l'Etincelle de vérité dans le cœur, il signale aux Observateurs Spirituels qu'il est prêt à recevoir l'aide du Maître, pour se préparer à *sa seconde naissance.* Les expériences de la vie sont toutes dirigées vers ce développement pré-natal et tout le Ciel coopère à préparer cette nouvelle naissance Cosmique.

En même temps, l'Etincelle de Divinité *commence à prendre la forme* du Corps Mental Plus Elevé, dans la petite cellule dans laquelle elle vit, à peu près de la même façon que le corps physique prend forme dans le sein de la mère, et elle croît en une silhouette minuscule, mais parfaite du Moi Christique. Dans tous les Ecrits Spirituels, on s'y réfère par le terme « petit homme » pas plus grand qu'un pouce (25 mm) qui vit à l'intérieur du cœur. Pour les non-éveillés, l'Etincelle Spirituelle ressemble à une petite Flamme sans forme. Pour ceux qui attendent la Seconde Naissance, c'est un être parfait — de taille infinitésimale toutefois.

Lorsque l'atmosphère de l'âme a atteint une certaine quantité de Lumière et que la périphérie de cette atmosphère, qui est l'Aura émotionnelle de pensée et de sentiment, a été éprouvée encore et encore, pour éviter les points faibles ou endroits défectueux où pourraient entrer les vents de l'adversité, le petit Etre Spirituel est lâché et l'initiation finale va avoir lieu. Cette initiation quelquefois demande des années pour se réaliser, car toutes les forces extérieures sont projetées contre la lumière de l'âme en évolution, d'une part, et, d'autre part, Dieu le Père ne remet pas à la légère Sa Flamme aux soins d'un être individuel. Lorsqu'on pense que le courant de vie est prêt, L'Initiateur est présent, la cellule sans air est ouverte, et le nouvel Etre Spirituel entre dans l'atmosphère de Pureté Spirituelle préparée sans subir le moindre choc dans son Essence en raison de la similarité de radiation. Il se déploie rapidement dans une Envolée Cosmique et ramène en Lui-même les activités restantes du Moi Extérieur. Un Etre Divin se manifeste ainsi et la Flamme est son Vêtement.

Si, à ce moment crucial, l'atmosphère du monde de l'individu n'était pas suffisamment pure et harmonieuse, la flamme pourrait être éteinte et *il serait refusé à cette personnalité de façon permanente toute autre occasion de se racheter*. La Présence « JE SUIS » n'enverrait jamais plus cette Etincelle par l'intermédiaire de cette personnalité et le résultat serait ce que le Monde Spirituel a appelé *la Seconde Mort*. Cela a eu lieu dans le passé, à certaines occasions malheureusement, parce que toutes les forces du mal étaient présentes à cette initiation.

Mais dans la dernière partie de 1897, ON NOUS A ASSURES QU'IL N'Y AURAIT JAMAIS PLUS DE DEUXIEME MORT ET QUE, SI LE PROCESSUS D'EVOLUTION SPIRITUELLE EST PLUS LENT IL EST ABSOLUMENT SUR. L'IMMORTALITE EST ASSUREE PAR DIEU POUR CHAQUE COURANT DE VIE RESTANT SUR CETTE TERRE.

Ce fut le service particulier que Kuthumi rendit à la Vie et, à ce propos, puisse le Dieu Universel des Dieux le bénir à jamais et puissent les *bénéficiaires inconscients* de cela, un jour, offrir une *gratitude consciente* dans une meilleure race plus parfaite.

Maha Chohan

LES HALLS DU KARMA
et
LE CONSEIL KARMIQUE

Le grand bâtiment blanc carré qu'on appelle le « hall du jugement » est situé dans les Royaumes éthériques inférieurs, mais en réalité il est un Temple de grande Miséricorde et d'Amour connu sous le nom des Halls du Karma.

Chaque courant de vie passe par ce bâtiment, après sa délivrance de l'incarnation physique et c'est encore par là que passe chaque âme allant s'incarner ,avant qu'on ne lui assigne un nouveau corps terrestre.

Il n'existe pas de courant de vie qui ne connaisse les Halls du Karma. C'est souvent de la sphère à laquelle l'âme est assignée en raison de ses activités douteuses dans la vie, que l'individu a ramené une peur du « jugement » et qu'il a incorporé dans la théologie des différentes doctrines, le courroux et les punitions de Jehovah.

Une compréhension approfondie du grand service que rendent aux âmes évoluant sur la planète, les Etres Puissants qu'on appelle les Seigneurs du Karma, enlève cette peur de la mort et du jugement de la conscience et du monde sentimental de l'aspirant. Il permet à l'individu, passant par le jugement appelé la mort, ainsi qu'aux êtres qu'il aime et qui restent sur la Terre, d'anticiper l'expérience et de s'aider à en tirer le plus grand profit possible.

Le grand processus d'évolution demande que l'âme de l'homme puisse s'incarner dans un corps physique et apprenne à maîtriser le contrôle et les qualifications des énergies (vies) afin de se préparer pour certaines tâches spirituelles dans le Schéma de l'Evolution Universelle. Evidemment, de nombreux êtres choisissent de ne jamais s'incarner. Pour plus de brièveté et de clarté, nous ne considérerons que ceux qui choisirent volontairement d'assumer une incarnation physique — soit comme Gardiens de la race humaine et/ou pour acquérir de l'expérience et de la maîtrise d'énergie comme membre de cette évolution.

Afin de régler l'entrée de ces âmes dans des corps physiques, pour leur donner l'occasion de se développer et de mûrir sur la Terre, et ensuite les libérer au bout d'un certain cycle, pour qu'ils laissent la place à d'autres courants de vie attendant l'occasion de rentrer dans la salle de classe de la Terre, on créa un Conseil d'Etres Célestes. Les nombreuses responsabilités complexes et diversifiées de Celui-ci concernent le don du maximum d'occasions possibles de réincarnations à chacune des dix milliards d'âmes appartenant à cette évolution. Ce Conseil est appelé Conseil Karmique et ses décisions sont définitives en ce qui concerne les dispositions des affaires de l'humanité, excepté dans les cas rares où des pétitions sont déposées devant le Soleil du Système, et où l'on accorde des « dispenses » pour accélérer le progrès de la race. Les membres du Conseil Karmique sont actuellement :

Pallas Athéné, Déesse de la Vérité,
Kwan Yin, Déesse de Miséricorde,
Vista (Cyclopea) L'Œil de Dieu Voyant Tout,
Portia, Déesse de Justice,
La Déesse de Liberté,
Seigneur Saithrhu, Manu de la Septième Race d'Origine,
Nada, Déesse d'Amour.

Si l'âme est arrivée à la fin de son cycle d'incarnations et qu'il y ait une possibilité que l'Ascension puisse être atteinte, un Messager du Conseil Karmique arrive chercher l'individu, souvent avant qu'il ne soit passé finalement par le changement appelé « mort ». Celui-ci est examiné et si ses énergies le qualifient pour atteindre sa Victoire, on lui donne le choix d'accepter l'Ascension, ou d'attendre une date ultérieure pour se réincarner et mieux servir l'humanité. Si il choisit d'accepter l'Ascension, quelquefois des jours, des semaines se passent avant que la Corde d'Argent, ligne de vie entre la Présence « JE SUIS » et l'individu, soit coupée, et que le courant de vie, sous la direction de sa propre Grande Présence Divine, termine alors son cercle de manifestation dans l'Ascension vers la Lumière. Si cela arrive, avant la « mort », il existe habituellement une grande légèreté et du bonheur autour de l'individu, ce qui signifie l'attente de la libération à venir. Toutefois, le plus grand pourcentage de l'humanité n'est pas encore prêt pour ce formidable événement, et c'est particulièrement envers ces fils moins favorisés des hommes que le Conseil Karmique est tellement aimable.

Au moment où l'âme quitte le corps, le Personnage du Maha Chohan, Représentant du Saint Esprit sur la Terre, qui était présent à la naissance de l'individu et a soufflé la première respiration dans son corps, se prépare à accepter le dernier soupir de l'esprit qui s'en va. Lorsque le Maha Chohan accepte le souffle, la corde d'argent est coupée et un Ange ou un Maître attend l'âme pour la convoyer généralement vers le « Repos » confortable qui est le Ciel orthodoxe de la croyance générale de l'humanité.

Après une période de repos, au cours de laquelle l'âme bénie pourra rencontrer les amis et les êtres chers qui sont disponibles, s'ils ne se sont pas ré-incarnés ou assignés à des hauteurs inaccessibles, un Messager du Conseil Karmique apparaît de nouveau et convoque l'âme devant le Conseil qui dans sa grande Sagesse l'enverra dans la Sphère ou l'Ecole où Il estime qu'elle peut le mieux hâter le développement de la Nature Divine dans le courant individuel de vie.

Nous parlons maintenant, non pas de la grande masse d'âmes endormies qui passent par les Halls Karmiques en groupes, qui sont dans un état de somnambules au cours de toute la procédure et qui sont emmenés doucement par les Esprits Gardiens, après le jugement de masse, vers les Sphères qui conviennent à leur réveil, pour une faible partie du moins, mais de l'individu moyen qui a développé certains principes divins et a donc gagné quelque considération individuelle ainsi que du plus petit nombre, plus sélect, d'étudiants et de courants de vie plus développés spirituellement qui ont mérité l'aide spéciale du Conseil Karmique.

En approchant des Halls du Karma, nous voyons les grandes portes élevées largement ouvertes. Des groupes d'individus entrent par le porche en ogive sous l'égide des Etres Angéliques. D'autres esprits accompagnés par des Etres de Lumière resplendissants s'approchent et se joignent aux groupes qui montent les marches vers les portails. Lorsque nous arrivons près des portes ouvertes qui semblent rapetisser même les plus grands Etres qui passent en dèssous, nous somme écrasés par la taille énorme du bâtiment et par le long corridor qui 'étend devant nous presque aussi loin que les yeux peuvent voir.

En marchant dans ce couloir, nous remarquons des portes de chaque côté et au-dessus de chaque porte se trouve écrit le nom d'un pays : Chine — Inde — Argentine, etc. De temps à autre, nous voyons des groupes d'individus qui ont apparemment quitté le corps des membres de la race ou du pays indiqué par le signe au-dessus de la porte ,et qui délaissant le couloir principal, bifurquent vers ces petites antichambres. Ils attendent, semble-t-il, une convocation du Messager du Conseil Karmique.

Nous marchons sur toute la longueur du corridor et arrivons finalement dans une grande chambre d'audiences où nous entrons calmement pour nous asseoir tout près de la porte.

La pièce devant nous ressemble à la Chambre des Communes d'Angleterre. Sur l'estrade se trouvent sept trônes, bien qu'on nous ait dit que d'habitude seuls quatre trônes sont occupés. Les Grands Seigneurs du Karma agissant l'un pour l'autre, c'est seulement lors des Conseils semestriels que tous les sept Membres officient conjointement.

Les sièges sont tous occupés par des âmes individuelles accompagnées de leurs protecteurs, ou par des groupes d'individus avec leurs Gardiens. Un grand Etre Angélique appelle le nom de l'individu ou du groupe qui se lève avec leurs Protecteurs pour aller se présenter à l'avant de la salle, où le résumé de la vie qui vient de se terminer est lu à haute voix par l'Ange qui s'occupe des Rapports. Ensuite le Saint Moi Christique fait un autre rapport sur ce qui aurait pu être accompli, en raison des talents naturels de l'individu, et des occasions données au courant de vie par la Bonté et la Miséricorde de la Vie et de la Grande Fraternité Blanche qui recherchent constamment le moyen par lequel l'âme peut expier certaines dettes envers la vie, par des services constructifs, impersonnels et altruistes.

Avant de rendre un jugement, et que le courant de vie, ou le groupe, ne soient remis à la garde de l'Etre qui les emmènera en classe pour les enrôler dans une étude active convenant à leur évolution et à leur progrès, jamais dans un sens de punition, mais toujours avec un sens de développement de la Lumière latente dans le cœur, tout membre de la grande Fraternité Blanche pourra « parler » pour une âme, et offrir d'en prendre la responsabilité au cas où elle serait remise dans les mains de ce Frère. Si tel est le cas, l'âme individuelle est remise au

Maître et elle s'achemine vers une sphère beaucoup plus haute, en recevant une aide très supérieure à celle qu'elle avait gagnée par son mérite. C'est là que l'efficacité des prières pour les morts et les supplications des gens qui aiment sont si importantes, car en attirant l'attention d'un Maître Elevé sur une âme qui va rentrer dans le Hall du Jugement, le Maître ira personnellement s'offrir à parrainer l'âme sans poser de question ou il enverra un représentant ou un étudiant parler pour elle, et la conduire à l'endroit où, en temps opportun, Il lui rendra visite pour l'aider dans son évolution.

A aucun moment, le Conseil Karmique ne punit un courant de vie. Son but tout entier est de fournir les meilleures conditions naturelles pour que la nature spirituelle de l'individu se développe. Si l'individu a mené une très mauvaise vie, il peut être nécessaire qu'il fasse l'expérience de la qualité d'énergie qu'il a chargée dans sa vie. Ceci est fait pour impressionner la Conscience par le fait que ce genre de qualification n'est pas conforme à la Loi Divine.

Le Maître Elevé Kuthumi, s'Il n'est pas là Lui-même, a toujours un élève présent et il réclame presque tous ceux qui quittent leur corps dans leur jeunesse. Le Maître Elevé El Morya demande ceux qui ont été actifs dans les affaires gouvernementales — même s'ils ont apparemment échoué dans leurs fonctions. Le Maître du Troisième Rayon, Dame Rowena demande ceux qui ont travaillé sur ce Rayon, en essayant de maintenir et d'apporter la paix et la fraternité. Le Maître Elevé Sérapis Bey réclame les artistes, les musiciens, les architectes, les ingénieurs, les constructeurs de beaux temples, de belles cathédrales, et villes, etc. Le Maître Hilarion demande les docteurs, les infirmières, les scientifiques. Le Maître Elevé Jésus demande ceux qui l'ont bien servi dans les canaux orthodoxes, et le Maître Elevé Saint Germain demande les courants de vie particuliers qui, consciemment ou inconsciemment, ont fait avancer la Cause de la Liberté, hors des liens politiques, religieux, mentaux et physiques. Il est donc bon de connaître au moins de vue ces Frères Bien-Aimés, afin que, lorsque vous serez devant le Conseil, Ils puissent dire « Cet enfant m'a bien servi ».

Souvent les courants de vie de ceux qui ont profité de l'âme en vie, sont appelés pour témoigner pour elle, de même pour des membres du royaume des quadrupèdes, et tout cela est tenu en considération. Il est rare qu'une âme arrive au jugement, sans avoir au moins un courant de vie qui ait profité de quelque façon, de son incarnation.

Lorsque l'âme est jugée, que la Lumière est mesurée, elle est emmenée dans l'une des Sept Sphères et là, sous la direction d'Etres spécialement préparés pour son enseignement, elle se développe en compréhension jusqu'au moment où son gardien avise le Conseil Karmique que cette âme est de nouveau prête à recevoir l'occasion de s'incarner une nouvelle fois.

Comme il existe environ dix milliards d'âmes appartenant à l'évolution de la Terre et que l'accumulation de chacune est telle qu'il n'en est permis qu'un tiers à la fois sur la planète pour que l'axe de la Terre puisse supporter le poids de cette accumulation humaine, il faut du temps pour obtenir le droit de se réincarner. La valeur potentielle de l'âme est appréciée par les Seigneurs du Karma, qui décident quelle est celle d'entre les trois qui recevra le privilège. Les Gardiens de la race et les Etres Plus hautement évolués, renoncent à leur séjour dans les Royaumes plus élevés afin de se hâter pour revenir aider la race ; ils sont toujours les premiers à passer par le Conseil Karmique. Ceci explique parfois le manque d'énergie physique dans l'incarnation courante, car ils n'ont pas profité de la période de repos dans les Sphères plus élevées qui aurait restauré leur Esprit, comme une bonne nuit de sommeil repose l'individu incarné.

Lorsque le Conseil Karmique a accepté de donner une occasion de réincarnation, il y a une période d'examen du karma de l'individu qui doit s'incarner, afin de préparer une incarnation qui convienne, par laquelle on puisse travailler à rejeter une certaine proportion de ce karma afin d'obtenir des occasions de réparer les dommages causés dans les vies passées et d'accumuler des mérites pour le Corps Causal. Quel soin est apporté dans cette mesure de la quantité d'énergie karmique, afin que l'individu n'ait pas à subir plus dans sa vie future, que sa Lumière et sa Force ne puissent supporter ! Le dicton « Le Seigneur prépare les épaules à la charge » est fondamentalement exact, sauf que ce sont les « épaules » et non pas le Seigneur qui a mérité la charge, mais Celui-ci, dans sa grande miséricorde, a « allégé le fardeau ».

Lorsque le karma a été attribué, l'environnement et la race choisis, les parents décidés, on donne notification à l'âme, et le Corps Elémentaire est appelé hors du repos qu'il a pris dans ses propres Royaumes ; on avise l'âme et l'Elémentaire de l'incarnation future. Le corps Elémentaire montre le dessin du corps que l'âme a mérité et que souvent il déteste profondément. Les Constructeurs de Forme, le Saint Moi Christique et l'Elémentaire commencent à se préparer pour l'incarnation et, l'âme repasse par les mêmes halls de Karma pour aller s'incarner.

On espère qu'avec les dispenses données par le Grand Soleil Central et l'énorme contribution d'énergies volontaires des membres de la race humaine, les Halls du Karma seront bientôt les Portails de la Liberté pour chaque membre de notre évolution et, que lorsque le tout dernier courant de vie passera pour « ne jamais revenir », les portes du Hall du Jugement se fermeront pour l'Eternité. Alors les Anges des Rapports, en mettant les scellés sur la porte, diront avec Jésus « C'est fini, Mon Père, entre Tes Mains, nous remettons notre évolution, car TOUS ONT ETE SAUVES ».

Aucun courant de vie s'incarnant ne reçoit au cours de son incarnation plus de karma que son développement ne lui permet d'expier complètement dans la limite de sa vie. Il n'existe pas de maladie, de détresse ou d'état qui, grâce à la Loi de Justice et de Pardon, doivent être supportés par tout courant de vie dans cette incarnation, *qui excède la conscience et la puissance développées de l'individu* auquel ce karma appartient de droit... C'est la Loi et vous pouvez la proclamer du haut de vos maisons.

L'homme a dit « Le Seigneur (la Loi) prépare les épaules pour le fardeau ». Oui dans une certaine mesure, mais la Loi n'inflige pas le fardeau de l'énergie qui revient sur le courant de vie jusqu'à ce que dans le cœur, et la capacité de conscience il y ait le pouvoir potentiel d'équilibrer cette dette.

Chaque électron que l'individu a pris de la Lumière informée du Cœur de Dieu pour l'envoyer dans l'Univers, timbré du modèle lumineux de son propre courant de vie, doit être justifié. Si les électrons sont partis en harmonie, dans un but constructif, pour remplir au moins dans une bonne proportion, la raison que cette personne a d'être, ces électrons sont libérés du côté des créances du registre, et ils deviennent part de l'acquit pour le bien dans le Corps Causal. Mais les innombrables centaines de milliers de tonnes d'énergie que l'individu a, si effrontément, retirées du cœur de Dieu où elles reposaient à l'aise et en paix, pour les envoyer qualifiées de façon discordante par les pensées égoïstes et les mauvais sentiments du moi personnel, doivent revenir à l'individu sous une forme ou une autre, jusqu'à ce que le courant de vie *rachète* cette énergie et la renvoie dans l'amour, car, d'après la Loi de la vie, toute énergie transmise qui n'est pas en accord avec la Loi d'Harmonie doit être nettoyée et purifiée par le dispensateur.

Maintenant, lorsque je dis, « retournées sous une forme ou sous une autre », je veux dire que souvent l'énergie émise, qualifiée de façon discordante par la volonté déchaînée de l'individu au cours d'une Vie, lui reviendra sous un trait caractéristique chez quelqu'un autour de lui, qui sera particulièrement odieux ou ennuyeux. Cette énergie venant d'un autre courant de vie qui « excite « le caractère, doit être aimée en harmonie, ou elle réapparaîtra dans un autre courant de vie quelque part sur le chemin de cet individu. Il n'y a pas deux personnes qui soient ennuyées par les mêmes traits, habitudes ou caractéristiques d'êtres, d'animaux ou de circonstances. Pourquoi ? Parce que chacune n'est aiguillonnée que par l'énergie qui correspond à sa propre « défaillance » dans une vie, et que la Vie dans sa miséricorde lui ramène, afin qu'elle puisse la racheter et elle-même se libérer, en libérant aussi l'autre.

Lorsqu'un esprit est ré-incarné, un bandeau d'oubli est placé sur son front afin qu'il ne se souvienne plus de ses vies passées, bonnes et mauvaises.

Ceci est fait miséricordieusement, car le poids du souvenir serait trop grand pour que le corps émotionnel le supporte avec en sus l'expérience de la vie courante. Comme nous venons de le dire, lorsqu'un individu s'incarne, on ne lui alloue que la quantité de Karma nécessaire à son incarnation et qui convient à ses capacités de transmuter car « le Seigneur prépare les épaules au fardeau ».

Il est toutefois possible que, quelquefois dans une dispense spéciale du Conseil Karmique, très rare cependant, certains individus ayant atteint dans des cas spéciaux une perfection élevée, puissent avoir le privilège de ne pas être affectés par le souvenir de haines, de préjudices personnels. Ceci étant alors, l'individu a une continuité de conscience, se souvenant seulement de ses expériences de vies terrestres passées, mais également de celles faites aux niveaux inférieurs, entre les incarnations.

PAUL LE VENITIEN

Maintenant le Maha Chohan parle :

Nombreuses sont les âmes que le Seigneur Michel a rencontrées. Nombreuses sont les âmes qui se sont présentées devant la Cour du Karma et qui ont dit « Donnez-moi simplement un seul jour pour retourner et réparer les choses ». Mais lorsque la corde d'argent est coupée, lorsque votre Saint Moi Christique dit « Assez », lorsque le Maha Chohan pense que l'investissement d'énergie du Soleil dans votre courant de vie a été suffisant, et que rien de plus ne peut être accompli, il n'y a pas de retour en arrière — c'est toujours « en avant ». Et l'Ange qui se tient à la porte des Halls du Karma, lorsque les âmes ont eu leur jugement individuel, qui n'est pas éternel et *gouverne seulement la vie passée,* l'Ange donc, tend les mains et dit « En avant ! » et ce Bienheureux n'est pas toujours très aimé par les âmes des hommes. Et c'est « En avant » que doit aller l'âme, dans les salles de classes indiquées, dans l'état où elle s'est préparée dans sa vie terrestre. Lorsque l'appel du Conseil Karmique retentit de nouveau, elle peut demander une occasion nouvelle de revenir et de réparer les choses.

Le Seigneur Maitreya qui est maintenant Le Bouddha parle :

Laissez-moi vous rappeler les activités au Royal Teton. Deux fois par an, lorsque l'accélération de l'activité de la Planète a eu lieu, le grand Conseil Karmique se réunit dans les Royaumes de Lumière au-dessus du Teton. Là, il écoute les plans et idées des Maîtres Elevés, des Anges, des Elémentaires et des membres de la race humaine qui espèrent en faire profiter toute la Planète, de façon désintéressée, qui espèrent également obtenir l'aide et la coopération d'autres membres de la race, des Membres des Hôtes Angéliques, Chérubiques et Séraphiques, afin d'atteindre leur but.

Le Conseil Karmique est présidé par la Déesse de l'Opportunité et de la Justice qui est le Complément Spirituel de votre Bien-Aimé Maître Saint Germain. C'est l'incarnation de la Miséricorde, et la représentante du Septième Rayon sur la Terre. En raison de sa Nature incorporant l'Opportunité, la Justice, et la Miséricorde, par la Flamme de son Cœur, il y a maintenant une plus grande liberté pour ceux qui désirent servir la race qu'avant qu'elle n'ait ce poste d'autorité et de confiance, comme Président du Conseil Karmique.

Les sept Grands Membres du Conseil Karmique s'assoient par trois de chaque côté d'Elle. Ils portent tous des robes de pourpre sombre, représentant la Miséricorde et la Compassion. Sur la tête de chacun repose la fameuse couronne à sept pointes, symbole de l'autorité du Conseil Karmique, incrustée d'améthystes, joyau du septième rayon. En face du Conseil Karmique se trouvent les Dieux et Déesses Soleil des Systèmes Supérieurs, Alpha et Omega (du Grand Soleil Central), au centre face, la Déesse de Justice, Les autres Dieux Soleil, et leurs compléments, sont assis sur la gauche et la droite d'Alpha et Omega, en deux demi-cercles se faisant face. Les Dieux et Déesses Soleil Bien-Aimés sont également vétus d'une exquise pourpre royale en l'honneur de la distribution de dons spéciaux de miséricorde à la Terre.

La procession commence avec l'entrée du Prince Michel, le grand Archange, Il est suivi par les autres Archanges en ordre hiérarchique. A leur suite, vient un Représentant de notre Seigneur Maha Chohan et du Temple de la Consolation à Ceylan. II est suivi par les Chohans des Rayons. Ensuite, vous avez le grand Royaume de la Nature, représenté par les Bien-Aimés Ariès, Virgo, Neptune, Oromasis, Diane, suivis de plus petits élémentaires. L'individu qui est le grand Prêtre de chaque retraite ou le Représentant du grand Prêtre de la Retraite, reçoit le beau parchemin relié en pourpre foncé. Il leur donne l'autorité d'utiliser leur propre initiative et leurs énergies pour retourner à leur Retraite et pour tisser avec l'occasion qui leur est donnée, ce qu'ils peuvent pour extérioriser le plan qu'Ils ont présenté au Conseil Karmique et que l'Auguste Corps a considéré comme réalisable et en conséquence permis qu'ils le développent.

Le Représentant de chaque Retraite est Celui qui s'agenouille devant la bienheureuse Portia (Déesse de l'Opportunité) et qui reçoit ce parchemin qui est l'occasion d'extérioriser cette demande dans l'année. Les autres Etres qui forment l'escorte et le cortège de chaque Représentant suivent, en donnant à Portia une radiation de bénédiction, courbant la tête en l'honneur de Sa Lumière. Ensuite ils passent sur un sentier circulaire pour s'agenouiller devant Alpha et Omega. Les Bien-Aimés Alpha et Omega joignent leurs mains sur les têtes de chaque grand Prêtre ou l'Etre qui représente le grand Prêtre reçoit le parchemin accordant la concession et la dispense. Ensuite, lorsque la procession circulaire continue, ils retournent vers le groupe, à l'intérieur du Teton.

COMMENT LES DISPENSES SONT ACCORDEES PAR LE CONSEIL KARMIQUE

Pallas Athéné, Déesse de la Vérité et Membre du Conseil Karmique parle :

Savez-vous ce qui réellement détermine la dispense même en faveur du Seigneur du Monde ? C'est la quantité d'énergie volontaire qu'Il peut montrer, qui sera offerte pour promouvoir sa cause, parmi le peuple qu'Il essaie de servir. Que le plan soit magnifique, que le dessein soit beau, que la pensée, tissée avec les énergies des différentes retraites, de leurs grands Prêtres et de la Fraternité rassemblée, existe, tout cela n'a pas d'importance, pas plus que le modèle qui aidera la Race. La Loi Cosmique Impersonnelle est telle que l'énergie volontairement apportée par la Race, doit être montrée, avant que Nous puissions décider d'accorder des dons et des dispenses.

Tout *ici et ailleurs demande l'investissement de l'énergie.* Plus vous avancez sur le sentier de Lumière, plus les dons d'énergie et de vie sont précieux et Nous, qui entendons le plaidoyer d'un Etre Cosmique, connaissons la valeur de sa vie, connaissons la valeur de toutes ses pensées, de tous les mots sacrés, sanctifiés qui passent par ses lèvres, Nous ne pouvons emprisonner ces magnifiques énergies dans le monde d'apparence physique. Si nous accédions à Sa demande les courants de vie dans l'atmosphère inférieure utiliseraient son énergie plutôt que les leurs. Plus l'Etre est élevé, moins nous sommes disposés à accorder la dispense qui demandera la condensation et l'emprisonnement de Ses énergies qui peuvent être utilisées à des niveaux Cosmiques, à moins qu'il existe des canaux par lesquels il puisse diriger les plan et dessin divins.

Ces canaux de conscience réceptive à ce plan, utilisent leurs propres énergies et plus que cela, ils stimulent l'intérêt des autres autour d'eux pour extérioriser ce plan.

Lorsque le Bien-Aimé Seigneur du Monde présente sa demande, et les suggestions glorieuses provenant du cœur de Shamballa, le Conseil Karmique cherche à voir quel courant de vie supportera et sera réceptif à son plan. Si le Seigneur du Monde peut Nous montrer ces courants de vie, Nous lui donnons à notre tour la somme de Notre énergie qui correspond à celle des étudiants volontairement offerte au Conseil.

Pour chaque étudiant qui donne son énergie pour promouvoir une cause cosmique, Nous offrons la correspondance sur notre Stock Cosmique et plus, nous la doublons. Si, toutefois, le Maître, que ce soit le Seigneur du Monde ou tout autre Etre Divin libre n'a pas de transformateur réducteur, pas d'étudiants dans le monde de la forme qui, sur examen, puissent être trouvés dignes et capables d'extérioriser le plan du Maître, Nous recommandons que Celui-ci essaie dans le semestre suivant de se procurer cette liaison, de stimuler l'intérêt en le magnétisant chez certains étudiants et ensuite revienne six mois après, avec eux dans le corps intérieur.

Le Maître alors présente à nouveau le plan et il dit « Voici un individu qui est capable d'en produire les détails. Je donnerai l'idée semence, son intuition est développée et j'en suis sûr, il peut en travaillant dans le monde de la forme rassembler d'autres individus autour de lui et terminer ce dessein. » Si tel est le cas, Nous regardons les corps intérieurs de l'étudiant, nous les examinons bien, et si Nous voyons que le Maître peut compter sur cette aide, nous accordons cette demande.

C'est une tâche difficile car dans notre état de Dieu libre, nous voyons le besoin ! Nous voyons l'état dans lequel se trouve votre Terre. Nous voyons le court laps de temps au cours duquel cette tâche énorme doit être accomplie ! Chaque plan naturellement qui vient à Nous, de la part de l'Hôte Elevé est magnifique et cependant tout est déterminé par la dose d'enthousiasme et d'énergie volontaire apportée par les êtres non-élevés. Lorsque les Maîtres Bien-Aimés ont si peu à montrer pour extérioriser leur plan, siècle après siècle, Nous avons dû leur refuser l'occasion de l'exécuter.

Une des plus importantes chaînes parmi celles qui lient nos mains, pour ainsi dire, est la masse de Karma de la race. Nous serons très reconnaissants à ceux d'entre vous qui êtes intéressés par l'obtention de dispenses, si vous voulez travailler à l'enlèvement de la masse du Karma de la race, par l'intermédiaire du feu violet.

Lorsque cela vous arrive dans l'état de non-élévation, et que vous présentez vos pétitions, vous aussi êtes examinés. L'ambition de votre demande tient également par votre capacité de faire quoi que ce soit pour l'accomplir et les énergies d'application que vous pourriez ou voudriez faire sont étudiées. On étudie aussi votre passé dans ce domaine, et s'il existe une promesse qu'une fois la pétition accordée, vos énergies d'appel aideront à accomplir cette pétition, il se peut qu'on vous accorde au moins un don partiel. Mais si vos demandes sont écrites à la légère, en espérant qu'une autre part de vie les remplisse, peu importe leur magnificence, Nous ne pouvons les exaucer si un Etre Elevé ne s'en charge pas en les parrainant et en les présentant comme les siennes.

« Je suis » aussi reconnaissant de pouvoir aujourd'hui vous donner quelques explications au sujet de la présence d'une vie animale sur la Terre, ainsi que sur la responsabilité qu'on a donné à l'humanité d'aider cette vie dans sa propre beauté naturelle et sa perfection d'expression.

Chaque forme se manifestant sur un plan tri-dimensionnel est la projection d'une idée retenue par l'inconscient. Même le corps physique n'est qu'une pensée extériorisée. Dans les premiers Ages d'Or, lorsque l'humanité accepta la responsabilité d'incarnation sur la Terre, les Royaumes Angélique, Devique et Elémentaires précédèrent l'humanité afin « de lui préparer une place ». Ces formes angéliques, deviques et autres étaient belles à l'extrême, représentant l'image Divine de leur propre archétype, retenu dans l'esprit et le cœur de Dieu Lui-même. Vous vous souviendrez que la pieuve était à l'origine un soleil doré agréable, ses tentacules étaient des rayons de lumière iridescente, l'huîte et la praire de ce jour étaient de belles formes féeriques. Ces élémentaires étaient destinés à voyager avec l'humanité sur Terre, pour la servir, lui obéir dans toutes ses demandes tout au long du pèlerinage d'éternité à éternité. Il n'existait pas de forme déplaisante ou impure sur Terre *avant* que l'humanité arrive.

Lorque le premier groupe humain quitta le Soleil, ils représentaient aussi la gloire de leurs propres corps électroniques et les vêtements physiques dont ils étaient revêtus, extériorisaient cette image Divine dont ils se rappelaient clairement *dans leur conscience*. Ce fut une époque de grande beauté, de grand bonheur et de grande paix. Il n'existait pas de voile entre la Présence Intérieure et l'esprit extérieur, ils reposaient sur la perfection de leur Présence « JE SUIS », absorbant sa beauté avec leur vue physique, jouissant de Sa Présence avec les sentiments.

La substance malléable de la vie élémentaire, de façon obéissante, manifestait cette Image dans l'homme, la femme et l'enfant. C'était véritablement le Paradis Terrestre.

Lorsque l'humanité cessa de diriger son attention et sa conscience sur le schéma qu'elle devait reproduire, la vision de la Présence de Dieu commença à s'estomper *dans la conscience,* les lignes s'effacèrent, la vision se déforma, comme si vous regardiez votre image au travers de l'eau qui coule. Comme la conscience ne retenait plus l'Image exacte, *la forme projetée,* comme le film dans une caméra, adopta cette déformation et les corps physiques des gens se mirent à reproduire la conception trouble de la Divinité qui avait, pour ainsi dire, été filmée par-dessus la Conception Immaculée de leur propre Archétype.

De la même façon, l'humanité commença à *impressionner* la conscience enfantine plus innocente des formes élémentaires qui absorbèrent les figures déformées avec leur vue, leur ouïe, leurs sens. Comme ces formes élémentaires étaient L'OBEISSANCE INCARNEE, elles adoptèrent les caractéristiques de leurs maîtres et le commencement de la vie animale eut lieu... Les élémentaires furent emprisonnés dans les formes suggérées par les pensées et les sentiments propres à l'homme et à la nature humaine.

Le temps passant, un nombre croissant des qualités concentrées de la nature humaine s'incorpora à ces formes animales, jusqu'au moment où surgirent les bêtes terrifiantes de l'ère appelée la préhistoire, les dinosaures, etc. Ce fut le point le plus sombre dans l'histoire de la Terre, et c'est à partir de ce moment-là que commença l'évolution de l'homme, des élémentaires et des bêtes vers une sorte de civilisation. Il n'existe qu'une route montante, pour toute vie, et c'est celle qui passe par l'Amour d'une Intelligence Supérieure jusqu'au moment où la vie inférieure est rendue libre. L'humanité emprisonna consciemment le royaume élémentaire dans la forme animale. Parmi leur nombre quelques membres de la race humaine doivent aimer cette vie libre. Des Grands hommes et des femmes, comme par exemple, notre Frère Kuthumi, ont aimé des centaines de mille de ces amis emprisonnés, en élevant leur conscience et leur nature par association, jusqu'au point où ils n'auraient plus jamais besoin de s'incarner dans des formes inférieures à leur état naturel. Certains courants de vie sont naturellement faits pour ce service. Certains se sont portés volontaires à des niveaux inférieurs pour aider ce royaume. D'autres doivent, d'après la Loi Karmique, équilibrer ce royaume en raison d'une dette qu'ils ont envers ses membres, à cause d'activités passées d'un genre ou d'un autre. Tous poursuivent le chemin fixé par leur cœur — et Tous reçoivent leur liberté de la main des Maîtres qui, je peux vous l'assurer, sont présents spécialement là où il y a un besoin d'aide. Si nous n'étions pas allés là où la vie prisonnière existait, il y a longtemps que nous aurions abandonné la Terre... Nous ne devrions jamais entrer dans les ombres du plan astral et, de nos propres mains, débarrasser ces courants de vie d'une accumulation de siècles de mauvais usage de l'énergie Divine... Nous ne devrions jamais entrer dans ce domaine et y servir. C'est là, où les ombres sont les plus noires, là où le besoin est le plus grand, où l'impureté est la plus manifeste, que vous trouverez les Fils de Miséricorde et d'Amour.

Dans certains des enseignements ésotériques, il y a eu des stipulations interdisant la présence d'animaux dans l'atmosphère des étudiants. Il y avait plusieurs raisons pour cette loi qui gouvernait un type spécifique de discipline uniquement. Premièrement : Le néophyte devait accorder Toute son attention unilatéralement, à la recherche spirituelle, à la contemplation et essayer d'établir le contact avec Sa source divine. Naturellement la présence de toute créature demande une certaine attention, donc l'abandon nécessairement du détachement absolu requis par la Loi Védique pour atteindre la plénitude de la Vie Impersonnelle. De la même façon, les étudiants ne pouvaient pas avoir d'êtres humains autour d'eux, ils devenaient des Ermites en essayant de se libérer de la distraction de la forme. Deuxièmement : Chaque battement de cœur établit une vibration, une radiation, une sphère d'influence qui contribue à l'atmosphère dans laquelle il fonctionne. Cette influence humaine, animale, élémentaire peut être bénéfique ou non, suivant le tempérament et la nature de l'être. Par exemple, un troupeau de moutons qui paissent ou de vaches émet une substance véritable de paix et de contentement. Il émane d'eux une aura dorée et douce qui est pour beaucoup dans la jouissance de l'homme contemplant des scènes pastorales. Un chat qui ronronne émet une lueur rosée et douce, et une cigale qui chante sur la Terre une aura bleue, tout cela n'est pas dommageable pour l'atmosphère. Evidemment si l'homme, l'animal, l'être élémentaire sont dérangés, l'atmosphère intérieure de l'étudiant est affectée par l'énergie entourant toute sphère d'influence, petite ou grande.

Donc, et peut-être égoïstement, bien des gens préfèrent éliminer le plus possible les présences qui pourraient avoir un effet contraire sur leur aura personnelle, sans considérer le fait que la force de leur propre sphère d'influence pourrait être le levain dans la pâte en ce qui concerne les intelligences moindres. C'est une décision très individuelle à prendre, mais l'étudiant sur sa route, doit toujours réaliser et se souvenir que le plus grand doit toujours être le Maître du plus petit, et que l'énergie de l'influence Divine par le cœur humain est naturellement le contrôle de l'énergie dans la bête, et que point n'est besoin de craindre la vie inférieure, mais qu'il faut vraiment la *Chérir* et la rendre libre.

J'espère que cela vous donnera une compréhension des fragments de La Loi, en vous permettant de poursuivre votre chemin individuel, en libérant les autres courants de vie pour servir la vie le mieux possible, en sachant fermement que la présence même d'une forme quelconque sur la Terre — est l'avis silencieux pour ceux qui choisissent de lire — AIME-TOI, AIME-MOI, LIBRE.

Ah, est-ce que la route tourne sans arrêt jusqu'en haut ? Oui, jusqu'à la fin !

SAINT GERMAIN

MAHA CHOHAN

De nombreux étudiants qui aiment profondément et comprennent vraiment les membres du royaume des quadrupèdes dont on abuse tellement, se demandent si ces bienheureux animaux passent par une « seconde naissance ». Je réponds maintenant en disant, seuls ceux qui sont dotés du privilège de passer par la chaîne des incarnations physiques, comme les êtres humains, portent l'Etincelle Immortelle de la Divinité, dans la cellule sans air, qu'on appelle la Triple Flamme Intégrée Victorieuse et Immortelle.

Le Royaume animal a une âme qui évolue et, à un certain

stade, il est exempté d'incarnation pour rentrer dans le Royaume de la Nature ou devique, mais ce sont comme pour les Anges, des serviteurs d'un Etre Divin Intelligent qui les dirige à porter de l'amour, de la guérison, de la paix et de la protection. Ils n'ont pas de libre arbitre pour créer et utiliser le Feu Sacré, à moins qu'ils ne choisissent de prendre la responsabilité d'accepter de Feu Immortel, dans la cellule sans air, et qu'au cours d'un « tour » ils développent une âme qui leur donnera une Chambre adéquate pour débloquer le Feu Sacré, gagnant ainsi le privilège d'être co-créateur avec Dieu. Vous vous souviendrez qu'Oromasis a reçu l'immortalité du Maître Elevé, notre Bien-Aimé Saint Germain.

Si un animal ou un être élémentaire vous sert bien, lorsque vous êtes Seigneur de la Flamme, ayant expérimenté la « seconde naissance » (élévation), vous pouvez offrir l'immortalité à cette petite créature. Vous pouvez vous approcher du Grand Soleil Central et prendre une « Etincelle de Vie » que cette créature peut choisir d'accepter ou pas. Si elle n'accepte pas, elle vit dans l'éternité, d'amour, de paix, de sécurité, mais elle ne peut pas créer en utilisant le Feu Sacré. Si elle accepte, elle doit commencer un cycle de naissance et renaissance jusqu'à ce qu'elle ait créé une âme qui puisse être jugée digne de relâcher l'Etincelle Immortelle et créer ainsi un nouveau Seigneur de la Flamme. Beaucoup ont refusé, beaucoup ont accepté cette expérience.

LE SEIGNEUR MAITREYA S'ADRESSE A LA MULTITUDE

Vous êtes ici pour devenir des Maîtres d'Amour.

Il n'y a pas de courant de vie dans tout le Grand Univers de Dieu qui ne soit pas de quelque façon, un Dispensateur de l'Elément Amour.

L'Amour est la force double d'expansion et de contraction, de cohésion et de radiation. C'est une Force Centrifuge et Centripète.

Le courant de vie doit être ancré au centre exact de son Monde, et les deux Forces également contrôlées suivant le besoin du moment. *C'est la Maîtrise.*

L'Amour doit pouvoir donner de Lui-même, en libérant de

la radiation et en tenant un objet dans sa propre orbite de façon *à ne pas trop se rapprocher ni trop s'éloigner* de l'intelligence centrale qui gouverne, suivant les desseins de Dieu. Ceci est l'aspect le plus difficile de la Maîtrise — contrôler la vibration d'entrée de la Force d'Amour et de garder l'équilibre *entre la Bénédiction et l'Absorption.*

Exemple : *Si l'attraction du Soleil attire une planète de proportion infinitésimale trop près du centre, elle cesse d'être... Si une planète est conduite juste un petit peu trop loin de son orbite par le Soleil, elle cesse d'être...*

Il en est de même pour l'homme dans sa relation avec chaque chose vivante, respirante, et chaque objet inanimé, chaque force et pouvoir dont il est doté.

Le temps ne permet pas que Je rentre dans les ramifications de ce sujet, mais même Spirituellement, l'homme qui tire sa connaissance et son pouvoir de la Vie et qui ne le rend pas en service, est en déséquilibre.

Nous avons dans Ma retraite une barre en or d'environ quarante-cinq mètres de long, qui se tient sur une pyramide dont le sommet est aussi fin qu'un cheveu. Cette barre ne bouge jamais, quels que soient les changements planétaires ou les soulèvements terrestres. C'est la manifestation de l'Amour en parfait équilibre.

L'homme actuellement fait l'expérience de la Loi du Pouvoir de l'Amour, et il utilise soit trop de la Force sortante, ce qui repousse la présence des êtres et des choses, ou soit par le mauvais usage du pouvoir de cohésion, il accumule plus qu'il ne peut rendre en service.

La grande leçon que l'âme doit apprendre est *l'Action Equilibrée.*

Les Activités de l'Amour engendré par les êtres humains passent par trois stades :

Le premier, c'est l'association Parent-enfant. L'adoration et la sollicitude des parents pour l'enfant, et l'affection de l'enfant pour ses parents qu'il déifie. Il choisit d'en déifier le modèle et l'exemple. La majorité de la race humaine vit dans cette phase de développement.

Le deuxième : l'amitié qui consiste en un échange de conscience, à profiter de l'association, à convoyer plus ou moins de loyauté et d'affection, suivant le développement du courant de vie ; chacun poursuivant son chemin individuel et permettant à la force de son amour de se manifester uniquement en temps de crise.

Le troisième : les individus qui choisissent d'utiliser leur amour, leur association, leurs talents et leur conscience dans un service progressif envers la race. Ici vous avez un très petit pourcentage de la race.

LE CŒUR DE DIEU

J'aimerais vous décrire le *Cœur de Dieu.* C'est une tâche que je ne peux pas fidèlement mettre en paroles, mais j'aimerais au moins éveiller votre intérêt alors que vous commencez à voyager au travers de votre conscience, de plus en plus profondément dans le SILENCE qui forme le Cœur Sacré d'où est venue la Vie, cet Univers et nous tous pareillement, petits et grands.

C'est LA MAISON dans son sens le plus vrai et le plus profond. C'est la sécurité, la compréhension, l'amour sans censure et la paix sans prix. C'est la Lumière du Soleil le plus exquis que votre imagination puisse concevoir et, cependant, elle est aussi reposante que le crépuscule. Elle est aussi silencieuse que le Soleil des cieux dans l'accomplissement de ses devoirs cosmiques et cependant elle est remplie de sons d'une harmonie parfaite. Vous pourriez dire que ce sont les extrêmes opposés dans leur sens parfait — sans dissensions ou imperfections d'aucune sorte — car chaque qualité a deux pôles — silence et son — activité et tranquillité, bien que l'humanité ait faussement créé, dans le monde de la forme, une opposition à l'amour qui est la haine, une opposition au silence qui est le bruit.

Toutefois, à l'intérieur de ce Grand Cœur Cosmique se trouve un Royaume : Saint Germain l'appelle le Grand Grand Silence. Jésus l'appelait le Royaume du Ciel — d'autres l'appellent Cœur Sacré. David l'appelait l'Endroit Secret du Plus Haut. Je l'appelle le Pouvoir de l'Amour Divin. Peu importe le nom qu'on lui donne, c'est le but ultime vers lequel tend toute vie et dont la conscience en évolution de tout être non élevé peut faire l'expérience, lorsqu'elle est suffisamment calme.

Lorsque vous êtes rentrés dans le Cœur de cette exquise Tranquillité, où vous pouvez rencontrer tous les Etres qui ont maîtrisé le moi extérieur, où vous pouvez voir tout le plan de

Dieu pour chaque créature, vous n'en sortirez plus jamais, comme Moi-même, mais vous travaillerez de l'intérieur de ce cœur, demeurant dans la Paix parfaite.

Je souris lorsque je vois l'humanité terrestre si axée sur les voyages et les vacances, alors qu'elle peut entrer dans ce Royaume intérieur sur un souffle, et en ressortir plus reposée que tout ce que pourraient faire pour elle les stations de cure, le soleil ou les bains de mer.

Chers enfants de Mon cœur, je vous implore de rentrer profondément, profondément, profondément dans le Cœur du Silence. *Je connais* pour vous, LA PLENITUDE DE VIE qui y existe pour votre santé, votre plaisir, votre prospérité et votre paix.

MAHA CHOHAN

LE DISCOURS DE SAINT EOLE SUR LE SAINT ESPRIT

I — COMMENT ETRE UN CANAL VERS LE SAINT ESPRIT

On a beaucoup écrit sur le Saint Esprit, sans cependant établir la complète compréhension de son « Essence ». Le SAINT ESPRIT est une radiation du Pouvoir de l'Amour Divin, la plus haute action vibratoire pouvant être atteinte par un courant de vie dans n'importe quel système des mondes. C'est l'extension naturelle du Cerveau de Dieu et de chaque Etre Perfectionné qui réside dans le Cœur de la Vie Eternelle.

Etre imprégné du SAINT ESPRIT n'est pas recevoir un pouvoir étranger dans sa vie. C'est augmenter l'action vibratoire de son courant de vie à un point où le Principe de vie de celui-ci exhale l'Essence qui a été qualifiée comme le Pouvoir du SAINT ESPRIT.

Le SAINT ESPRIT est aussi impersonnel que la respiration qui coule au travers des lèvres, pour l'un comme un chant, pour l'autre comme une prose, mais contrairement à la respiration, il ne peut être ni contaminé, ni forcé dans une expression artificielle. *Il coule donc au travers du courant de vie automatiquement*, lorsque celui-ci est *qualifié* de l'action vibratoire qui sert de *canal* pour son courant : L'HARMONIE. Il est automatiquement déconnecté du courant de vie, si celui-ci rompt la loi d'Harmonie et d'amour.

2 — LE BUT EST DE MAINTENIR LA LIAISON AVEC L'ESPRIT SAINT

Lorsqu'un courant de vie atteint le stade de la maîtrise de l'énergie de son monde, il s'accorde et se fond avec le débit constant de l'Esprit Saint Cosmique que Je représente sur la Terre jusqu'à ce que chaque électron passant par son corps vibre aux accents de l'Harmonie et de l'équilibre.

De temps à autre, des individus s'accordent et se fondent avec l'Esprit Saint Cosmique pendant un certain laps de temps. Ceux qui maintiennent la liaison avec Celui-ci, en observant la Loi d'Harmonie, deviennent des Hôtes Elevés de la Lumière. C'est vers ce but d'accomplissement que je voudrais tous vous orienter actuellement en *vous rappelant* que le canal par lequel passe l'Esprit Saint, est L'HARMONIE ? Les étudiants peuvent faire beaucoup à l'échelle cosmique pour ouvrir la porte à Mon Déversement, par votre intermédiaire et celui de toute l'humanité.

3 — COMMENT DEVENIR L'INCARNATION DE L'ESPRIT SAINT

La Loi de Vie exige que tout individu devienne l'incarnation de l'Esprit Saint. Ce n'est que, lorsque chaque courant de vie élève l'action vibratoire de sa propre énergie, lorsque chacune de ses activités exprime la Grâce et l'Amour de l'Esprit Saint, que l'individu atteint sa destinée divine, sa responsabilité et sa perfection prédéterminée.

On a dit qu'un individu doit devenir l'incarnation de l'amour, pour guérir. C'est une vérité scientifique. Le seul taux d'action vibratoire, qui portera l'essence cosmique de l'Esprit Saint, est L'HARMONIE absolue, ininterrompue, inconditionnelle. Lorsque cette action vibratoire est maintenue sans dérangement dans un courant de vie, celui-ci transporte les pouvoirs cosmiques de création pour enrichir l'Univers par les vagues fournies au moyen de cet individu, qui fait partie de ce schéma d'évolution.

Si nous pouvions trouver suffisamment d'individus ayant la

bonne volonté de fournir ces canaux de force, nous pourrions bientôt transformer la conscience du peuple de la Terre, pour permettre aux courants plus subtils de l'Esprit Saint d'interpénétrer le plan terrestre et de mettre chaque courant de vie en harmonie.

4 — COMMENT DIRIGER LE POUVOIR DE L'ESPRIT SAINT

Si vous invoquez le Pouvoir de l'Esprit Saint afin qu'il arrive au travers de la Toute-Puissante Présence « Je Suis », et au travers des Corps mentaux élevés de toute l'humanité, dans la conscience du moi personnel, cela me permettra de donner à cette Energie Ma Conscience Aimante AVANT qu'elle ne descende sur le plan terrestre.

L'Energie passant par les corps intérieurs de l'humanité sera naturellement harmonieuse et équilibrée, puisqu'elle ne peut pas être requalifiée par la volonté humaine. Elle passera d'une façon presque indépendante, par les egos personnels, pour former dans le courant de vie un plan que suivra le courant d'énergie arrivant *dans* ce courant de vie, comme un « chien de tête » cosmique.

DE L'AUTO-SUGGESTION

5 — DERACINEZ LA CRAINTE ET LE DOUTE, OUVREZ VOTRE ESPRIT AUX IDEES CONSTRUCTIVES

Ce qui effraie le plus votre nature intérieure attire une quantité de formes maléfiques qui se présentent à votre vision intérieure avec la ferme conviction que si vous leur projetez votre énergie, celle-ci leur donnera une vie presque immortelle. En déracinant les craintes et la peur en vous, vous rendez ces créatures inoffensives ! En ne les soutenant pas du pouvoir de votre énergie, qui les alimente elles se désintègrent dans leur néant d'origine.

D'autre part, la meilleure idée de l'univers n'est jamais devenue réelle avant qu'un être quelconque non-élevé ne prenne l'énergie de son propre courant de vie, pour volontairement revêtir cette idée de la substance du monde physique, afin de lui donner une silhouette et une forme.

6 — DONNER DE L'ENERGIE AUX FORMES PENSEES DE L'IMPERFECTION EST UN PECHE

Pour tout étudiant de cette radiation, donner de l'énergie à des pensées d'imperfection est un PECHE, et pour tout étudiant de cette radiation donner à ces formes la substance qui leur permettrait de s'incarner physiquement, est une responsabilité dont il aura à répondre devant la Loi Cosmique. La seule activité que n'importe quel étudiant conscient de la Lumière peut entreprendre est celle de créer des formes physiques de beauté et de perfection.

7 — COMMENT S'ACCORDER AU PROCESSUS DE PRECIPITATION

Nous étudions la conscience cette semaine. Nous savons que nous pouvons créer dans nos pensées et sentiments toute image, toute conception ou tout désir qui est bon et beau et qu'ensuite en déversant l'énergie de vie sur cette image, en amour, nous nous accordons aux processus naturels de précipitation qui donneront la forme physique à ce que nous avons créé à des niveaux inférieurs.

Lorsque nous faisons cela, vous commencez à trouver des manifestations de beauté que votre cœur a cherché par cette incarnation. Cette beauté donnera une grande paix et du bonheur à votre esprit, elle sera un grand stimulant aux esprits de ceux qui surveillent l'étudiant qui essaie de manifester par son action la Loi de la Flamme de Perfection.

8 — ELEVEZ L'ACTION VIBRATOIRE DE VOS CORPS INTERIEURS

Les peuples incarnés sur le plan terrestre ont le privilège et l'occasion d'élever l'action vibratoire de leurs corps intérieurs à un point où les vagues de lumière qui émanent constamment des corps inférieurs, deviennent une invitation naturelle à ces courants cosmiques. Lorsqu'on trouve un être de ce genre, tous les Hôtes du Ciel utilisent ce conducteur. Sur les vagues de lumière, représentant l'aura de ce courant de vie, flottent toutes les qualités, dons et puissances du Maître Elevé, dans la quantité que le Rayon lumineux de l'individu peut supporter.

9 — COMMENT QUALIFIER HARMONIEUSEMENT VOTRE ENERGIE

Nous étudions une fois encore la Loi d'Harmonie, parce que chaque courant de vie dans cet Univers, doit non seulement reconnaître que le devoir qui lui incombe est de qualifier toute l'énergie de son être et du monde d'une manière harmonieuse, mais aussi d'après le décret Cosmique, entreprendre la tâche de rééduquer l'énergie de son monde particulier suivant un modèle d'expression harmonieuse.

Vous ne pouvez jamais par l'effort ou la volonté changer les habitudes séculaires, mais en invoquant l'Amour Sacré du Feu Sacré, par l'acquit humain accumulé, ces courants peuvent être changés en émanations harmonieuses. Le courant de vie émettra son énergie, par ses radiations harmonieuses, avec une vitesse encore plus grande que celle de ceux qui reçoivent leurs énergies de sources imparfaites.

10 — UTILISEZ VOTRE SAINT MOI CHRISTIQUE POUR QUALIFIER L'ENERGIE DU COURANT DE VIE AVANT QU'ELLE PENETRE VOTRE CORPS

Chaque habitude engendrée par le courant, au cours de siècles de vie, est devenue une rainure ou un canal par lequel l'énergie allouée à l'individu passe presque automatiquement, comme l'eau qui coule dans le lit d'une rivière érodée par des siècles innombrables plus facilement qu'elle ne coulerait sur une surface plate et lisse.

Cultiver même une seule qualité d'amabilité, de tolérance, de douceur de parler est commencer à retirer de l'énergie du vieux lit de la rivière pour la faire passer dans le lit neuf. Au fur et à mesure que l'énergie sera entraînée à passer par ces nouveaux canaux de force, vous verrez que l'ancien mode de vie deviendra de moins en moins manifeste dans votre monde alors que ce nouveau mode sera de plus en plus facile et parfait.

Au cours de cette période votre Saint Moi Christique est une aide immense. Il qualifiera *sur demande,* l'énergie de votre courant de vie *avant* qu'elle ne pénètre en votre corps dans sa perfection. Cette énergie, en recevant les directives d'en haut *ne passera pas* par une accumulation discordante, *elle n'obéira pas non plus* à la demande du moi humain, mais elle suivra les directives du Saint Moi Christique et continuera harmonieusement.

Saint Germain a dit que l'usage constant du Saint Moi Christique accentuera le progrès de la Flamme de la Perfection par l'individu EN DEPIT DU moi extérieur. Plus vous donnerez au Saint Moi Christique d'énergie à contrôler, moins vous aurez à vous conformer aux directions personnelles extérieures.

Le Saint Moi Christique invitera les Maîtres à aider la qualification de votre énergie divine et Eux aussi libéreront au travers de celle-ci leur Pouvoirs de bonté afin d'aider à la tâche écrasante de créer un nouveau canal constructif pour chaque Electron que la vie vous alloue.

AU SUJET DES SERVICES A RENDRE

11 — ON DEMANDE : LA RADIATION PLUTOT QUE DES MOTS

Gandhi a appris, par beaucoup de contemplation et de dévotion à sa source spirituelle, que le plus grand service qu'il pouvait rendre était celui de conducteur silencieux de l'Essence de Paix, d'Equilibre, d'Harmonie et de Lumière vers Ses peuples. Vous êtes aussi un centre puissant de radiation. La Lumière de vos Etres brille constamment, ouvrant des canaux dans la substance dense et lourde qui forme l'atmosphère naturelle de votre localité.

12 — MAINTENEZ LA VISION DU BIEN

Nous ne pouvons insister trop fortement sur le fait que la Vérité à laquelle réfléchit votre esprit, ce que vous pensez, ce que vous ressentez, est ce que vous *forcez* dans votre expérience.

Si vous voulez nous aider, demandez à votre propre Moi Christique, et à celui des membres de votre famille, de vous montrer leur plan divin, et de vous aider à le réfléchir dans vos activités journalières. Les pouvoirs de création qui vous sont donnés par Dieu, pourront être utilisés pour manifester la direction que vous voulez dans sa forme physique plutôt qu'une imperfection quelconque dont vous voudriez les protéger.

La protection la plus forte, et finalement la seule, pour tout individu sur le Troisième Plan dimensionnel, réside dans la capacité d'un ou plusieurs courants de vie de MAINTENIR la vision du bien plutôt que de céder aux apparences du mal, auquel votre propre capacité de construction prête du pouvoir, en lui permettant de vous limiter.

RELIGION

Vous qui avez répondu à la traction magnétique de nos cœurs au travers du voile de la chair et au travers de l'action vibratoire de la conscience extérieure, et vous, qui avez dénudé vos âmes aux Rayons vitaux de la Vérité, êtes bénis parmi les fils et filles des hommes.

Alors que nous terminons la grande période de trente jours, au cours de laquelle, des maîtres orthodoxes, des rabbis, missionnaires et les grands dirigeants métaphysiques et occultes du monde des hommes se sont rassemblés de nuit, dans la radiation sanctifiée du grand Enseignant du Monde, j'aimerais faire quelques commentaires sur le service d'hier soir, afin que vous puissiez contempler la *nature de religion* et mesuriez vos propres essais, d'après le conseil aimant du Seigneur Maitreya, et de celui des sept Bien-Aimés Chohans, dont chacun représente une facette dans le développement équilibré de chaque courant de vie.

Lorsque le Seigneur Maitreya s'est levé pour parler avec mes Sept beaux fils, nous avions derrière lui une assemblée de dix millions d'âmes, comprenant celles dont les corps fonctionnent actuellement sur la Terre ainsi que celles qui sont dans les classes aux niveaux intérieurs, établies par Kuthumi, Seigneur Michel, Seigneur Maitreya et Saint Germain. Parmi les âmes réunies se trouvaient celles qui avaient volontairement décidé d'enseigner à ceux qui le désiraient la Loi qu'ils pouvaient assimiler, digérer et, par la suite en retisser l'application pratique dans les vêtements de leur propre expression de Vie.

Alors qu'il se tenait sur l'estrade et que la lune jouait sur les boucles blondes de ses cheveux, ses yeux ressemblant à des étoiles jumelles violettes, toute la partie supérieure de son corps ressemblant à un véritable soleil dans les cieux. Même s'il n'avait rien dit, sa présence incarnée de jeunesse, d'amour, aurait en elle-même été une leçon suffisante — mais, il choisit de parler...

Et en parlant, il pensa à la religion telle qu'elle est admise dans les fois acceptées de l'évolution de la Terre.

A la fin de son glorieux exposé, chacun des chohans élabora sur sa part dans l'équilibre de la religion ordonnée, qui doit être le don que les Seigneurs Maitreya et Saint Germain feront à la Terre au cours de ce prochain cycle.

Je lui ai demandé à la fin de ce service, si je pouvais résumer ces exposés pour la plus grande bénédiction des intéressés, il donna son accord.

Ma Vie ce matin est donc tissée dans ce résumé que je vous conseille de faire vôtre. Il vaudrait mieux que vous ne l'entendiez jamais, plutôt que de choisir de n'en rien faire, que de l'avoir entendu et de rester inerte ! Car c'est LA LOI !

Qu'est-ce que la Religion, vraiment ?

Est-ce un narcotique pour les sens fatigués, par lequel la réalité imaginaire de toutes les détresses extérieures peut être oubliée pour un moment ?

Non, la Religion est basée sur un *principe à sept aspects,* et l'humanité dans sa majorité, y compris les étudiants conscients de la Loi, et même les étudiants avancés, n'ont pas compris sa *nature à sept faces.*

Mais commençons au commencement !

L'âme, rassasiée des jouissances des sens — sous l'impulsion du maître dans le cœur — pour une raison ou pour une autre — s'agenouille devant son Créateur — et là, vous avez l'action du Premier Rayon dans l'invocation de la part de la conscience embrouillée pour connaître la Volonté de Dieu.

Il ne servirait à rien de continuer sans *essayer de comprendre.* Cela ressemblerait à un homme qui se précipite pour faire quelque chose sans d'abord avoir une idée de ce qu'il va faire et sans avoir demandé au Réalisateur son plan. Donc, la déclaration : « Que ta volonté soit faite sur la Terre comme au Ciel » suivie de l'acceptation de la *Volonté Divine* par la conscience, devient le désir de *comprendre.* C'est l'enseignement du Premier Rayon.

Dans la Radiation du Deuxième Rayon, l'âme commence à apprendre la Loi de Cause et d'Effet ; la direction de l'énergie et son retour en arrière, qui conduit au plaisir ou à la douleur occasionnée par la qualification de l'énergie vitale. Plus tard le

Plan Divin de la Hiérarchie est expliqué ainsi que l'endroit où chaque Berger, chaque maître religieux et chaque étudiant est situé dans le Grand Plan... C'est le Lieu d'Illumination, lorsque, après avoir demandé la Volonté de Dieu, la révélation du Schéma Divin des Choses est présentée à l'âme sérieuse.

Ensuite, par les Portails du Troisième Rayon, l'aspirant passe et essaie de faire que sa compréhension soit d'un profit pratique pour ses frères — développement de la tolérance, de la compréhension, de l'intérêt sincère et profond pour la croissance et le bien-être spirituels de la race à laquelle il appartient.

Il passe ensuite dans la quatrième Sphère et en regardant la déformation sordide du Principe de Vie qui s'est manifesté dans son corps et son environnement, il reconnaît que la vérité et la beauté, l'harmonie et la perfection sont ce que Dieu ordonne, comme faisant partie de la religion de l'homme éveillé, et il commence, en formant sa pensée par le feu purifiant du sentiment et la direction du Feu Sacré, à extérioriser ce qui devrait être un atout et un exemple pour toute la Vie.

Dans la Cinquième Sphère, dans la même religion, il passe à la compréhension illuminée de la précision mathématique qui repose dans toute Création, Précipitation, Ethérisation et Elévation, et tous ces pouvoirs que l'esprit des indisciplinés appelle mystiques. Ayant reçu en lui-même, de sa propre religion, notez-le, les dons des Rayons précédents il arrive dans la présence de la Sixième Sphère et là, il se remet à genoux, mais cette fois en action de grâces et en dévotion pour les Dons de la Vie. Ensuite les Hosannas s'élèvent des cœurs et des lèvres, les Aves remplissent l'atmosphère — « Loué soit Dieu d'où vient toute Miséricorde » devient la prière du cœur illuminé de l'initié de la Sixième Sphère. Après avoir exprimé sa gratitude à Dieu et son Moi Christique, aux Anges, aux Maîtres et à ses frères, il passe dans la Septième et dernière Activité de sa religion, qu'il soit Musulman, Juif, Chrétien, Métaphysicien ou étudiant JE SUIS, quelle que soit l'étiquette qu'il donne à sa religion Il entre ensuite dans la Septième Sphère.

Dans la Septième Sphère, les Mots du maître Jésus résonnent dans sa conscience « Jusque-là, seul le Père travaillait, mais maintenant le Père et Moi-même travaillons ». Tous ces dons d'énergie, tous les enseignements de la Fraternité, toute la beauté, le sacrifice, l'illumination et la dévotion gagnés par le courant de vie deviennent sa responsabilité pour qu'il l'offre sur l'autel de l'humanité en service commandé, suivant le mot d'ordre de Saint Germain.

Dans la Septième Sphère, les Mots du maître Jésus résonnent Illuminé par la compréhension, aimant : son frère, le Royaume Elémentaires, les Anges, les Devas, les Chérubins et les Séraphins, rempli de la beauté et de l'opulence qui sont ses droits de naissance, comprenant les Pouvoirs des Forces centrifuge et centripète, attentif aux cris venants des cœurs de ses frères et sœurs encore en esclavage, et répondant à ce cri avec un cœur débordant de bien, non pas avec les lèvres mais par les sentiments, voilà l'homme par lequel l'Adoration cérémoniale du Septième Rayon sera effectuée.

Il est le Pont entre les Royaumes des Anges, les Elémentaires et son frère humain. Il est le Pont entre le Royaume du Ciel et la Terre. C'est lui qui, avec les bras étendus, forme à l'intérieur de lui-même la Croix maltaise de Liberté. Les Royaumes parallèles des Anges, hommes et élémentaires constituent la barre horizontale. Les Maîtres et les Pouvoirs du Feu Sacré au travers de son corps et dans la Terre, forment la barre verticale. C'est l'homme qui comprend la religion.

Qu'est-ce qui vous distingue des masses dans votre religion ? La paix intérieure peut-être ! Mais il doit y avoir autre chose !

Oh, que je puisse convoyer dans les sentiments des messagers et des étudiants, le fait que le Seigneur Maitreya a ordonné que Nous venions, et qu'en ouvrant nos Cœurs à ceux d'entre vous qui sont d'accord pour écouter, Nous essayons de *convaincre vos sentiments de votre aptitude à changer les conditions,* par la direction du Pouvoir dans votre propre Vie.

L'Adoration veut d'abord dire relaxation des sens. Je comprends cela très bien en voyant de l'œil intérieur, les pressions de la journée, combien vous aspirez vers la paix du sanctuaire de Dieu, loin de l'esclavage de vos propres créations. Je ne condamne pas... Je vous aime plus que vous n'aimerez jamais vous-mêmes... Mais je veux que vous soyez ce que Dieu a l'intention que vous soyez, et non que vous soyez ce que vous désirez pour vous-mêmes. Je veux que vous soyez LIBRES.

Je veux que vous soyez MAITRE, je veux que vous soyez celui que Saint Germain peut citer comme *un exemple vivant de l'homme libre,* dans lequel sont incorporés les Sept aspects de la Nature de la Religion.

Maintenant, ne vous troublez pas plus qu'il ne faut, car

chaque homme est fort sur *l'un des points* parmi les sept, ce qui est naturel puisque chacun de vous est *l'un des sept types.* Saint François d'Assise obtint sa liberté en trouvant Dieu dans un champ, Saint Augustin dans une Cathédrale, Saint Paul en cheminant sur la route quotidienne avec de l'amertume dans son cœur contre son Grand Maître. C'est même merveilleux que vous ayez *un aspect* développé car autrement vous ne seriez pas là. Vous seriez en train de gambader dans les champs avec le reste de la race. Le développement d'une seule de vos conceptions d'adoration est suffisamment fort pour vous avoir amenés aux pieds du Maître, le Christ Cosmique.

Maintenant, je voudrais que, chaque jour, vous emmeniez votre âme au travers des Sept Temples, un jour par Sphère. Disciplinez cette âme ! Restez pour un temps dans le Temple *qui répond le moins à vos propres vibrations.* Si vous êtes fiers, avec un cou rigide et que vos genoux ne connaissent pas la génuflexion, agenouillez-vous aux pieds du Grand Morya, un des plus fiers Fils du Ciel. Apprenez de sa bouche ce qu'est la capitulation, et apprenez à dire : « Que Ta Volonté soit faite, Mon Dieu ! »

Si vous êtes mentalement paresseux et si vous préférez que quelqu'un d'autre conçoive pour vous votre religion, entrez dans le cœur du Temple d'Amour qui est la Seconde Sphère de l'intérieur, et *demandez* l'illumination Divine. Ne quittez pas ce Temple avant que la Compréhension de vous-même et non d'un autre fasse un bonheur du Service.

Savez-vous pourquoi les hommes se font un devoir de la pratique de la religion ? C'est parce qu'ils construisent leur foi sur les paroles de quelqu'un d'autre, et que la pratique de leur religion est faite par devoir et crainte, sans ressentir sa vérité, tout simplement parce que quelque autre partie de la Vie l'a dit.

Oh ! Lorsque la Flamme de votre propre cœur vous aura révélé la *Cause derrière l'action,* vous servirez comme les Anges, vos sentiments seront heureux et vos cœurs chanteront.

Si vous trouvez qu'aimer votre frère est un travail, maintenez votre âme au centre de la Troisième Sphère sous le Chohan de ce Rayon, jusqu'à ce que vous entendiez le cri dans le cœur de ce frère, jusqu'à ce que vous sentiez sa lutte, son besoin. Ne le laissez pas, Enfants de mon Cœur, avant que vous *sentiez* cet amour. C'est aussi Mon Propre Temple.

Restez dans le quatrième Royaume si vous croyez à l'austérité, la négation de soi-même, à la capitulation rigide de vos sens devant une doctrine pénitentielle construites dans vos douces vies par des siècles où le cilice et le vœu de pauvreté étaient considérés comme des vertus. Voyez les vêtements des Anges, la Beauté de votre propre Mère Céleste, et la Perfection Divine du Cœur de Dieu lui-même, non pour la vanité, mais parce que le monde a besoin de beauté.

Supposez que je fasse toutes vos énergies carrées, ou noires et vertes, sans parfum, conservant l'énergie nécessaire pour mettre de la couleur et des parfums dans ces fleurs, où seraient les hommes ? Oh qu'il est bon de mettre de la beauté dans le monde, lorsque le motif est d'apporter du bonheur dans la Vie. Voyez-vous ?

Ensuite, lors de votre voyage dans la Cinquième Sphère, là où le Grand Maître Hilarion et la Déesse de la Vérité résident, étudiez la combinaison des Rayons pour susciter certains Pouvoirs. Regardez l'Amour mathématiquement et voyez comment il attire vers Lui la Déesse de la Vie. Demandez au Maître de vous faire voir un tourbillon de Haine et voyez comment il repousse l'argent, les amis, toutes les bonnes choses et que ce témoignage confirme votre foi.

Et le Sixième Temple. Oh, je n'ai pas besoin de vous presser d'y entrer. Pendant les deux mille ans révolus, l'homme y a passé beaucoup de temps en dévotions pour remercier Dieu de sa bonté, et j'en rends grâce à notre Père Céleste. Mon seul but ici est de vous voir songer à toutes les bénédictions de votre vie... en les énumérant une par une.

Où seriez-vous sans la Vie, sans un battement de cœur, sans une assise de Terre sous vos pieds, sans un Soleil illuminant le ciel, sans eau ? Vous n'auriez même pas un corps sans vos parents ! Les gens disent qu'ils n'ont rien à faire, et cependant ce que je vous demande de faire ce matin vous prendrait véritablement trois heures de reconnaissance et de mise en pratique.

Quand vous aurez passé une partie de votre temps à envoyer à Dieu votre amour et votre gratitude, vous pourriez commencer à penser aux canaux qui vous ont amenés à la Vérité. Je les bénirais un par un, Le Ministre qui vous a baptisé, le prêtre, le rabin, le maître de l'école du dimanche, la patient maître d'école, ainsi que le premier qui vous a enseigné la loyauté et la prise de conscience. Pensez ensuite à votre Maître spirituel, et à tous ceux qui vous ont ouvert les portes de la Vérité.

Dans cet esprit contemplatif, vous pourriez penser à vos amis célestes, par exemple à Godfre, cet homme a tant donné ! et aussi à Lotus ! Pensez à chaque courant de vie qui a ouvert votre conscience à la vérité. Pensez à l'Archange Michel et à sa protection aimante. Pensez à Sanat Kumara. Que son nom soit glorifié ! Pensez au Dieu et Déesse Soleil dont est venue votre propre flamme du Cœur, etc., etc., à l'infini.

Lorsque vous aurez terminé cette contemplation, vous verrez que vous aurez rempli votre monde émotionnel de bonheur et de joie. Je suis sûr que vous désirerez en remercier la Vie en lui rendant la pareille, et en entrant dans le Temple Violet dans la propre Sphère de Saint Germain. Vous voudrez devenir ce Pont, donnant votre énergie en chants et en visualisations. Vous voudrez devenir un exemple de ce qu'un Homme Libre devrait être. C'est la Religion.

JE VOUS AIME
MAHA CHOHAN

Bien-Aimés Frères et Sœurs

« JE SUIS » toujours avec vous, spécialement lorsque le rayon sans prix de votre propre Vie est volontairement tourné vers moi, soit en supplication, soit en invocation ou en gratitude aimante et en contemplation de Mon Monde, de Mes Œuvres et de Ma Conscience.

L'humanité n'a pas encore entièrement réalisé le pouvoir énorme qui se trouve dans les limites de l'attention du courant de vie, même des plus indisciplinés. Par l'énergie qui émane de l'individu vers toute personne, place, condition ou chose, la porte est ouverte dans son monde personnel pour l'ancrage du bien ou du mal suivant le sujet contemplé.

Quand nous célébrons, Ma Mère et Moi, l'époque de Noël, nous avons une occasion particulière de bénir la Vie, en raison de l'attention de tellement d'individus tournée vers nous. Chaque chant, chaque prière, chaque cérémonie, chaque carte ou exposition qui rappelle la conscience extérieure du Christ est une porte ouverte supplémentaire par laquelle Nous pouvons déverser notre Amour, Notre Lumière et la Conscience de Notre Maître Elevé dans le monde de la forme.

Le sujet de mon Message de Noël pour vous qui êtes déjà sortis des masses en signifiant à la vie, votre désir de devenir Maître des circonstances et libre grâce à Dieu, est LA LOYAUTE ENVERS DIEU !

LA LOYAUTE est construite sur L'AMOUR ! L'AMOUR est développé par la contemplation des dons, bénédictions et bontés de la Vie qui proviennent d'un bienfaiteur humain ou divin. *Connaître* Dieu, c'est *L'aimer !* L'aimer est croire de chaque fibre et atome de son être qu'Il est le TOUT-PUISSANT. Contemplez pour un instant la signification de cette déclaration. A quel niveau de loyauté se situent vos sentiments envers la TOUTE-PUISSANCE de Dieu pour qu'elle AGISSE TOUJOURS INSTANTANEMENT lorsque VOUS y faites appel, afin qu'elle se manifeste à votre endroit dans l'univers. Ce n'est pas la conscience timide, incertaine, tièdement espérante qui rationalise d'après les apparences, qui signifie la LOYAUTE à la FOI ILLUMINEE EN DIEU, qui manifeste la perfection instantanément ! C'est plutôt la conscience qui CROIT *que c'est la Nature de Dieu de donner à ses propres créations toutes les bonnes choses parfaites.* De donner aux enfants de son Sein, qu'Il a extériorisé en AMOUR afin de multiplier Sa Propre Divinité et d'augmenter les centres au travers desquels la Perfection peut être extériorisée.

Etudions un instant mes propres expériences qui ont formé le mode des pensées religieuses au cours du cycle du temps passé. Mon Ministère tout entier, ainsi que Ma Victoire, sont basés sur la LOYAUTE ABSOLUE en émotion, en pensée, en parole, en action, et sur le fait que Dieu, mon Père, est non seulement TOUT-PUISSANT dans sa propre Sphère d'activité, mais aussi dans la mienne... où que je sois, à n'importe quel moment. Je ne pourrais pas me permettre de penser, même un instant, à la possibilité qu'il y ait en Moi ou à l'extérieur, une puissance opposée à Dieu. Je n'ai pas osé quitter l'intimité toute relative de notre humble habitation avant d'avoir JETE MOI-MEME ANCRE dans la réalisation active, que Mon Père qui m'avait créé et envoyé dans le Monde pour Le représenter et manifester Sa volonté, pourrait refuser de répondre à Mon appel ou ne pas me donner immédiatement l'aide miraculeuse et victorieuse de Dieu, chaque fois que je l'invoquerais pour dissiper les ombres, les erreurs et envoyer le Feu de Perfection dans les apparences, pour les faires céder aux desseins de Dieu.

Qu'est l'apparence la plus effrayante, si ce n'est une masse concentrée d'énergie *qualifiée de façon humaine ?* Pensez à cela pour un instant. Est-ce que la qualification humaine est plus puissante que la qualification Divine ? Non, grâce à Dieu ! Dans cette masse d'énergie est emprisonnée la Vie, le Corps réel de Dieu Père-Mère, en attendant d'être convoquée, pour venir rejeter la qualification humaine et répondre à la qualification Divine SOYEZ PARFAITS !

Vous êtes soit loyal au pouvoir de la qualification humaine, soit loyal au Pouvoir de Dieu à travers vous, ou loyal au pouvoir de tout enfant de Dieu qui peut contraindre l'énergie et la substance à se manifester suivant la direction du moment.

J'ai parcouru les sentiers de la Terre et partagé les instruments d'expression de ce monde physique avec d'autres esprits incarnés de Mon temps. J'ai travaillé dans un monde émotionnel, mental, éthérique, et dans un corps physique comme chacun d'entre vous le fait aujourd'hui. J'ai possédé les cinq sens qui auraient pu enregistrer l'immense apparence du mal qui s'était imprimée dans la chair de mes frères humains ainsi que sur la substance de l'enveloppe éthérique et le vaisseau embrumé de l'esprit. J'ai vu les pressions du désir qui forçaient les faibles à succomber à l'envie et à la passion. Mais je savais qu'il était impératif que je Me rappelle constamment du fait que l'énergie et la substance répondaient à la qualification. Que je me rappelle véritablement qu'elles étaient emprisonnées par la qualification humaine, mais qu'elles pouvaient être libérées INSTANTANEMENT par le Pouvoir de Dieu, afin d'agir suivant sa Divine Volonté.

Si vous êtes loyal envers un ami, vous croyez en sa bonté potentielle, vous essayez de toutes les manières de rester avec lui, indépendamment de l'apparence. Oh, les bienheureuses mères de la race ! Comme elles ont manifesté leur loyauté aux enfants de leur chair — MAIS il y a la Loyauté divine envers la TOUTE-PUISSANCE DE VOTRE PERE — VOTRE MERE COSMIQUE — projetant à travers et autour de vous INSTANTANEMENT la Flamme Cosmique de la Libération des ombres, douleurs, limitations et détresse.

Enfants de Dieu ! La mesure de la loyauté de l'homme pour Dieu est déterminée par ce qu'il permet de rester dans son monde, son corps, ses affaires, son foyer, son aura. La soumission aux circonstances est déloyale envers le Père. Je ne veux pas dire un geste extérieur violent de zèle émotionnel. Je veux dire une contemplation constante de la nature de ce Père Céleste jusqu'à ce que vous REALISIEZ que Sa puissance est suprême, même pour les apparences de la mort, jusqu'à ce que vous arriviez, par la contemplation, à l'aimer véritablement assez pour savoir qu'Il répond instantanément à votre désir le plus faible, à votre demande la plus forte de manifester Sa gloire, Sa liberté, Son pouvoir de guérison, Son abondance, Sa volonté à votre endroit dans l'Univers.

Je vous donne, comme bénédiction de Noël, Ma Loyauté au superbe Père de Lumière, à son Complément exquis, Votre Propre Mère Cosmique. J'espère que, lorsque vous avancerez dans le nouveau cycle de 1954, vous pourrez commencer votre journée en contemplation de l'Amour et de la Puissance de votre propre Dieu, en passant par chaque période de vingt-quatre heures, sans donner pouvoir et loyauté à un apparence que vous pourriez rencontrer, sans ressentir même pour un instant crainte et incertitude, mais en sachant bien que, là où vous êtes DIEU EST, et que Sa Puissance agit INSTANTANEMENT lorsqu'on y a recours. Puissiez-vous avoir un Saint Noël et Une Nouvelle année victorieuse en Dieu.

JESUS

BIEN-AIME JESUS :

Après la mort de mon père, l'une de mes expériences les plus difficiles fut de laisser Ma Mère Bien-Aimée pour faire ce pèlerinage au cœur de l'Asie où j'ai rencontré l'Etre qu'on appelle Directeur Divin. Je suis resté avec lui, apprenant à mesurer ma propre conscience et à faire miennes les quelques déclarations qu'il m'a faites. Une des leçons qui passèrent de sa conscience puissante en Nous tous qui étions rassemblés autour de Lui fut qu'*aucune prière, ou comme il les appelait mantrum, n'avait d'efficacité si la conscience n'acceptait et ne comprenait pas la vérité affirmée.*

« JE SUIS CE JE SUIS ». Certains restèrent pendant toute leur incarnation sur « JE SUIS la Résurrection et la Vie ». Il n'y avait aucun favoritisme, il n'y avait rien qui puisse avancer notre progrès, si ce n'est la vérité extériorisée, contenue dans la partie de la Loi que le Guru nous avait donnée. Il nous l'avait donnée précautionneusement, comme si le souffle de vie contenu dans cet aphorisme, ne pouvait plus être ré-utilisé avant que le Royaume n'arrive.

L'humanité et le monde ne réalisent pas le respect avec lequel les Grands Maîtres et les Enseignants, les Sages ainsi que les Saints traitent la vie. L'humanité qui dévore les vérités, les digère mal, ne se les approprie pas et a beaucoup à apprendre au sujet des disciplines qui accompagnent le développement de la conscience dans les retraites du monde.

Nombreux sont ceux qui firent des demandes au Directeur Divin, sans qu'il leur accorde un seul mot durant leur incarnation, car ce Grand Etre ne sentait pas que leur lumière et conscience vaillent l'investissement de Ses énergies et la responsabilité correspondante qui rentrerait dans le monde de l'étudiant s'il ne pouvait pas faire un fait de la vérité.

Ces aspirants étaient assis dans l'aura du Maître tout au long de l'incarnation, heureux simplement de toucher l'ourlet de son vêtement (aura). Ils étaient satisfaits de sentir leurs faibles énergies spirituelles monter constamment avec Son besoin permanent d'adoration et de dévotion pour Dieu. Ils espéraient que, peut-être dans leur aura personnelle, un jour à une heure, il y aurait une étincelle magnétique qui s'enflammerait pour attirer un soupçon d'intérêt de ses yeux, une inclination de tête, ou une bénédiction de sa main et où ils s'agenouilleraient lorsque cela leur arriverait, sans qu'une parole soit prononcée.

Quant à moi, j'ai rejoint ces pèlerins sans m'annoncer. Je m'assis avec les autres dans le cercle anonyme autour du Maître qui, en contemplation et en méditation profondes ne manifesta pas qu'Il connaissait ma présence. Je ne fus pas annoncé comme le Messie, ou choisi pour avoir des faveurs. Je devais m'élever ou tomber comme tout homme ou femme uniquement sur Ma Lumière. Je n'aurai rien désiré d'autre. Lorsque les humains et les étudiants qui cherchent à se faire une place, comprendront cela, ils auront le cœur en paix.

Au moment où l'élève est prêt, le Maître apparaît. Au moment où l'élève est prêt à plus de connaissance, la connaissance est donnée. Au moment où la conscience est mûre, le fruit est cueilli. Au moment où la Terre est labourée, la nouvelle semence est semée. Nous qui semblons si prolifiques en nos semences, le faisons parce que longtemps après que votre cycle sera fini, et que vous serez dans le Royaume de la Liberté de

Dieu, il y aura des hommes et des femmes qui prendront cette Loi comme base. Puisque j'ai avidement adopté cette seule phrase « Je Suis la Résurrection et la Vie », tellement reconnaissant d'avoir eu le privilège et l'honneur de recevoir des lèvres du Guru quelque connaissance de travail que je puisse faire mienne, je vous dis, à vous qui êtes bénis de recevoir cette instruction sans limite : vous seriez sages de traiter avec respect le don et le conseil donné.

Quarante-huit heures après avoir reçu cette affirmation « JE SUIS la Résurrection et la Vie, comme vous le savez, l'amplitude de ma mission me fut révélée. J'avais accompli le but de ma visite. Je serai éternellement reconnaissant au Bienheureux qui m'a donné la Clé. Souvenez-vous, toutefois, que j'ai préparé le sol pour sa semence et lorsqu'elle me fut donnée, Ma vie a dû nourrir et développer cette plante et la moisson. Lorsque je suis parti il n'y a pas eu d'adieu. Le cercle qui espérait n'a pas remarqué qu'un pèlerin avait été enlevé de leur milieu. Le Maître n'ouvrit pas ses yeux, ne fit aucun geste.

Tout au long du chemin de retour, au travers des sables brûlants de l'Inde, des collines rocheuses, je me suis réjoui encore et encore de la richesse que j'avais reçue de l'Etre, dans cette phrase — « JE SUIS la Résurrection et la Vie ». Sur cette base j'ai construit un ministère qui reste aujourd'hui comme un exemple manifeste que ce n'est pas nécessairement la *quantité* de savoir, mais bien *l'utilisation* du savoir qui donne des résultats, une preuve de la Maîtrise et de la Liberté pour l'humanité.

— La Flamme de Résurrection fut attirée dans l'atmosphère de la Planète Terre, par le Grand Krishna (illustres « Sophia et Krishna », Logoi Solaires) qui en voyant l'ombre de la pensée et des émotions humaines dans la conscience de l'homme, sut que le fruit de cette semence serait la maladie, la désintégration et la putréfaction. Il sut également qu'il faudrait envisager des moyens de restauration pour ces fils de Dieu déchus, s'ils désiraient revenir à leur état naturel divin —

Ce que Jésus a dit « JE SUIS la Résurrection et la Vie » n'est pas complet comme bien d'autres déclarations des Immortels, répétés par les hommes, « JE SUIS la Résurrection et la Vie de *Perfection* » est la déclaration *complète.*

Commentant le même sujet, Jésus a dit « Je Suis la Résurrection et la Vie de *Mon Plan Divin, manifesté physiquement, ici et maintenant.* »

LE VRAI BUT DE NOTRE ENSEIGNEMENT

Pour pouvoir mettre de côté la conscience de la forme et entrer dans les Royaumes de la Conscience dans laquelle vous maintenez votre identité mais n'êtes plus prisonnier de l'endroit, on peut explorer et profiter des principes créateurs de votre propre nature, tout en portant un vêtement de chair.

Le véritable but de Notre Enseignement est d'être une telle libération dans la réalisation de votre Unité avec cette Grande et Universelle Conscience Cosmique, dans laquelle toute l'humanité se meut, vit et a sa raison d'être.

Quand l'homme regarde l'univers par sa conscience individuelle particulière, il est *lié.* Mais lorsqu'il s'élève, se développe et commence à sentir la Conscience Universelle se mélanger à la sienne, que sa conscience est immergée dans cette sphère, il connaît le premier état de liberté qui sera son état naturel à la fin de son incarnation terrestre. On ne peut plus rester prisonnier de la chair, lorsqu'on a trouvé la porte de la Mer Universelle de l'oubli de soi, dans laquelle, c'est étrange, il y a plus de vie, de vitalité, plus de légèreté que lorsqu'on porte les lourds vêtements de la chair.

Pratiquez et entretenez soigneusement la capacité d'entrer et revenir à volonté de ce Royaume du Ciel, jusqu'à ce que cela devienne, pour vous, aussi naturel que de passer d'une pièce à une autre.

La plus haute Sphère de Conscience est vraiment le Royaume de motivation où les idées reçoivent un corps, et où les corps sont abaissés dans la forme. Lorsque vous pourrez facilement mettre de côté la conscience humaine, le bonheur et la joie émotionnelle vous soutiendront vraiment, et vous cheminerez alors vers le ciel, sur les « Ailes de la Lumière ».

Pour beaucoup d'entre vous, ces explorations ont été une source de grand encouragement et lorsque le temps arrivera où vous bougerez vraiment, vivrez et aurez votre être dans ce Royaume, l'aimant de la conscience humaine perdra de son pouvoir, car il n'y aura plus de vibration compatible dans vos véhicules pour que vous y puisiez.

Avancez fermement, Grands Esprits ! « JE SUIS » éternellement à vos côtés car il n'y a pas de séparation entre le Saint Souffle et l'énergie de la Source de toute Vie.

En Esprit de Grâce
« JE SUIS »
EOLE - Saint Esprit Cosmique
La LUMIERE est dans le Cœur !

Au commencement chacun d'entre nous arriva avec une Etincelle divine provenant du Cœur de Dieu, une Intelligence Divine individualisée, capable de pensée, d'émotion, d'action, douée par le Progéniteur Divin de ce droit certain et inaliénable à la Liberté de se projeter, à l'intérieur du cœur suivant le Modèle Divin. Ainsi la Lumière de Dieu se déploie au travers de chacun de ses enfants. Chaque être humain est un « Soleil » de Lumière, irradiant une qualité spécifique de Dieu pour la bénédiction de ses frères. Qu'il cache temporairement sa Lumière sous le boisseau, de sorte que sa radiation ne soit pas perçue par le monde autour de lui, n'amoindrit pas le fait qu'il est un « Soleil » potentiel.

Depuis des âges et des âges chacun est arrivé portant dans son cœur le privilège de faire luire sa lumière, mais aussi la responsabilité de le faire. Certains sont venus pour inspirer la foi, le courage, la force, l'obéissance illuminée l'humanité spirituelle et le respect de Dieu ; d'autres, la tolérance et la patience, certains pour reproduire la force morale, la constance, l'endurance spirituelle, la concentration et la consécration dans le service pour Dieu et les hommes. D'autres sont dotés de piété, de respect, de grâce ou offrent la dignité spirituelle, l'équilibre et la distinction. Voilà les qualités que nous devrions exprimer lorsque nous irradions notre Lumière en tant que vrais « Soleils » de notre Père au Ciel.

Au début de notre séjour sur la Terre, nous reproduisions le Plan Divin. Nous voyions clairement la vision, nous marchions et parlions avec l'hôte Angélique. Nous n'avions aucun autre désir que la volonté de Dieu fasse un avec la nôtre. Sa lumière irradiait par notre intermédiaire. Dans cette histoire de l'humanité vint le moment ou nous offrîmes d'être les hôtes de courants de vie moins évolués qui n'avaient pas suivi les civilisations en marche. Lorsqu'ils vinrent vivre avec nous... ils amenèrent leurs ombres avec eux. Leurs pensées discordantes et leurs émotions se propagèrent comme une maladie contagieuse et furent absorbées par le peuple jadis harmonieux et brillant. Notre Lumière irradia de moins en moins brillamment, jusqu'à ce que nous nous trouvâmes submergés sous un « boisseau » retourné de déformation, de besoin, de crainte, de discordance, de maladie, de léthargie et de convoitise.

Siècle après siècle, nous nous sommes contentés de vivre sous ce boisseau de notre propre création humaine : notre volonté personnelle. Nous en sommes venus à accepter et à nous reposer sur nos pouvoirs humains qui limitent, détruisent, ennuient et lient. Nous avons construit avec cela des masses de crainte et d'incertitude dans nos mondes émotionnels et mentaux. Nous vivons sous la menace constante d'ombres de notre propre imagination. Nous avons ancré notre foi dans les illusions de nos créations empiriques, plutôt que de croire, d'avoir foi en Dieu qui est le seul Pouvoir d'action.

« Mais, dites-vous, n'avons-nous pas avancé grandement au cours des siècles passés ? Regardez nos inventions, notre vitesse de communication et de transport, nos recherches scientifiques, nos belles constructions ? »

Certes, c'est vrai, nous avons d'une certaine façon amélioré nos commodités utilitaires. Mais ils l'avaient fait avant nous sur Atlantis. Leur progrès matériel avait atteint le zénith de son développement. Des aéroplanes portant des passagers et du frêt fonctionnaient sur des horaires réguliers comme nos trains et nos voitures le font aujourd'hui.

Pour eux, l'électricité était primitive en tant que pouvoir. Une force plus fine, une force éthérique était dressée pour manipuler leurs mécaniques. Ils étaient si habiles en télépathie que les crimes, la rebellion, le parjure étaient facilement détectés.

Grâce à ce moyen les gens étaient contrôlés hypnotiquement par la force de volonté. Toute cette absence d'amour, de grâce et de sentiment ethnique, l'un envers l'autre, amena évidemment la désintégration. En un jour et une nuit, la dernière île qui restait de l'Atlantide, Poseidon, avec ses soixante-cinq millions d'habitants, sombra dans les vagues. La Civilisation n'est pas construite sûrement, et elle ne peut pas être mesurée uniquement par des accomplissements utilitaires.

C'est seulement lorsque nous devenons détachés, purs, sans pensée d'agrandissement ou de pouvoir personnel, seulement lorsque la volonté personnelle fait place à celle de Dieu, que nous redevenons les vrais Fils du Père. Alors nous pourrons de nouveau sculpter des formes par la pensée et l'émotion avec des substances éthériques, Nous pourrons guérir les malades, redonner la vue aux aveugles, marcher sur les eaux comme le fit le Maître Jésus.

Vous direz : « Mais Jésus était Divin. »

Nous aussi, potentiellement. Mais nous avons étouffé notre divinité par le « boisseau » de création humaine afin que notre Lumière n'irradie pas.

C'est Jésus, ce Maître qui l'a dit « Je le dis, vous êtes des Dieux. » Il dit encore : « Ces choses que j'ai faites, vous les ferez et même de plus grandes. »

La Présence de Dieu avec toute sa gloire est ancrée dans chaque cœur qui bat, attendant de s'extérioriser dans la perfection, la beauté, l'harmonie, la richesse, l'opulence et la magnificence du Royaume des Cieux. Ou on permet à la Présence Intérieure de passer par le mental, l'émotionnel, l'éthérique et le physique, véhicules qu'Elle a créés, ou on L'ignore, et la conscience extérieure continue à faire des essais avec le don de Dieu à la Vie, en créant des limitations qui semblent à l'ego extérieur si déprimants. Nous devons essayer de redonner tout pouvoir à la Présence qui fait battre le Cœur.

Au cours de siècles de tentatives, avec l'utilisation de la vie, nous avons construit des masses de force, d'indulgence et de faiblesse. Le besoin de l'heure est que nous purifions nos sentiments, nos pensées, nos souvenirs et nos corps physiques afin que ces masses glorieuses que nous avons construites dans le passé puissent couler à travers nous, avec leurs bénédictions et leurs dons.

Il importe peu, que l'apparence temporaire puisse cacher la Lumière de notre Présence Divine intérieure. Nous savons que cette Présence se trouve dans chaque âme et que, tôt ou tard, les talents et capacités des courants de vie forceront les portes de l'indifférence et de la léthargie, en répandant des présents sur l'Autel de l'humanité pour l'enrichissement de toute la vie.

Chacun, toutefois, doit déposer ses propres dons sur l'autel. La maîtrise, les pouvoirs, les talents et les réserves d'un autre ne donnent jamais à l'individu une paix durable. Le développement de sa maîtrise sur l'énergie, la substance, les circonstances et l'environnement donne la paix qui dure. C'est la seule raison pour laquelle chacun de nous s'incarne sur la Terre.

Pourquoi la Présence de Dieu semble-t-elle si éphémère, si irréelle, si difficile à croire ? Parce qu'au cours des siècles, la conscience extérieure a essayé de vivre sans Son amitié, sans Ses conseils, sans Sa direction. Nous devons mettre à l'œuvre la Présence de Dieu dans tous les détails de nos vies individuelles, et ensuite nous attendre à ce qu'Elle réponde. Le fait de cultiver, de développer et d'entretenir une amitié active avec Dieu, le Moi Divin dans son cœur, récolte de grandes récompenses. Il construit des masses de foi, d'illumination, de tolérance, de pureté, de formules scientifiques (mais spirituelles) qui ne peuvent jamais faillir, une puissance de guérison et un pouvoir conscient de transmutation. La Présence de Dieu est en chacun de nous MAINTENANT. C'est notre privilège et notre obligation de faire notre propre pèlerinage pour Le trouver et le Le mettre au travail en nous.

La « renaissance » dont parle le Bien-Aimé Jésus a lieu, et le Modèle Divin du Courant de vie est pleinement extériorisé par le moi personnel extérieur, de même que le chêne est extériorisé par le gland.

Chaque homme est un Christ potentiel. Il est opportun d'avoir des hommes et des femmes du Christ, cheminant sur la Terre, capables de faire ce que Jésus a pu accomplir, c'est-à-dire des faits de maîtrise, sur la substance, l'énergie, la vibration.

Si nous pouvions seulement comprendre l'importance de préserver, protéger et purifier notre conscience, et la nécessité encore plus grande de l'offrir sans réserve, au Dieu tout-puissant du Ciel, nous verrions que, comme les rayons du soleil réfléchis par un cristal, notre conscience deviendrait encore plus belle dans son déversement. Cette conscience qui permet l'expression du Christ Cosmique devient un centre de radiation par lequel cette expression peut passer avec une puissance toujours plus intense, jusqu'au moment où l'aura personnelle de l'individu pourra automatiquement guérir, illuminer, purifier et élever toute l'énergie qui a touché la sphère d'influence de celui-ci (bordure du vêtement).

Nous prenons trop légèrement les dons de la journée. Lorsque nous avons une perception de ce que les formes de penser créatives et les émotions énergétiques peuvent et veulent former avec la vie d'aujourd'hui, peu importe ce que nous voulons. Nous commençons à réaliser que nous ne sommes plus les victimes des erreurs d'hier, ni les créateurs inconscients des chaînes de demain. Aujourd'hui est un jour d'Opportunité.

La planète Terre, avec ses gens, émergeant des siècles d'obscurité, se tient maintenant sur le seuil d'une Lumière qui ne sera jamais plus éteinte, et qui deviendra le grand Jour Eternel Cosmique, où la plus grande manifestation de perfection pour la Planète sera évidente.

Car la Lumière EST ici, enterrée dans le cœur des gens. Cette lumière jaillira de chaque courant de vie, puisque c'est la réponse à l'exigence de la Loi Cosmique. Dans chaque cœur, l'Esprit s'élèvera, repoussant les ombres qui ont affaibli l'irradiation de son Etat Naturel, et contribuera également à la Lumière du Monde.

Hâtez-vous donc d'enlever le « boisseau » de création humaine accumulé pendant des siècles et « laissez luire votre lumière afin que tous puissent voir vos bonnes œuvres et glorifient votre Père qui est dans les Cieux ».

EXTRAITS D'UNE ALLOCUTION PAR LE BIEN-AIME HELIOS SUR LE DEPLOIEMENT DU CORPS CAUSAL EN PRESENCE DU MAITRE

« JE SUIS » l'autorité pour cette galaxie, venu pour répondre à l'attraction magnétique d'Amour de votre cœur. Avec mon complément, Bien-Aimée Vesta, Nous dirigeons par l'intermédiare de votre champ de forces, cette *Volonté* qui est la nôtre pour cette planète Terre, vers chaque cellule et atome de la planète elle-même, vers la substance de lumière élémentaire emprisonnée par l'utilisation corrompue de la pensée, de l'émotion, et de la conscience extérieure de l'humanité.

Cette planète fut d'abord conçue avec Notre lumière corporelle, avec l'amour de Nos Cœurs, avec la pensée de nos esprits. Nous lui demandons maintenant de remplir son but divin dans cet univers, de devenir et de rester une étoile de Liberté, en émettant cette Lumière, en irradiant cet amour qui est celui de ses Parents, et de procéder en grâce suivant leur sagesse.

Bien-aimés, vous êtes tous les fils et filles d'un Grand Dieu Soleil. Vivez-vous à la hauteur de cet héritage, vivez-vous dans cette joie et ce vif enthousiasme, en émettant naturellement de la lumière et de la musique, ou y a-t-il du chaos et des ombres qui abaissent votre lumière naturelle ? Je veux que vous réfléchissiez profondément à cela pendant un moment. Parce que vous êtes apparus en individualisation, d'un Soleil, d'un Etre comme moi, il est de votre nature, de votre héritage, de votre destinée, de votre responsabilité, et de votre obligation d'être un soleil MAINTENANT, en émettant les rayons de lumière de votre cœur, en les dirigeant suivant votre pensée, pour alimenter cette portion de l'univers où vous avez choisi de rester. Vous êtes fils et filles d'un grand Soleil Dieu et Déesse, qui en ce moment, irradient à travers vous la pression de l'Amour pour vous aider à accomplir votre propre destinée divine. Je vous en prie, contemplez ceci dans vos heures de silence et voyez ce que vous pouvez faire pour déployer votre lumière.

Vous contrôlez assez bien les bras qui appartiennent à votre corps, vous avez une certaine dextérité avec vos doigts et chacun a certains services importants à rendre tant à vous-même qu'aux autres. Vous devez apprendre le contrôle conscient des rayons de Lumière émanant de vos corps. Il n'est pas suffisant d'être un centre de radiation inconscient. Ce serait comme un corps avec des bras, des mains et pas d'intelligence pour les guider. Vous devez devenir, dans votre entraînement, avancement et progrès vers la perfection de Dieu, l'activité consciente contrôlant les rayons de lumière consciemment créés et dirigés que vous pouvez utiliser comme vous vous servez des doigts de votre main. Ensuite, en réglant la longueur de ces rayons lumineux, en en réglant la pression de chacun suivant les conditions, vous pouvez donner de l'aide et guérir où cela est nécessaire. C'est par la DIRECTION CONSCIENTE de ces puissants rayons lumineux que vous pouvez apaiser l'orage, défaire le centre du cyclone, arrêter tous genres de discordes, EN UN SEUL MOMENT. Pratiquez l'utilisation des rayons lumineux, mes bien-aimés, dirigez-les, concentrez-les et exercez par eux une pression de votre sentiment, chaque fois que l'état de la Terre demande de l'aide.

Avez-vous jamais pensé à la taille de Nos Corps Causals. Notre corps causal combiné est évidemment plus grand que ce système planétaire crée de notre propre substance Lumineuse, soutenu de notre Amour et de la Lumière que nous retirons consciemment du Soleil au dessus de Notre Centre. Ce corps causal va avec nous partout où Nous allons. Il fait partie de Nous, comme votre corps causal fait partie de vous. Lorsque nous venons pour une heure et entrons dans un champ de forces, qu'arrive-t-il cosmiquement parlant ? Le centre du pouvoir de Notre intelligence, et le cœur de Notre Corps Causal et champ de forces fusionnent et deviennent le cœur du Corps Causal de votre groupe. Votre champ de forces et votre corps causal est étendu à la périphérie du Nôtre. Donc, quoi que vous disiez, décrétiez, pensiez ou chantiez pendant que vous êtes en notre Présence, avec l'activité développée de notre corps causal, va à la périphérie même de votre système solaire avec beaucoup plus d'énergie qualifiée par Dieu que s'il s'agissait d'un groupe d'êtres non-élevés. Les Maîtres élevés et les Etres Cosmiques sont parmi vous, ce qui est très important lorsqu'il s'agit de couvrir une planète ou un système avec plus d'énergie qualifiée par Dieu que ne pourrait le faire un groupe d'êtres non élevés.

Lorsque vous attirez la Présence du Maître, vous magnétisez toute sa masse cosmique de sentiment. Dans ce sentiment se trouve chaque Victoire qu'Il a eue. Vous attirez tout ce pouvoir et cette conscience de victoire, d'assurance et de confiance dans le Tout-Puissant Pouvoir Divin ! Vous attirez toute la force-pensée du Maître, c'est-à-dire chaque morceau de la sagesse, de l'éducation, de la compréhension que Ce Maître a tiré de la Première Cause Universelle. Le Corps Causal du Maître, qui est un accumulateur de Flamme battante et vivante, devient accessible à chaque individu du groupe, qui devient une partie du Corps Causal, au cours de cette visite.

Donc, lorsque vous magnétisez un Etre Divin dans votre atmosphère, vous avez le privilège d'absorber tout ce qu'Il est au cours de sa visite. Lorsque l'Etre ayant terminé son service, enveloppe ses épaules de Son manteau de lumière et se retire, vous avez reçu l'équivalent d'une heure environ d'absorption des dons, des pouvoirs et de la Lumière de cet Etre dans votre propre monde de la Nature. Ceci est personnel, mais vous devenez le conducteur impersonnel de tous ces dons de pensées, de sentiments de maîtrise, par le déploiement du Corps Causal du groupe dans le monde mental, émotionnel et d'apparence physique de l'humanité, ainsi que dans le royaume élémentaire de toute vie.

Nous sommes très dévoués aux courants de vie qui choisissent de nous rencontrer en communion spirituelle et qui nous donnent l'occasion de donner notre vie aux masses, par l'intermédiaire de leurs différents centres de pensée et de sentiments.

Alors que nous parlons ici, toutes les planètes du système reçoivent le POUVOIR et la concentration d'essence qui a permis que Vesta et Moi-Même atteignions le statut d'un Soleil. Ceci, en temps voulu, nous amènera au statut de Soleil Central d'un nouveau système. Enfants, vous n'avez pas idée, dans vos esprits extérieurs, de la grande taille de l'univers, des innombrables milliers de Soleils, tous avec leurs propres planètes tournant autour d'eux, différents en nombre et en taille. Toutes ces planètes suivent le même tempo de rythme, d'harmonie et de perfection toujours croissante.

Les initiations au Soleil sont permanentes à partir d'Etres individuels qui ont appris à contrôler les deux aspects de l'Amour divin, l'absorption et le déversement qui font l'activité de la vie parfaite. Les Individus demandent constamment à avoir l'occasion d'être doués du pouvoir d'un degré Solaire, créant à leur tour des planètes, tirant des étincelles spirituelles de la Cause Première Universelle, et mettant au point des systèmes planétaires à la Gloire de Dieu.

Je me rappelle bien notre propre expérience et comme il a été nécessaire de prouver, par la direction des rayons lumineux, que nous pouvions projeter de Nous-mêmes une énergie concentrée suffisante pour créer d'abord, et ensuite maintenir une planète à une certaine distance donnée du centre qui représentait Nos Etres. Nous avons dû apprendre : le pouvoir de tirer la force d'amour de sorte qu'aucune de nos planètes ne sorte de la périphérie de notre système, cet équilibre constant ; la force de vie qui arrive ; et le déversement de la radiation qui maintient la planète en place, qui nourrit et soutient chacune d'elle.

Pour chaque Soleil choisi, il y en a des centaines qui ne reçoivent pas cette occasion pour le moment. Ensuite vient l'heure où ils la reçoivent. Cela provient de l'équilibre des pouvoirs centripète et centrifuge qui est dans l'utilisation de votre vie.

CET EQUILIBRE ET CE JUSTE MILIEU QUI DOIVENT VENIR DANS VOS PROPRES MONDES POUR QUE VOUS

EN FASSIEZ L'EXPERIENCE ET CONNAISSIEZ LA PAIX PARFAITE GRACE A EUX.

Vous tous êtes fils et filles des Dieux Soleils ! Soyez nous-mêmes en action dans ce monde de la forme.

LA CAPACITE DE CREER LA VIBRATION

La capacité de créer la vibration réside en chaque être, humain et divin et elle fait partie de l'Univers que je vous présente cette semaine.

La Science a découvert que la vibration en elle-même a deux aspects qu'elle appelle les forces centrifuges et centripètes. La centrifuge est une activité qui repousse, sortant du centre, et la force centripète est celle qui attire vers le centre par attraction de la substance comme en elle-même.

L'élève étudiant la loi spirituelle verra la similarité entre la révélation scientifique et les forces et aptitudes de sa propre nature émotionnelle. Il verra aussi que, dans la force centripète, se trouve ce pouvoir indéfinissable de l'Amour qui est la traction magnétique attirant les substances d'une vibration harmonieuse, animées et inanimées, vers la traction électronique qui peut être engendrée par le courant de vie.

La force centrifuge, qui est également une puissance constructive que la Source Universelle a utilisée pour extérioriser son Univers, est la force que l'homme a assumée inconsciemment et utilisée d'une manière plus vile que cela n'avait été naturellement prévu à l'origine. L'explosion de l'atome, et les explosions des émotions sont une partie de cette force centrifuge qui, sous une direction convenable, est la méthode la plus puissante d'extérioriser sa propre sphère d'influence ou les pouvoirs du bien.

Dans le cas de la création, de la sustentation et de l'alimentation de l'Univers, les deux Etres qui représentent les pôles du Soleil, sont chacun un Foyer ou un aspect de cette force qui, dans le jargon électrique, sont définis comme « les pôles négatifs et positifs ». L'élément masculin connu sous le nom de Puissant Hélios est le déversement des électrons au travers des signes zodiacaux, et des autres foyers connus tels que les Elohims, l'Etoile d'Amour, etc., sans oublier de nombreux canaux se trouvant encore derrière le voile. Cette force centrifuge nous enverrait tous voler dans l'espace, si elle n'était pas contre-balancée par l'Aspect d'Amour contenu dans la vibration féminine, qui attire et retient les planètes ainsi que l'Univers et sa vie.

L'équilibre parfait des deux activités de la création doit, un jour, être réalisé à l'intérieur de l'homme. La maîtrise de soi vient lorsqu'on est capable d'extérioriser des idées et de repousser des vibrations de nature destructive, sans toutefois rendre sa propre sphère d'influence si grande que l'Elément d'Amour qui peut être attiré par ce foyer, soit insuffisant pour atteindre la périphérie.

Etudiez bien cette Leçon, mes bien chers, car elle est importante pour votre développement spirituel.

Amour et bénédiction.
LE MAHA CHOHAN

EXTRAITS D'UNE ALLOCUTION DU BIEN-AIME SEIGNEUR MAITREYA SUR L'USAGE DU LIBRE ARBITRE

Enfants bien-aimés et bénis du Dieu Unique, vous qui êtes arrivés dans les recoins les plus profonds de vos âmes jusqu'au point où vous désirez en vous-mêmes faire la Volonté de Dieu ! Vous avez appelé dans votre présence l'Hôte du Ciel, et Moi-même, car il n'existe personne, pas même Dieu dans la miséricorde de Sa Lumière, qui dira « Non à l'homme » lorsque celui-ci choisit d'user de sa vie suivant les plans de son propre choix.

Un des premiers cadeaux que Dieu vous a fait, à vous, courant de vie créé originellement frais et beau du cœur de l'Univers, est le libre arbitre ! Ce libre arbitre a été le cadeau aux individus qui sont restés sur le chemin de la lumière et à ceux qui ont tissé pour eux-mêmes les ombres et le chemin des ténèbres.

Le libre arbitre pour les Anges et les Archanges, les Seraphins et les Chérubins, a toujours été utilisé en obéissance constante et joyeuse à la Loi divine, au Plan divin, au Modèle divin. Le libre arbitre pour bien des êtres qui ont appartenu aux différentes races d'origine, leur a permis de ne même pas désirer l'incarnation sur cette Terre ou toute autre planète de ce système.

Le libre arbitre a été choisi par d'autres courants de vie, pour faire l'essai de pensées et d'émotions ; pour attirer par eux ces formes qui finalement l'ont enfermé dans les conditions où ils ont été parqués pour de nombreux siècles, sans même pouvoir revenir à une incarnation physique.

Lorsque nous arrivons à discuter de la suppression de l'usage destructif du libre arbitre de l'humanité, nous touchons à une portion de la Loi Cosmique qui demande beaucoup d'étude et de compréhension, de la part de ceux qui hardiment et le plus aimablement et sagement, ont choisi de retirer à l'humanité de la Terre aux Anges emprisonnés, à la vie élémentaire, aux désincarnés, aux dormeurs, l'usage destructif du libre arbitre.

Mes bien-aimés, une partie intégrante de votre être individualisé, lorsque vous fûtes expirés hors de la Première Cause Universelle, fut la liberté d'utiliser la vie. La vie qui vous est donnée par le Père qui a créé la fontaine immortelle d'essence flamboyante dans votre cœur ; la vie en vous, destinée à concevoir une partie du royaume de Dieu, libérant dans votre esprit, depuis la grande fontaine universelle, ces idées qui pourraient bénir la race ; les revêtant de votre propre pensée, les nourrissant de vos sentiments puis les abaissant dans la sphère et le royaume où vous séjourniez, jusqu'à ce qu'elles soient devenues une bénédiction et un avantage pour toute la vie.

Votre raison originelle d'être ; la raison pour la création de votre individualisation était en premier lieu que vous puissiez être co-créateur avec Dieu ; que vous puissiez partager avec le Père et la Mère de ce système la joie de développer la beauté ; que vous puissiez, par l'intermédiaire de l'initiative et de l'amour de la beauté dans toutes ses expressions manifestées, désirer multiplier la perfection omnipotente du Tout-Puissant et l'éterniser dans vos propres auras, jusqu'à ce qu'elle soit remplie et répandue dans tout l'univers où vous résidez actuellement.

Toutefois certains humains décidèrent subitement en utilisant leur libre arbitre qu'ils n'accepteraient plus d'initiation de leur présence « JE SUIS », qu'ils feraient des essais avec des pensées et des sentiments en application de leur liberté d'user de la Vie malgré qu'ils avaient la Triple Flamme Intégrée Immortelle et qu'ils avaient accepté comme leurs centres de pensées et de sentiments. Ce faisant, ils créèrent des images imparfaites, leur donnèrent de l'énergie par les sentiments. Ensuite, ces créations furent catapultées par leur poids dans les mondes éthériques et physiques. Alors les ombres et les limitations commencèrent.

Maintenant, nous nous efforçons de renverser ce processus. Nous essayons de ramener l'humanité à un point où elle ne désire plus faire des essais de façon ignorante, ou avec des intentions vicieuses quant à l'usage de la vie. Ceci pour qu'elle arrive au point de s'agenouiller devant son Créateur et que, dans le secret de sa prière, elle demande à Dieu la raison pour laquelle on l'a fait exister ; la raison pour laquelle elle a été soutenue au travers des siècles ; la raison pour laquelle la vie lui a été donnée passant en elle pour créer corps après corps ; la raison pour laquelle on lui donne toute l'aide possible à la purification par le Feu Sacré. Lorsqu'elle reçoit cette raison, l'humanité utilise la Présence « JE SUIS » pour donner aux individus le courage, la force, l'enthousiasme, la constance nécessaire pour justifier leur raison d'être, et elle l'écrit joyeusement dans le Livre de Vie, comme une chose de beauté et de magnificence dans ce monde physique. S'ils ne doivent plus se réincarner, les individus l'écrivent sur le Livre de Vie du Royaume où ils demeurent alors.

Pour un seul homme qui témoigne d'enthousiasme au service de Dieu, il y a des milliers d'âmes papelardes qui servent parce qu'elles pensent que c'est leur devoir.

C'est pour apporter la joie, l'enthousiasme, le bonheur, la confiance et la constance dans la religion que Nous venons près de la Terre actuellement. Nous choisissons d'y rester pour répéter encore et toujours les activités de la Loi, afin qu'elles puissent peut-être pénétrer dans l'UNE de vos consciences, et que l'une d'entre elles la saisisse, la nourrisse, la développe et la manifeste afin de donner du courage au reste.

UN HOMME QUI REUSSIT DANS LA MANIFESTATION PRATIQUE ET SCIENTIFIQUE DE LA LOI COSMIQUE PEUT EN CONVAINCRE ET EN CONVERTIR DES MILLIONS !

Témoignage : la vie de Jésus-Christ.

Chaque fois que l'occasion nous est donnée d'atteindre votre conscience pour quelques moments, nous versons par nos intentions et nos pieux efforts à partir de Nos mondes de sentiments pendant que nous sommes en communion avec vous, suffisamment de compréhension de la Loi pour qu'une âme, quelque part la ramasse et la tisse en une manifestation pratique.

Je vous aime depuis longtemps, mes bien-aimés. Je vous ai bien aimés et je vous aimerai toujours, jusqu'à ce que vous rentriez dans la gloire et la perfection que vous avez connues dans le Grand Soleil Central avant que ce monde ne soit conçu dans le cœur et l'esprit d'Hélios et de Vesta ; avant qu'il ne soit placé dans le cœur de l'Observateur Silencieux ; avant qu'il ne soit extériorisé par la coopération des Sept Elohims et avant qu'il ne soit habitable pour l'humanité et les Esprits Gardiens. Mes bien-aimés, vous apprenez à visiter les Retraites de l'Hôte Elevé en conscience. Vous devenez beaucoup plus familiers avec les activités qui ont eu lieu dans les magnifiques retraites. Au titre de mon projet particulier j'ai demandé que les Maîtres qui viennent vous donner un peu de leur instruction, de leur expérience de la vie, vous fassent sentir qu'ils sont des Etres réels, tangibles, vivants et non pas des nuages éphémères ou Dieux abstraits. Nous espérons que, par nos tentatives, vous êtes arrivés à une plus claire réalisation de l'individualité, c'est-à-dire du tout-puissant et magnifique Morya, de l'aimable et sage Kuthumi, du beau Paul aimant, de l'indomptable Sérapis, de la beauté et de l'esprit d'Hilarion, de la nature de Jésus, des expériences de Marie et du grand espoir du Cœur de Saint Germain. Les expériences simples que je leur ai demandé de partager avec vous ont pour but de vous en faire de vrais Amis, de jeter un pont sur l'abîme qui existe entre l'homme et Dieu, en faisant descendre de leur piédestal d'ivoire ces Maîtres, les Archanges, les Devas et les amener à un point où vous pouvez comprendre leur réalité. En la comprenant, vous travaillerez en collaboration spirituelle, dans une association naturelle dont on prédit depuis quelque temps qu'elle sera l'association qui viendra lorsque vous entrerez dans l'ère de la liberté ; lorsque les anges, les Maîtres et les élémentaires n'auront plus de voiles entre leurs Royaumes.

Vous arrivez à ce jour, et le corps des étudiants, des élèves sur la route, ceux qui connaissent un peu la Loi spirituelle, ceux qui acceptent même d'une façon abstraite Notre Présence, sont ceux que Nous essayons de servir en premier lieu, dans cette purification en délogeant l'accumulation des âges, et en réinstaurant l'action vibratoire de la perfection de votre Présence « JE SUIS » dans vos corps intérieurs et vos corps physiques.

Vos corps inférieurs entourent votre forme physique comme des œufs dans des œufs. Votre corps physique est au centre, votre corps éthérique le pénètre, ensuite votre corps mental, et le grande ovoide qui entoure tout le groupe est votre corps émotionnel. Ces quatre véhicules utilisent la plupart de la vie qui est déversée par votre corde d'argent dans votre cœur. Ces véhicules utilisent cette vie sans beaucoup tenir compte de l'orientation de la Triple Flamme Intégrée et Immortelle de Dieu, ancrée dans votre cœur. Ils ressemblent à des enfants mal élevés qui, au cours des siècles, si les enfants pouvaient vivre aussi longtemps, ont fait ce qu'ils ont voulu sans rien demander à leurs parents, en faisant simplement usage de leurs propres énergies pour satisfaire tous leurs caprices. Maintenant que ces corps ont tiré et détérioré la Vie originelle qui arrive par la corde d'argent en des flambées émotionnelles soudaines de dépressions mentales, en rétrospection éthérique de détresse, en excès physiques, ils ont abaissé l'action vibratoire au-dessous de ce que notre Bien-Aimé Saint Germain appelle « la ligne de flottaison ». C'est la ligne d'harmonie, d'amour divin, la ligne du bonheur, de pureté et de paix, l'action vibratoire où il n'existe pas de dissonance. En d'autres mots, vous pourriez dire que vos quatre corps inférieurs sont submergés dans la couche de la détresse humaine. Il est actuellement nécessaire d'accélérer leur action vibratoire ; de les élever consciemment au-dessus de ces couches que vous appelez les royaumes psychiques et astraux, et de maintenir EN PERMANENCE l'énergie dans ces corps, au-dessus de ces couches.

L'AME RECHERCHANT LA LUMIERE

L'ardeur des étudiants à jeter un pont sur l'abîme entre la nuit extérieure de l'esprit humain et la conscience des Maîtres Elevés est, évidemment, un élan puissant et beau qui emmène l'âme vers de grandes hauteurs. L'ardeur, le zèle et l'enthousiasme ne doivent jamais être abaissés dans les cœurs de ceux dans lesquels ils s'élèvent.

L'ardeur et l'enthousiasme sont comme le plus haut pic des montagnes recouvertes de glace et souvent, lorsque la manifestation ne correspond pas aux espoirs de l'aspirant, la conscience glisse depuis les pics, dans des vallées de désespoir, de découragement et de désappointement.

L'étudiant doit comprendre que l'aspirant est comme une âme dans le noir qui cherche la lumière, le noir est relatif, mais que jusqu'à ce que l'individu soit élevé, il y a une accumulation plus ou moins grande d'ombres.

Cet aspirant désire ardemment la plénitude de la vérité et cela en soi est bon. Mais l'aspirant qui est dans l'ombre ne sait pas ce qu'il doit attendre de l'Aspect de la Sagesse, et ses espoirs ne sont donc pas un critère pour savoir si oui ou non, il reçoit le plus grand déversement possible suivant les besoins de la croissance de son âme. Cependant l'étudiant sincère qui applique avec zèle la Loi, au mieux de ses possibilités, se catapulte constamment au-dessus des abîmes du désespoir et du découragement, malgré que selon son opinion humaine le résultat apparaisse incomplet.

Si l'étudiant pouvait seulement comprendre ce que Saint Germain a dit à maintes reprises :

« Faites votre demande, mais ne vous attendez pas à des
« résultats spécifiques — réjouissez-vous simplement en
« sachant que cette demande ne peut pas échouer. »

il s'économiserait un travail infini, lorsqu'il monte et descend, monte et descend, monte et descend entre l'effort répété et la léthargie, l'enthousiasme et le désespoir.

Le MAHA CHOHAN

CONCERNANT LA MUSIQUE

Je parlerai aujourd'hui de la Musique et de sa place dans le schéma universel de création. La Musique est en elle-même l'effet qui remue la substance de Lumière universelle pour la garder en mouvement par les pouvoirs créatifs de la pensée, du sentiment, de l'action et de la parole. Cependant, bien qu'il y ait un effet qui résulte de la vibration des vagues d'énergie, elle peut être puissamment utilisée comme une Cause, lorsqu'elle est convenablement comprise, dirigée et interprétée.

La Musique est synonyme d'Activité dans les Royaumes de la Perfection de Dieu, car toute pensée et sentiment de Dieu crée un son glorieux, en émettant une superbe couleur habillée d'une forme exquise. La Création est accompagnée d'une musique tellement belle qu'elle arrêterait le cœur de l'homme. Le mouvement rythmique des planètes autour du Soleil contribue à la Symphonie Cosmique, et le déplacement en avant de la galaxie est une procession d'une magnifique splendeur telle que les mots ne peuvent même pas tenter de décrire son pouvoir inspirant, vivifiant et énergétique.

Les Etres de lumière irradient une gamme individuelle tissée dans une superbe symphonie de sons, et lorsqu'ils se meuvent dans l'espace interstellaire, la résonance de leurs tons cosmiques est une inspiration pour tous ceux qui ont le privilège de posséder l'accès à l'oreille intérieure.

Ces chants naturels du Soleil, des planètes, de l'Hôte Angélique et des Maîtres Elevés sont, comme les parfums des fleurs, la radiation de ces Etres contribue à la musique des Sphères sans la radiation consciente des facultés du courant de vie. Chacun peut se concentrer sur le don du Chant par ses propres cordes vocales ou sur le don de la musique par les talents particuliers mis au point par son intelligence consciente. Lorsque les Maîtres, les Devas, l'Hôte Angélique choisissent de concentrer la Musique des Sphères par des concerts cosmiques, ce sont *alors* vraiment les Cieux les plus hauts qui sonnent. A l'époque de Noël, particulièrement au cœur de la semaine sainte, les chorales cosmiques sont glorieuses au-delà de toute expression. Mais pour cette instruction, je désire commenter l'émanation naturelle du son musical qui forme la musique des Sphères. Chaque courant de vie appartenant à cet Univers qui a atteint la Victoire de l'Elévation et chaque Etre cosmique et Présence du Maître sont des facteurs qui contribuent à cette mer de musique qui, comme la lumière elle-même, forme l'atmosphère des Octaves de Lumière. La toute-puissante Présence « Je Suis » de chaque être non élevé donne également sa note particulière, et sa mélodie universelle dans le Royaume dans lequel elle fonctionne avant l'Ascension du moi extérieur.

C'est de cette Mer de lumière que les Maîtres tirent la Musique qui est la propriété générale de tous les Hôtes Célestes. Ils la centrent par les Temples musicaux, sous la direction d'Etres Angéliques qui l'amplifient par leur propre vie, la dirigent vers des compositeurs qui sont dignes d'une inspiration, d'une aide dépassant l'ordinaire, et vers des artistes qui ont développé, par des siècles de dévouement à l'Esprit de Musique, une sensibilité aux courants spirituels qui peuvent passer par des activités musicales spécifiques. Ces gens ont généralement la chance de pouvoir accéder la nuit à certains de ces Temples de Musique, lorsque leurs corps dorment et aussi lorsqu'ils passent par les Halls du Jugement Karmique à la fin de la vie terrestre. Les mélodies superbes couchées sur le papier par des hommes et des femmes, sont les résultats de ces tentatives auxquelles je participe très activement.

La plupart des Grands Opéras qui durent depuis des Siècles représentent le « déversement » d'un Temple de Musique qui est devenu le Foyer concentré d'une action vibratoire particulière dans les Royaumes intérieurs. Par exemple, la procession du Soleil et de ses planètes autour du Grand Soleil Central est incorporée dans la musique majestueuse de Wagner. Le Temple de la Musique, grâce auquel cette musique est dirigée vers la Terre est d'un beau bleu azur et les Devas, comme les Anges, sont revêtus de robes dans des bleus de tons variés depuis le blanc bleuté si délicat jusqu'au Bleu Royal profond, profond du Premier Rayon.

Lorsqu'un compositeur, Wagner par exemple, prend les mélodies d'un Temple de Musique, c'est habituellement un Maître qui dirige Son Rayon dans le cerveau du compositeur, pour s'efforcer de construire une histoire convenable autour de la musique. Vous verrez que l'état de développement du corps mental, qui est le réceptacle de l'impression de l'histoire, ainsi que celui du corps émotionnel qui est le réceptacle des sentiments et du thème de la musique, contribueront grandement aux résultats définitifs. Certains compositeurs ont fait des choses merveilleuses avec l'interprétation musicale, mais ils furent incapables de recevoir des directives mentales claires, et l'histoire qui en est sortie, n'est pas vraiment représentative du thème.

Dans le cas des compositions de Wagner, nous avions l'aide de son corps mental et ainsi les initiations mystiques sont tissées dans ses histoires. Vous savez évidemment que l'Insigne des Chevaliers de la Table Ronde était le Cygne, qui représente l'Initié... capable de prendre son essor dans les airs, maîtriser l'élément émotionnel de l'eau, et, en raison de ses facultés particulières (long cou, yeux perçants) percer sous l'eau pour découvrir aussi les éléments des profondeurs. Wagner a beaucoup utilisé le Cygne comme symbole de l'initiation mystique. La vieille mythologie Norse raconte comment les nobles de cet âge chantaient leurs « chants du cygne ». Aujourd'hui les gens interprètent cela, comme une admission de défaite, d'échec et de soumission au destin, mais dans ces premiers temps, lorsque les batailles terrestres étaient terminées, les Grands recevaient la permission de chanter le Chant du Cygne pour signifier qu'ils étaient devenus des Initiés, et qu'ils s'élevaient consciemment hors des limites de la matière vers une liberté nouvelle.

Lorsqu'on chante un Opéra, la Qualité qui est son thème prédominant est grandement amplifiée par le Temple de la Musique et ses Aides et, depuis le foyer central, où cette musique est présentée, les Anges, les Devas, les Hôtes Chérubiques et Séraphiques portent les Rayons de cet Opéra dans la ville, l'Etat, la nation et la Terre. Les Grandes Constructions qui ont abrité les Génies Musicaux de la Race sont évidemment protégés par les Devas et les Constructeurs de forme qui coopèrent avec le Temple Cosmique officiant dans ce service. Nous espérons maintenant obtenir la coopération consciente de votre courant de vie et que certains étudiants amplifient ces courants, lorsqu'ils les reçoivent pour les faire progresser avec une vitesse accrue provenant de la COMPREHENSION CONSCIENTE des Activités Mystiques Intérieures raccordées à ce qu'on appelle les représentations du monde extérieur.

Lohengrin est d'abord l'histoire de la FOI. L'aspirant (Elsa) se tient devant le Conseil Karmique. Son protecteur (et rayon jumeau) vient à ses côtés, en chevauchant le dos du cygne (pouvoirs mystiques contrôlés par la maîtrise de soi). Elle doit l'accepter tel qu'il est, sans curiosité ; ce qu'elle fait. Ensuite vient *le test*, au cours duquel Orturd et Telramond installent le doute dans son esprit en ce qui concerne la véritable identité de l'homme qu'elle aime. Elle accepte leurs suggestions de doute et abandonne le droit à Sa Présence. Lohengrin appelle son cygne qui demeure pour aider Elsa dans une moindre capacité, car c'est la Miséricorde de la Vie, mais elle a renoncé à la Présence de l'Initié.

Ainsi, chaque étudiant se trouve seul un jour, avec la Lumière de son cœur pour seul guide, et il doit décider de la nature de Son Professeur, pas par son nom, sa personne, son héritage. A ce moment-là, toutes les forces du doute et de l'incertitude s'élèvent en dedans et au-dehors, et c'est le moment crucial dans la vie de l'étudiant qui a été choisi pour une association plus qu'ordinaire avec un Maître de Lumière. Si le doute et l'incertitude exigent du novice qu'il n'accepte pas le Maître, comme Lohengrin, Celui-ci doit se retirer, et une moindre lumière (l'héritier du duché de Brabant dans l'histoire) devient la Présence Gardienne du courant de vie jusqu'à une autre vie.

Puissent les bénédictions de l'Harmonie de l'espace interstellaire, jouer au travers des éléments qui constituent vos véhicules et accordent chaque atome et cellule à leur potentiel le plus élevé, comme récepteur et comme émetteur des courants divins et bénédictions, pour enrichir la vie.

Puis-je vous remercier de l'occasion qui nous est donnée de qualifier encore les vibrations de la musique qui le sont déjà harmonieusement avec les Pouvoirs et les activités du Feu Sacré qui entrent dans l'atmosphère intérieure et rendent un service permanent très important aux véhicules dans lesquels fonctionnent les âmes des hommes, aussi bien que dans l'atmosphère inférieure de la terre dans laquelle, pour la plupart, leur conscience demeure.

Au temps de l'Age d'Or, des Bénédictions Cosmiques faisaient le tour de la planète chaque fois que la Musique était présentée par l'un des Foyers Musicaux et était reprise par les temples locaux sur les différents continents, qui, à ce moment-là, étaient les hôtes pour une partie de la race en évolution. Par exemple, si une représentation sur l'île de Poséidon était annoncée, les Prêtres des Temples de Musique sur tous les continents s'arrangeaient soit pour avoir une présentation similaire en même temps, soit pour que des Prêtres et Prêtresses spécialisés viennent dans leur Temple et tirent délibérément les courants de musique, du temple de Présentation pour irradier ensuite cette bénédiction dans leur localité. Ces individus avaient le pouvoir non seulement de magnétiser les vagues d'énergie qui existaient, mais de recréer le son et de « diffuser » littéralement la représentation tout entière, exactement comme le font aujourd'hui les mécanismes de la radio et de la télévision. A ce propos, toutes les machines et mécanismes de l'esprit humain ne sont que de pâles imitations des activités naturelles que l'homme lui-même pouvait manifester sans l'aide de ces agents artificiels, l'aéroplane, la lévitation, la radio et la télévision, la télépathie, etc.

Comme les temples locaux employaient les talents de leur propre localité en présentant la même Représentation musicale ou faisant confiance aux Prêtres et Prêtresses pour qu'ils fassent le nécessaire pour eux, le champ de force de ces temples devenait le centre irradiant, portant les bénédiction spéciales du Feu Sacré que les Pouvoirs gardiens de la civilisation dirigeaient au travers de ces présentations.

Beaucoup plus tard, lorsque les Pouvoirs gardiens étaient presque tout à fait oubliés, qu'on ne recherchait plus et qu'on n'acceptait plus leurs conseils, ni leurs directives, des courants de vie sensibles continuaient à préserver l'idée originale d'encercler la planète avec les bénédictions d'une musique harmonieuse. Des chaînes d'Opéras étaient établies dans les grandes villes et, plutôt que chacun fasse des spectacles suivant ses idées, toutes présentaient le même Opéra en même temps, tout comme des étudiants participent maintenant dans les activités de la Flamme de transmission. Plus tard, comme les efforts d'unité et de coopération sont la cible des forces qui s'opposent à l'harmonie et à l'unité, cette tentative de coopération fut détruite et des organisations d'affaires séparées commencèrent à « vendre » de la musique.

Naturellement lorsqu'une activité quelconque est vendue, l'intelligence directrice servant de guide est abandonnée en faveur du « plaisir des patrons ». Les représentations ne pouvaient plus être choisies, suivant les occasions particulières de bénédictions, dues aux Courants Cosmiques, aux opportunités, lorsque certaines constellations renforçaient les élans et les énergies s'écoulant sur la Terre, pour supprimer ou alléger les désastres et les crises imminentes. Celles-ci pourraient, souvent, être évitées par une énergie harmonieusement dirigée, qualifiée par les Pouvoirs gardiens et les Etres Cosmiques avec certaines actions du Feu Sacré.

Le seul salut par lequel la bonne musique peut survivre, je veux dire la musique naturellement qualifiée par sa vibration pour conduire le Feu Sacré, fut dû à l'intérêt profond résidant dans le cœur des amoureux de la musique, qui furent volontaires à des niveaux intérieurs pour se rappeler, lors de l'incarnation, d'avoir à exiger certains standards des producteurs et vendeurs de musique. Ces volontaires devinrent le public « acheteur » et influencèrent les vendeurs commerciaux qui cherchèrent à leur plaire, car ils représentaient le succès de leur placement. D'autres amateurs de musique, entraînés à l'art de la composition, incarnèrent et attirèrent plus de musique venant des Sphères, ajoutant à l'héritage de mélodies immortelles qui dureront au-delà de cet âge de commercialisation, dans la nouvelle Ere de l'Harmonie Divine qui est partie de l'âge de cérémonie qui arrive.

Vous verrez donc que tous les amateurs de musique, tous les compositeurs et tous les chers courants de vie qui maintiennent un certain standard spirituel au sujet des représentations musicales, des compositions, du développement et de l'appréciation de la musique, sont les gardiens qui ont été volontaires pour soutenir la Musique des Sphères au cours de ces âges sombres.

Bénédictions de
SERAPIS
de Louxor.

Mes Biens-Aimés,

Je suis arrivé du Grand Temple de Musique qui a été construit par les Seigneurs de la Forme. Bien qu'il soit invisible pour l'œil humain, il est très réel et merveilleux. Il existe quatre temples, les Temples de Science, d'Art, de Guérison et de Musique. Ils sont tous liés ensemble, car l'art, la musique et la science sont tous nécessaires dans l'art de la guérison. Lorsqu'on joue de la musique en étant conscient qu'elle fait partie de la guérison, cela met en mouvement une vibration qui enveloppe celui qui en a besoin. Il se trouve apaisé et réconforté. Lorsqu'on est malade en son corps et en son esprit ou dans les affaires, on est hors du rythme et de l'harmonie. On n'est pas à l'aise. Dans votre langage vous parlez de cela comme de maladie.

Vous êtes tous des notes dans la grande symphonie de Dieu et lorsque vous êtes hors du rythme, vous vous fermez aux vibrations guérissantes qui balaient continuellement l'univers. Ma musique est une des avenues par lesquelles ces vibrations de guérison parviennent jusqu'à vous. Quelquefois le matin, lorsque vous commencez votre journée, vous pouvez vous sentir lourd, malheureux et hors d'harmonie. Si vous chantez ou fredonnez un air, vous élevez ces vibrations ou cette simple action et donnez à votre corps une note plus heureuse pour toute la journée. Souvent lorsque vous déraillez musicalement, vous donnez à votre corps un rythme interrompu ou une note discordante qui colore votre journée tout entière. Lorsque le soir arrive, vous êtes las, mécontent et malheureux. Essayez de fredonner ou de chanter quelque chose qui ait du rythme avec un son joyeux, lorsque vous vous réveillerez le matin.

Dans l'âge nouveau, la musique prendra la place des drogues, elle ramènera l'équilibre à ces esprits qui ne sont pas harmonieux. La musique sera employée dans les usines, pas çà et là, comme on le fait aujourd'hui, mais elle sera plus répandue pour aider les travailleurs à maintenir une cadence paisible et heureuse. Les rythmes interrompus qui passent aujourd'hui sous le nom de musique disparaîtront. Les docteurs prescriront des mélodies spéciales pour différentes maladies. Au moment opportun ceci se produira rapidement et de belle façon.

Le grand Temple de la Musique est rempli de couleur et de beauté ainsi que la musique, et c'est au travers de ce temple que descend la musique pour guérir les enfants bien-aimés de Dieu. Il y a toutes sortes d'instruments musicaux, dont beaucoup sont encore inconnus, mais vous en connaissez beaucoup. Il y a des classes où ceux qui désirent apprendre à jouer ces instruments peuvent venir. Ceux d'entre vous qui aiment la musique, viennent souvent à ce grand Temple pendant vos heures de sommeil. Vous écoutez les belles harmonies ou jouez sur les différents instruments. C'est une joyeusse expérience. Ceux d'entre vous qui y vont souvent se demandent pourquoi vous êtes si heureux lorsque vous vous réveillez le matin. C'est parce que vous avez passé de nombreuses heures dans ce beau Temple.

Nous sommes très heureux de pouvoir vous parler de ce Temple merveilleux. Le temps viendra où ces Temples d'Art, de Science, de Guérison et de Musique qui sont actuellement invisibles pour vous, auront leur contrepartie sur le plan physique pour que vous le voyiez tous.

Nous vous bénissons tous, au nom du Grand Musicien de tous les temps et de toute l'éternité. Votre père céleste. AMEN !

Anonyme

COMMENT VOUS POUVEZ BAIGNER DANS UN OCEAN DE MUSIQUE

par la Déesse Bien-Aimée de la Musique

Je veux que vous voyiez une mer de sons cascadant comme une cascade prismatique cristalline, descendant sur des milliers de mètres au travers de la montagne. Cette rivière exquise et cascadante de force électronique pure déverse une mélodie à travers des Sept Octaves d'Expression, lors de sa descente du Cœur de Dieu dans le monde d'apparence physique. Elle représente le flot constant de l'harmonie de chaque courant de vie depuis le Dieu Solaire jusqu'à l'homme.

Chaque plan au travers duquel passe ce son exquis de l'accord de vie, est enrichi par cette Mélodie Glorieuse et le sous-plan répète cette mélodie dans une octave qui peut être goûtée par ceux qui demeurent dans son action vibratoire en particulier où, de nouveau, elle est abaissée et transposée pour enrichir l'octave inférieure dans sa descente vers la Terre. De sorte que vous pouvez avoir une image de la mélodie constante de votre individualisation, car le courant de vie est une répétition permanente. Il est toujours et constamment réapprovisionné par la Source sans limite de la Fontaine de vie éternelle qui, avec une précision sans faille, soutient la note et développe la Mélodie de tous les êtres créés, suivant leur composition d'origine. Ainsi, dans le Monde de Création Cosmique, la Couleur et la Musique représentant les manifestations de la pensée et de l'émotion divines.

Lorsque la Glorieuse Mélodie descend du Saint Moi Christique pour s'exprimer dans les quatre aspects DES VEHICULES INFERIEURS, LA MELODIE ET LA COULEUR QUI EN RESULTENT DEPENDENT DE L'HARMONIE A L'INTERIEUR DE CHACUN DE CES VEHICULES. La mélodie naturelle pré-ordonnée ne trouve pas d'expression avant que tous les véhicules soient en parfait alignement.

Nous arrivons maintenant à une compréhension de votre unité avec cette mer cascadante, prismatique ; de couleurs et de sons exquis. Si vous voulez vous ouvrir à son déversement, vous aurez une grande paix d'esprit et de cœur ; un grand équilibre ainsi qu'une réalisation beaucoup plus intense de l'extase de *simplement exister.*

Etre témoin de l'expression de l'essence de vie de Cyclopéa, c'est avoir le privilège de voir l'une des plus belles manifestations de la création, lorsque la Rivière de Vie de ce Grand Etre descend de la Source de Création, baignant littéralement l'espace cosmique dans des océans de mélodie, de couleur et d'harmonie, et ceci dans l'état passif ou au repos qui est l'ordre naturel de *Sa simple existence.* Mais lorsque le puissant Elohim choisit d'animer cette harmonie naturelle du Pouvoir de la Flamme de son Cœur, cet immense océan de sons et de couleurs prismatiques est dirigé consciemment dans des millions de courants de vie individualisés qui partent de son cœur et qui s'étalent comme des éventails en sortant de son Corps. Chacun porte la note-clé et le principe fondamental de Sa propre Emanation Spirituelle, dans laquelle sont tissées tellement d'interprétations originales et exquises du CHANT UNIQUE, que tout l'univers semble VIVANT de l'extase de cette musique qui passe aussi bien par les corps des Dieux Solaires, des Anges, des Devas que par la conscience et les corps intérieurs des hommes.

Quelle que soit l'activité de n'importe quel Etre Individualisé dans l'espace interstellaire, il est toujours conscient de cette Ruée d'énergie exquise passant par Lui, lorsque Cyclopéa est en Action cosmique. Leur beauté, leur extase et leur perfection sont intensifiées par Son effusion.

Quand vous vous rendez compte que Cyclopéa ne fait qu'UN (quoique le Un majeur) avec les légions innombrables d'Etres Perfectionnés, Dieux Solaires, Devas, Anges, Chérubins et Séraphins qui représentent l'Effusion musicale de la Divinité, que TOUS sont plus ou moins constamment engagés dans une activité créative, vous pouvez, d'une certaine façon, saisir l'idée de la perfection exquise des Sphères Intérieures et saisir comment la Gloire de Toute Vie est instantanément augmentée par l'expression du Cœur de chacun de ceux qui servent.

Bien que Cyclopéa et les Légions Puissantes appartenant au Rayon de la Musique, soient des expressions plus concentrées de la Musique des Sphères, ce sont la musique exquise, les sons, les couleurs et les senteurs magnifiques de l'effusion naturelle de la Grâce de Dieu qui passent par chaque courant de vie perfectionné. Le Royaume qu'on appelle l'Octave des Maîtres Elevés est un Royaume de Musique, de Parfum, de Beauté, de Paix et de Perfection. Ce mot de Perfection est insuffisant pour décrire véritablement.

En contemplant ce qui précède, qui n'est qu'une simple description du Royaume auquel vous aspirez, vous comprenez comment vous pouvez appeler et attirer au travers de votre fil de vie, des océans d'énergie harmonieuse. L'univers est littéralement saturé de celle-ci. Vous atteindrez avec votre fil de vie enfermé dans cette essence protectrice, cet état de paix où vous entrerez consciemment dans cette sphère intérieure. Là vous ferez l'expérience et connaîtrez le Royaume de l'Harmonie et du Bonheur pour vous-mêmes.

JE SUIS connue en tant que Déesse de la Musique. Ma Vie est dédiée à la présentation de la Beauté, de l'Harmonie, du Bonheur, des Parfums, et de l'Accord qui sont tous des expressions naturelles de la VIE UNIQUE. Lorsque vous PASSEZ AU TRAVERS DU VOILE DE MON NOM vous pouvez percevoir mon identité qui fera vos délices et vous surprendra.

MUSIQUE
Un courant d'énergie harmonieux

La musique des Sphères, exprimée par une série de véhicules complètement harmonisés, par les accords divins qui sont la radiation naturelle des Planètes du Système, et par l'Hôte élevé de Lumière, peut être appelé pour être libéré pour la paix, la guérison, la beauté.

La musique est l'un des plus puissants conducteurs de Beauté. Lorsque la charmante Dame Vénus passe dans l'atmosphère, son esprit exquis aide les oiseaux à chanter plus doucement et même les sons majestueux du Logoi Planétaire sont plus amples dans leur résonance vibrante.

La musique, comme la Lumière, est un Conducteur qui ne crée jamais de résistance, ou un conflit dans une partie de l'énergie vitale. C'est un courant harmonieux d'énergie qui peut régulariser les apparences extérieures et changer la qualité d'énergie aussi facilement que le feu transmute tous les taux inférieurs de vibration et de substance dans la Quatrième dimension sans argument et sans bataille.

Comprenez, chers amis, que je me réfère à la musique classique et semi-classique glorieuse et harmonieuse, que les Compositeurs érudits des siècles passés ont produite, et certainement pas au rythme brisé d'aucun âge quel qu'il soit. J'espère que votre conscience plus éclairée maintenant comprendra cela sans aucune question.

Lorsque vous avez élevé l'action vibratoire de vos véhicules par l'usage des Flammes de Purification et de Transmutation (Feu Violet) la note d'accord vibratoire de votre courant de vie émettra ses beaux accords et elle sera entendue par ceux qui ont le privilège de se tenir dans votre aura.

La musique a joué un grand rôle dans mon incarnation en tant que Thomas Moore et je remercie le Tout-Puissant que mon courant de vie ait possédé suffisamment d'obéissance pour entendre l'harmonie de mon Esprit. Je ne prétends pas avoir apporté quoi que ce soit d'une nature exceptionnelle dans le domaine musical, mais nous serons tous d'accord pour dire que certains doux accords de ce temps-là sont demeurés pour profiter à tous ceux qui veulent bien les écouter.

Vous serez récompensés de plusieurs façons, lorsque vous continuerez à demander la purification de vos propres véhicules et de toute l'humanité. La belle radiation émanant de vous contribuera beaucoup à apaiser et à transmuter les maux sans nombre dont la race est accablée actuellement.

Ecoutez les sons harmonieux, de vos machines à enregistrer, jouez-les si vous êtes doués. Ecoutez lorsque, occasionnellement, sur vos téléviseurs, on permet à l'humanité d'entendre l'exécution glorieuse de la musique des grands compositeurs. VRAIMENT, LA MUSIQUE A DU CHARME !

La musique peut faire pour l'âme ce qu'aucune autre activité plaisante aux sens ne peut accomplir. Lorsque les belles vibrations de l'orgue, joué par Quelqu'un qui est l'incarnation de l'amour, de la compassion et de la connaissance, passent par les éthers, vague de sons glorieux après vague, il n'y a pas une personne sur cette planète qui ne ressente l'aisance, la paix et le repos de cette effusion.

Vous pourriez la comparer au volume toujours croissant des vagues qu'une fontaine jette dans le bassin qui l'entoure. Suivant le volume et l'intensité de l'émotion jouée dans la musique, c'est le monde qui est envahi par ce son harmonieux.

Dans ce monde, les cadences discordantes de l'homme sont constamment déversées où le son emprisonné ne peut quitter l'atmosphère de la Terre et doit de ce fait retourner bombarder les gens impuissants sur sa surface, le besoin d'un son harmonieux est grand.

Chaque homme engendrant et émettant l'énergie de la vie à chaque instant peut être une glorieuse fontaine par laquelle l'Hôte céleste peut couler dans des sons si fins que les sens physiques de l'homme ne peuvent les discerner, bien qu'ils les absorbent avidement, en raison de la faim émotionnelle des gens qui désirent avec force l'aisance, la paix et le repos.

Si vous pouviez vous représenter les corps de l'humanité

comme des formes nues et impuissantes, exposées à chaque vibration qui passe, battues et rompues par celles qui sont catapultées de ce monde fou, vous pourriez peut-être voir combien elles ont besoin de centres de guérison, donnant de la paix pour les apaiser, un peu comme pour oindre d'huiles parfumées leur chair meurtrie.

Lorsque je suis assis à mon orgue, j'ouvre d'abord en grand les fenêtres et les portes de verre et je reste très tranquille. Le soleil entre à flots au travers du toit de verre de ma chambre dans la tour où l'orgue est situé. Il y a des oiseaux en quantité, non pas en cage, mais libres de voler partout, ceux d'origine exotique aussi bien que les types qu'on trouve dans une atmosphère si raréfiée. Habituellement, les premières notes attirent les Devas de la musique, et souvent le chœur céleste, ainsi que des groupes d'Anges se rassemblent. Je pense profondément aux peuples de la Terre et plonge ensuite dans les mélodies que mon Cœur me chante. Je laisse la puissance de l'orgue partir en vagues de couleur exquise dans le monde des hommes. Souvent les Devas plongent dans la Mer de Sons, et rassemblant les teintes de l'Arc-en-ciel sur leur grande Forme. Ils s'en vont dans l'espace en vibrant avec le pouvoir de libérer par pulsions cette forme de Lumière pour un besoin spécial de la Terre.

J'ai vu les Anges et les Chérubins se tenir en face de l'orgue pour saisir chaque ruban de son sortant et danser comme autour de l'arbre de Mai en formant un beau manteau de couleur, différent toutefois, car il est vivant, et vibre continuellement. Il s'enveloppe autour des Formes des Anges jusqu'à ce qu'ils soient complètement « jumelés » par ce son agréable. Ensuite, ils s'en vont, en emportant le manteau pour faire ce que leur Maître juge qu'ils doivent faire au mieux.

Quelquefois, le son s'envole, sans qu'il soit apparemment visible que les Etres Supérieurs le dirige. Il est emporté par les vents je ne sais pas où. J'ai vu les corps des gens de la Terre baignés dans ce son harmonieux. La paix qu'ils ont connue et ressentie au cours de ce bref moment me fait désirer qu'il puisse y avoir des milliers de ces musiciens pour nous aider.

Le Maître Elevé El Morya

PRIERE VEDANTIQUE

Oh ! Toi Sainte et Infinie Présence de Dieu, Source divine de toute Vie ! Que Ton Nom Sacré soit sanctifié ! Nous nous inclinons devant Toi en humble gratitude en te louangeant et en te remerciant pour Ta Suprême Présence dans cet Univers. Parce que Tu Es « JE SUIS » !

Nous revenons en Toi, Tout-Puissant, Nous te rendons tout le pouvoir et la maîtrise que nous n'avons jamais mis dans une manifestation imparfaite quelconque, visible ou invisible, car Tu es la Toute-Puissance de L'univers et il n'y a d'autre pouvoir qui puisse agir. Que Ta Volonté soit faite, par notre intermédiaire, maintenant !

Que Ton Royaume soit manifeste sur toute la Terre, dans les cœurs de tous ceux qui sont bénis, au point de vivre sur elle.

Oh, Bien-Aimé suprême ! En élevant nos cœurs, notre vision, notre conscience vers Toi, donne Ta substance à chacun suivant ses besoins, afin que en avançant en Ton Nom et à Ton Service, nous ne soyons pas dans le besoin.

Nous demandons le pardon pour toutes les transgressions de Ta Loi d'Amour et d'Harmonie, pour nous et pour toute l'humanité, les forces du Royaume Elémentaire et le Royaume de la Nature. Donne-nous Ton Pouvoir et le désir de pardonner à tous ceux qui nous ont causé de la détresse, et cela en remontant jusqu'au début des temps.

Puisque Tu Es en nous et avec nous, nous ne redoutons pas le mal, car il n'y a aucun pouvoir, à part Toi, qui puisse faire mal, détruire ou gâter la beauté d'expression de la Vie. Tu Es la Force et la puissance par laquelle nous suivons le sentier de la Vérité — et maintenant, Père de Lumière, montre-nous la Pleine Gloire que nous avions avec Toi au Commencement, avant que le monde existe. Qu'il en soit ainsi !

SERMENT DE LA RETRAITE DE LOUXOR

1. Je ferai mes ablutions journalières et plongerai entièrement mon corps dans le Nil, en sachant bien que le pouvoir de ma propre Lumière est ma

seule protection contre les créatures carnivores qui habitent ses profondeurs.

2. Je me lèverai chaque jour à 5 heures du matin, et après avoir nettoyé mon corps, je passerai une heure en respiration et en contemplation profondes et une heure en prière pour le monde et ses habitants, avant de prendre une nourriture physique.
3. Je ne prendrai aucune nourriture qui serve de corps à toute créature ayant atteint le pouvoir de motivation et n'utiliserai aucune portion de ces corps pour me vêtir ou me parer. Je m'abstiendrai de toute nourriture physique quelle qu'elle soit, chaque septième jour.
4. Je ne parlerai pas, à moins que l'on me parle, sauf
   a. pour aider dans l'accomplissement de mes devoirs
   b. pour avancer la Cause de la Fraternité
   c. pour aider un Frère en détresse.
5. Je prendrai fidèlement la responsabilité d'accomplir un devoir d'aide physique à la communauté, de préférence quelque chose qui soit personnellement désagréable à mes habitudes et tendances naturelles.
6. J'apprendrai l'art des hiéroglyphes et copierai au moins une page du texte de Loi dans la substance impérissable qui m'est fournie, afin de la laisser en témoignage à ceux qui me suivront.
7. Je tiendrai un journal personnel de mes réactions envers ceux de la communauté et envers la discipline que m'ordonne mon maître. Si ce journal témoigne de plus de sept transgressions par jour, je me présenterai volontairement au Grand Prêtre. Si, après avoir reçu ses suggestions et son aide, je ne m'améliore pas, je quitterai la Retraite et n'y retournerai pas pour une nouvelle incarnation, avant d'avoir appris plus d'Amour.
8. J'accepterai comme compagnon de travail le courant de vie que le Grand Prêtre m'attribuera et j'essayerai de vivre en harmonie avec lui au cours de mes jours.

Dès que l'initié apprend à vivre heureusement avec quelqu'un il est transféré près d'un autre qui lui donne l'occasion de surmonter certaines aversions qui le faisaient particulièrement souffrir.

•

CEREMONIE D'ADORATION
Par le Bien-Aimé Maître Saint Germain

Dans chaque cycle de deux mille ans, les Intelligences qui représentent Dieu mettent au point une religion pour cette période. Cette religion est basée sur les tendances naturelles des courants de vie qui doivent être le point central de l'établissement et de l'entretien de la culture spirituelle de l'ère. L'adoration religieuse est également basée sur le déversement bénéfique et spécial que le Chohan du Rayon désire libérer et faire passer au travers des intelligences en évolution pendant cette période.

Lorsque nous rentrons dans le cycle de deux mille ans du Septième Rayon, nous commençons à mettre en mouvement le type d'adoration religieuse qui deviendra l'activité prédominante des masses à l'avenir. Cette adoration comprendra toutes les meilleures expressions des religions précédentes ainsi que les nouvelles impulsions récentes du Chohan qui dirigera la Nouvelle Ere vers sa plénitude. (Dans ce cas, moi-même, votre humble serviteur.)

En ce début, les courants de vie bénis qui sont volontaires pour m'aider, font partie des premiers qui répondront aux nouvelles vibrations et bien plus tard, lorsque les fondations auront été posées et que de beaux rites et cérémonies seront mis au point, un plus grand nombre de gens se réjouiront de participer à ces services revigorants et inspirants.

LA RESPONSABILITE DU DIRECTEUR ET DU GROUPE

Afin de participer intelligemment à l'activité de cérémonie du Septième Rayon, chaque personne doit être en coopération constante avec l'individu qui prend la responsabilité de diriger l'activité d'un groupe. En fait chacun devient prêtre ou prêtresse de la Flamme, grâce au pouvoir magnétique que focalise son propre battement de cœur.

L'énergie du Directeur « dirige » et centre les énergies du groupe, mais il n'existe pas d'utilisation *passive* du service de la part du « spectateur ». Chaque courant de vie est vraiment un participant à l'accomplissement réel des étapes successives du rituel.

Les directeurs et les étudiants peuvent invoquer les Pouvoirs du Feu Sacré — Les Maîtres et les Etres Angéliques — au travers du pouvoir de visualisation, de contemplation et des pensées et sentiments dirigés. Ceci peut être fait par la chanson, par la parole et en accomplissant certains rites, en employant des senteurs florales et certaines compositions musicales de nature spirituelle. La véritable efficacité vient lorsque le directeur et le groupe peuvent combiner toutes ces facultés et moyens d'invocation, dans ce but.

Je dois me référer ici à la position de celui qui est chargé de la responsabilité de représenter le Maître au groupe, c'est-à-dire le Dirigeant.

Le privilège et la responsabilité du directeur sont d'unifier la conscience du groupe par des visualisations, décrets, chansons, et invocations actives des Pouvoirs du Feu Sacré.

L'unité des énergies émises par chaque individu du groupe dans la forme de pensée collective, pour le cérémonial, est la *force* du service de ce groupe à la Cause de la Fraternité. Cette forme collective de pensée et de sentiment détermine la quantité d'énergie spirituelle qui est aspirée vers la Terre et utilisée pour dissiper le mal et mettre en mouvement de nouvelles *causes* pour le progrès du monde.

La capacité du directeur d'obtenir et de maintenir l'intérêt du groupe, ainsi que la coopération volontaire et joyeuse de l'individu, détermine l'efficacité du service.

Les énergies qui sont libérées par un sens de « devoir » ou de « crainte » sont pratiquement inutilisables dans le travail du Maître. L'espoir du Ciel, c'est l'énergie joyeuse, heureuse.

Chaque courant de vie, ayant manifesté suffisamment d'intérêt, pour venir à la réunion, se verra contribuer plus librement et de meilleure volonté par l'un de ses corps intérieurs plutôt que par un autre (mental, émotionnel, éthérique, physique et à de rares occasions, Mental plus élevé). Chacun d'entre nous doit examiner impartialement son propre développement et, s'il trouve que son corps mental, physique ou émotionnel est celui de ses véhicules qui est paresseux, il devra s'efforcer d'amener ce corps particulier à une plus grande obéissance en lui demandant de coopérer avec la partie du service qui lui répugne le plus. Là, les corps de chaque individu doivent être traités comme des enfants.

Le directeur doit aussi essayer de donner à *tous* les corps une égale occasion de servir et ne pas avoir trop d'indulgence pour le véhicule particulier qu'il a mis au point au détriment des autres membres du groupe. Ceux-ci, peut-être, peuvent manquer une occasion de servir à cette réunion, parce que leurs véhicules les plus hautement développés n'ont pas reçu l'occasion de s'exprimer.

Par exemple, bien des gens aiment l'action physique et peuvent participer heureusement dans les chants et les décrets mais ils sont mentalement paresseux ou sous-développés. Ils sombrent dans l'hébétement au moment où le corps mental devrait être en train d'aider à découper dans la substance mentale universelle, la forme qui est le dais protecteur de la salle, de la localité ou de la nation. D'autres retirent un grand plaisir émotionnel de la musique instrumentale, mais ils se rebellent devant l'effort physique requis pour la décider.

Dans un effort coopératif, il est préférable d'avoir un laps de quinze minutes dans une certaine activité et de la tenir vivante, qu'un temps plus long qui fatigue les corps sous-développés des individus du groupe. En changeant le type de service de celui qui demande la coopération du corps physique, comme le chant ou le travail de décret, pour celui qui demande la coopération d'un des corps intérieurs, on peut obtenir un plus grand service qu'en maintenant les étudiants trop longtemps sur un type particulier de service.

L'adoration en cérémonie est l'usage équilibré de *toutes* les facultés, puissances et véhicules du courant de vie, harmonieusement mélangés et utilisés pour tirer, focaliser et diriger l'énergie, pour créer des causes nouvelles pour le Bien, tout en dissolvant celles qui ont une nature non harmonieuse.

Les premières conditions pour un service efficace sont :

1. L'apaisement des corps intérieurs et physiques des participants par des compositions musicales soigneusement choisies, d'une nature calmante et inspirante.

(Ceci permet aux membres de l'hôte Angélique de préparer les corps intérieurs des étudiants à recevoir le plus grand nombre de bénédictions possibles de cette réunion et d'élever chaque individu à son service « potentiel » le plus élevé pour le groupe, et pour l'Intelligence Maîtresse qui préside et travaille avec ce groupe.)

2. La purification des corps et des auras des étudiants, du directeur et de l'atmosphère qui doit former le foyer dans lequel seront aspirées les énergies spirituelles, par l'invocation des pouvoirs du Feu Sacré, en décrets.
3. La protection des étudiants et de l'endroit qui doit être le calice pour la direction de ces énergies spirituelles des Plus hautes Octaves. Cette protection est appelée en utilisant les centres créatifs (pensée et sentiment) de chaque individu, focalisées et concentrées par les directives audibles du directeur.
4. La reconnaissance du Pouvoir de Dieu, focalisée au travers de chaque participant, est l'autorité par laquelle l'énergie est mise en mouvement et dirigée vers les bons effets ultimes.
5. L'acceptation de la Présence, et l'accès à l'Hôte Elevé de Lumière aux Hôtes Angéliques, Deviques, Chérubiques et Séraphiques, comme collaborateurs conscients dans les activités de travail de groupe.

Musique

Le plus grand nombre d'étudiants bien-aimés qui participent aux activités de groupe concerne ceux qui sont engagés au service du monde extérieur ; ils sont obligés de venir à leurs réunions de par ce service. Le rôle que la musique joue, en apaisant le monde des sentiments de l'individu, en relaxant le corps physique, et en arrêtant les modes de penser des corps mentaux évoluant rapidement, ne peut pas être trop souligné.

Par ce moyen, la structure atomique des corps des étudiants est repolarisée et les vaisseaux, par lesquels le Moi divin de chaque individu essayera de coopérer au service, sont préparés pour jouer leur rôle, au cours de ce service musical.

L'Hôte Angélique commence alors à tisser la structure spirituelle, sous la direction du Maître Président, avec la substance et l'énergie des .individus du groupe.

Le type de musique utilisé déterminera la classe d'aides invisibles attirés dans l'atmosphère de la réunion, Ils formeront l'audience invisible mais palpable des Etres Divins dont les énergies et l'aide sont sans limites, pour élever la conscience qu'eux-mêmes tirent, pour rendre des services spécifiques pour le bien de la vie.

De belles formes de pensée sont construites par ces Etres Invisibles et, là où l'audience participe à la musique par des accompagnements vocaux, les formes intérieures sont revêtues des énergies physiques de chaque chanteur. Elles deviennent un pouvoir capable de sublimer les énergies d'une nature plus basse, dans les corps des participants ainsi que dans les localités où le service a lieu.

Ces formes musicales sont grandement amplifiées par les Anges, les Devas de la Musique et les Constructeurs de forme. Elles sont ensuite portées dans les hôpitaux, les asiles et autres lieux où il existe un grand besoin de soulagement des détresses émotionnelles, mentales et physiques.

Vous verrez que là où la musique instrumentale donne de l'aide à des niveaux intérieurs le chant en groupe est le plus efficace pour abaisser les formes spirituelles dans la substance du monde physique, de la même manière que les décrets abaissent les formes mentales des visualisations dans l'énergie condensée du troisième plan dimensionnel.

Aux niveaux intérieurs, les Grands Temples de Musique sont établis dans chacune des Sept Sphères. Par les Devas Musicaux, ces Temples Cosmiques se raccordent à une présentation particulièrement belle dans le monde physique. Ils dégagent, par cette représentation musicale, leur Effusion Cosmique d'une qualité et d'un Pouvoir de Divin particulier qui est Leur Don à la Vie.

L'ART DE LA RESPIRATION RYTHMIQUE
par le Saint Esprit Cosmique
Leçon N° 1

Lorsque nous arrivons à réaliser que respirer veut dire vivre, et qu'en respirant convenablement, nous pouvons corriger n'importe quelle condition dans notre corps physique, le sage novice appliquera l'instruction qui est donnée ci-dessous. Ce corps physique est le Temple du Dieu Vivant et, en apprenant à respirer de façon égale, en dirigeant la respiration, nous pouvons élever l'action vibratoire du corps. Ce faisant, nous animons chaque cellule, en la débarrassant des effluves que nous avons laissé se former. La majorité de l'humanité est devenue tellement pesante avec ces effluves qu'elle a créés elle-même qu'elle se sent lourde et fatiguée la plupart du temps. Le Bien-Aimé Maha Chohan désire que ses étudiants prennent conscience de de l'importance d'une bonne respiration. C'est pourquoi de temps à autre, nous incorporerons un exercice important qui, nous le savons, améliorera les corps : physiques, éthériques, mentaux et émotionnels de chacun de ceux qui prendront le temps de le pratiquer.

Ne vous découragez pas si vous ne pouvez pas immédiatement contrôler ces respirations. Continuez, la pratique rend parfait, et le résultat de la persévérance plaira à l'étudiant lorsqu'il se rendra compte qu'il se sent plus léger dans son corps physique, libre et sans entrave dans sa pensée. Il aura une vue de la vie plus joyeuse. Il sera émotionnellement plus calme, plus serein pour affronter les situations qui arrivent journellement dans les vies de tous.

C'est une bonne idée de prévoir un temps spécial pour ces exercices qui doivent être faits au moins deux fois par jour.

La chose importante avant de commencer tout exercice est de vider les poumons d'air. Faites le son « oo » avec la bouche et expirez à fond.

> Tenez-vous droit, pieds joints, les bras souples sur les côtés.
>
> Lorsque vous commencez à repirer, tendez les bras, inhalez lentement en comptant jusqu'à cinq en levant les bras lentement au-dessus de la tête. Lorsque vous expirez, sortez le diaphragme. Tenez votre souffle en comptant jusqu'à cinq et *voyez une Gran-*

de Lumière Blanche émanant de votre Présence Divine. Ensuite expirez lentement, en comptant jusqu'à cinq en abaissant les bras vers les flancs. Reposez-vous en comptant cinq. Répétez cette respiration *sept fois*. Relaxez-vous et dites la prière suivante *avec sentiment*.

JE TE REMERCIE PERE POUR MA VIE, POUR MON CORPS PHYSIQUE, LE PLUS MERVEILLEUX INSTRUMENT DE L'UNIVERS. JE COMMANDE MAINTENANT QUE CHAQUE CELLULE, ATOME, GLANDE, MUSCLE, ORGANE ET FONCTION DE MON CORPS ACCEPTE LA LUMIERE ETINCELANTE DE MA PRESENCE DIVINE QUI GUERIT, QUI ELEVE ET REMPLIT CE TEMPLE DU DIEU VIVANT ET JE TE REMERCIE DE MON CORPS PUR ET BIEN EQUILIBRE.

Leçon N° 2

Presque tout le monde désire se sentir jeune. Pour être capable de se mouvoir de belle manière rythmique, pour marcher gracieusement, pour resplendir de joie et de bonheur intérieurs, il faut pratiquer les Respirations que nous vous indiquons. Le désir du Bien-Aimé Maha Chohan est que nous soyons des exemples resplendissants. Autrement, comment pourrions-nous aider les autres, si nous-mêmes ne sommes pas la Lumière qui luit dans les ténèbres.

Dans cet exercice, nous faisons une prière pour *la jeunesse*. Essayez de vous voir en train de faire quelque chose que vous n'avez pas fait depuis des années, gravissant une colline au pas de course, plongeant dans l'océan, bondissant joyeusement. *Rendez-vous compte de la libre élasticité de la jeunesse.*

Tenez-vous debout avec les bras sur les flancs. Respirez lentement en comptant *quatre*. Soulevez vos bras au-dessus de votre tête, en commençant par l'avant, poussez-les en arrière aussi loin que vous pouvez, en penchant votre tête vers l'arrière afin que votre visage regarde le ciel. En retenant toujours votre respiration, penchez-vous vers l'avant à partir de la taille, touchez le sol, redressez-vous avec les bras au-dessus de la tête. Exhalez doucement, en ramenant les bras à leur position de départ. Faites cette respiration *trois fois.* Ensuite dites *avec pénétration :*

JE SUIS REMPLI DE LA LUMIERE QUI REVITALISE TOUTES LES PARTIES DE MON CORPS. JE SUIS REMPLI DE CE SENTIMENT DE JEUNESSE RESPLENDISSANT. GLORIEUX. VIBRANT. JE SUIS VIVANT DE CE POUVOIR MOTIVANT D'ACTION. JE SUIS JEUNE, JEUNE, JEUNE. JE SUIS LA JEUNESSE ETERNELLE.

Leçon n° 3

Nous devons beaucoup à notre Soleil Physique et à ces Grands Etres Hélios et Vesta, le Dieu et la Déesse qui y résident. Le Soleil donne à tous la Lumière et la Substance donnant la Vie. Nous savons évidemment que le Soleil est là, mais nous devons également savoir que nous pouvons, par notre attention, attirer en notre être, *par l'amour et la gratitude,* la radiation bénéfique qu'il est de Leur plaisir d'accorder à tous ceux qui vivent, se meuvent et ont leur existence sur cette planète Terre.

Dans la respiration suivante, Nous demandons que vous regardiez le Soleil, si possible. Sinon, voyez le soleil avec l'œil de votre cerveau .Lorsque vous inspirez, élevez vos bras de vos côtés jusqu'à ce qu'ils forment une Croix. *Les paumes face au ciel.* Cette position symbolise la reddition à notre Père-Mère Dieu Céleste.

En nous tenant debout, les pieds joints, voyez les Rayons d'Or lumineux du Soleil arrivant jusqu'à vous, alors que vous respirez lentement à fond en comptant jusqu'à *quatre,* en soulevant les bras pour former la croix, inspirez ces rayons dans votre cœur, c'est-à-dire dirigez l'inspiration dans la région du cœur. Tenez votre souffle pendant *quatre temps,* expirez en comptant *quatre,* en abaissant les bras et lorsque vous expirez sentez le souffle comme une lumière dorée qui passe par tous les pores de votre corps. Reposez-vous, *quatre temps,* et répétez la respiration *sept fois,* ensuite dites :

JE SUIS LA LUMIERE, JE SUIS LA LUMIERE, JE SUIS LA LUMIERE. J'INSPIRE DANS MON ETRE LA BENEDICTION ET L'AMOUR D'HELIOS ET DE VESTA. J'AB-

SORBE CETTE LUMIERE DANS TOUTES LES CELLULES DE MON CORPS. J'IRRADIE CETTE LUMIERE, JE SUIS REMPLI DE LUMIERE, JE SUIS RECONNAISSANT, RECONNAISSANT, RECONNAISSANT ENVERS LA LUMIERE ET J'AIME LA LUMIERE.

Conclusion

En concluant cette série d'exercices respiratoires, nous vous demandons de vous souvenir que le rythme est important dans toute manifestation qui doit durer. Lorsque vous respirez rythmiquement, comme vous le conseille le Bien-Aimé Maha Chohan, votre progrès Spirituel s'accélère remarquablement.

En continuant à utiliser les trois respirations données et en les pratiquant journellement vous attirerez, en raison de votre persévérance, la lumière du Cœur de Dieu dans toutes les cellules et atomes de votre corps, ce qui amènera un excellent état de santé, une vigueur juvénile, des idées claires et la sagesse qui vient de l'Esprit Saint.

Pour accomplir ceci, nous vous suggérons d'adhérer à la demande du Maha Chohan au moyen des exercices respiratoires que nous vous avons expliqués et qui vous sont donnés pour votre bien-être spécifique.

JE SUIS LA RESPIRATION DE L'ESPRIT SAINT COULANT AU TRAVERS DE MON ETRE DANS LA GRANDE RESPIRATION COSMIQUE QUI UNIFIE TOUTE PERFECTION PARTOUT !

RESPIRATION SCIENTIFIQUE

Visualisation : Contemplez la Présence Sacrée du Maha Chohan. Sentez le Souffle saint de Dieu respiré dans tout l'Univers et soutenu comme l'atmosphère par l'inspiration et l'expiration rythmiques du Saint Esprit dans son Activité Cosmique. Ensuite raccordez votre souffle vital individuel avec cette respiration Cosmique, d'inspiration pure et inspirez ses énergies vitalisantes spirituelles dans vos poumons.

Sentez ce Souffle ardent se répandre dans votre poitrine et remplir votre âme individuelle d'une vie nouvelle, d'aspiration, de courage et de bonne volonté positive pour accomplir votre destin dans cette incarnation. Et, lorsque vous expirez, qualifiez le souffle que vous relâchez dans l'univers, de pureté, de bénédiction, d'amour, de miséricorde et de divinité au lieu des poisons que rejette votre système.

Lorsque vous avez terminé votre contemplation individuelle, répétez l'activité pour chaque membre de la race humaine.

Comme tous les individus incarnés sur la Terre partagent son souffle et doivent participer à l'état général de son atmosphère, intérieure et extérieure, il existe une merveilleuse occasion de traiter la race entière par votre qualification consciente et individuelle de la couverture d'air universelle par la réceptivité et les nombreusese qualités divines qui surgiront dans votre propre esprit lorsque vous procéderez à cette visualisation fondamentale.

Pensez et ressentez les Déclarations suivantes, au moins trois fois par jour, tout en respirant aussi profondément que vous le pouvez :

a. « JE SUIS » en train d'inspirer la substance ardente du Saint Esprit, activée par sa flamme, elle nettoie maintenant mes corps physique, mental, émotionnel en leur donnant son énergie.
b. « JE SUIS » en train d'inspirer la substance électronique de la paix éternelle, de force et de santé inépuisables et d'abondance infinie, se manifestant maintenant dans mon être et dans mon monde.
c. « JE SUIS » en train d'expirer la paix, la force, la santé et l'abondance pour toute l'humanité et à tout le Royaume de la Nature.

LE FESTIVAL WESAK

Le Seigneur Bouddha, lorsqu'il eût terminé sa mission terrestre, ses disciples connaissant bien la Loi, sa propre conscience étant fermement établie comme centre de radiation et foyer de lumière dans l'atmosphère de la Terre, le Seigneur Bouddha se libéra de la roue de vie et de mort et entra dans les rangs des Triomphateurs qui ne goûterons jamais plus à la mort ; « qui ont quitté la classe terrestre pour ne plus revenir » sauf dans la liberté de leur Etat divin... Mais là encore l'AMOUR, dans son désir ardent de servir en continuant à bénir et à donner de Lui-même, trouva un moyen par lequel le Seigneur Bouddha pourrait étendre ses bénédictions particulières sur les gens de la Terre, une fois par an, au cours du mois anniversaire de sa naissance, de son arrivée au Bouddhisme et de son abandon de son corps physique.

Le déversement de la force vitale de Bouddha eut lieu le jour de la pleine lune, au mois de Mars. On l'appelle le festival Wesak.

On réduit constamment et graduellement la conscience et la lumière dans nos relations avec le monde extérieur, aujourd'hui. Le Maître, instruit d'une éducation plus élevée, transmet sa connaissance dans des formes que ses jeunes élèves peuvent comprendre. Les Transformateurs sont fournis par les sociétés électriques afin de réduire le voltage des courants électriques. Notre propre soleil physique absorbe et voile la lumière du Premier Soleil derrière le Système, afin que notre Univers puisse baigner dans la gloire de sa lumière sans être détruit par ses vibrations puissantes. Les Mystiques ont toujours interprété et transformé les mots de Dieu pour les hommes de moindre importance. Ainsi, le Grand Bouddha, dans son Nouvel Etat, a accès aux Royaumes de la Conscience et de la vibration bien au-delà de ce que même la conscience la plus illuminée d'un être limité peut espérer atteindre ou imaginer.

Par ce même service de transformation, il attire ces subtiles courants, bénédictions en lui-même et ensuite, lors de la visite en mai, il descend dans l'atmosphère inférieure de la Terre émettant ses effusions pour environner la Terre, ses habitants et le royaume de la nature.

Pendant plusieurs semaines avant la pleine lune au mois de Mai, les pèlerins gravissent les sentiers montant vers les plateaux sur les pentes au Nord de l'Himalaya, où cette cérémonie ésotérique a lieu. Il n'est pas nécessaire d'être présent dans son corps physique pour partager la grande bénédiction qui est destinée à tous les hommes. Ceux qui ont le privilège de connaître le festival, peuvent arranger leur conscience de façon à la diriger vers l'Assemblée afin que l'impact spirituel puissant puisse entrer en leur âme et faire d'eux des centres localisés de la force de Bouddha dans leur propre environnement et nation, où qu'ils soient.

Les tentes de nomades et des pèlerins couvrent la plaine.

Environ une heure avant la pleine Lune, les Maîtres de la Sagesse commencent à arriver et à se mélanger au peuple, pour finalement prendre place devant l'autel qui a été superbement décoré des fleurs du voisinage, le lotus, le lis, le crocus montagnard.

Lorsque le Seigneur Maitreya, le successeur choisi du Bouddha apparaît, tous savent que le moment suprême d'invocation est arrivé. Le Seigneur Maitreya prononce la prière invocatoire et soudain la Grande Silhouette du Seigneur de Lumière remplit le ciel. Son aura, comme un arc en ciel universel, illuminé de toutes les couleurs, fait de la nuit une aurore resplendissante... Tous les Maîtres et les pèlerins se prosternent devant Lui et la « douce onction d'en haut » descend jusqu'au plus humble des cœurs... Ah, doux frère, Seigneur d'Amour, qui ne peut pas nous oublier,... Bienvenue... Oui Bienvenue à Toi et à Ta Bénédiction.

Lorsque le Seigneur Gautama termina Sa Mission sur la Terre, il reçut, de la Loi Cosmique la permission de revenir une fois tous les douze mois bénir les gens de la Terre. Cette visite annuelle s'appelle le Festival Wesak. Elle a lieu le soir de la pleine lune dans le mois mystique de Mai, chaque année.

Lorsque ce festival se tient aux Indes, les pèlerins de la Terre ne connaissent pas l'endroit spécifique où il a lieu, mais ils sont guidés par la Lumière dans leur Cœur pour arriver dans le rayon de la Lumière du Bouddha. Toutefois, ultérieurement, on a accordé une dispense aux novices qui, connaissant cette effusion de Lumière, ont maintenant la permission d'y assister dans leurs vêtements éthériques en demandant, que leur Parrain du mois les emmène à ce Rituel Sacré pour recevoir sa glorieuse bénédiction.

En 1966, le Bien-Aimé Gautama apparut dans l'atmosphère, au festival, dans son corps glorieux de Maître Elevé. Immédiatement au-dessous de lui le Seigneur Divino, le Bouddha actuel, reçut le Pouvoir et l'Amour que le Bien-Aimé Gautama donnait autrefois aux pèlerins. Depuis ce soir-là, c'est le privilège du Seigneur Divino d'apparaître dans Sa présence lumineuse, dans la vallée de Wesak, pour reprendre les activités de ce Festival annuel.

La radiation continue pendant la période de 24 heures. Sage est l'étudiant qui, au travers de la traction d'amour pur du cœur, éveillé ou endormi, se met au diapason de cette sainte cérémonie. Comme pour les pèlerins des Indes, la Lumière dans chaque cœur est l'aimant qui leur fait connaître la Cérémonie véritable lorsqu'elle est à son zénith.

LEGENDE DE LA WISSAHIKON ET DE GEORGE WASHINGTON

(La légende originale dont ceci est extrait
fut trouvée à la Bibliothèque du Congrès
à Washington D.C.)

Près de Philadelphie, sur les rives de la jolie rivière Wissahikon, existait jadis un monastère protestant où vivait une fraternité d'hommes nobles qui, ayant quitté l'Europe, avaient cherché un refuge dans la nature, où ils pourraient adorer Dieu à leur façon, loin de la cour des rois. On les appelait les Fanatiques.

A environ un kilomètre et demi du vieux monastère vivait un homme qui appartenait à la fraternité, par sa croyance, mais qui vivait en dehors d'elle car il avait amené avec lui, dans le Nouveau Monde, son jeune fils et sa fille encore bébé. C'était un noble riche de position élevée, dont les croyances religieuses n'étaient tolérées ni par les Protestants, ni par les Catholiques. Il avait vécu patiemment et tranquillement dans le vieux monde, en faisant de son mieux, en servant son roi jusqu'à la mort de sa femme bien-aimée. Alors, il avait abandonné son château, ses terres, son titre et la plupart de ses grandes possessions pour fuir à travers les mers avec son jeune fils et sa fille encore bébé, pour se faire un foyer dans un ancien blockhaus du Wissahikon. Là, il avait vécu et étudié le livre des Révélations pendant dix-sept ans. Entre-temps son fils était devenu un noble jeune homme qui partageait chaque espoir et chaque conviction de son père. Son bébé de fille était devenu une belle jeune fille, charmante au-delà de toute description, avec des cheveux blond doré qui tombaient, non pas en boucles mais en profusion doucement ondulée sur ses épaules.

On nous a raconté que lorsque les ombres commençaient à s'allonger, le dernier jour de 1773, la petite famille aurait pu être vue, marchant bras dessus bras dessous, le long des rives de la Wissahikon, sous les arbres qui ployaient sous le poids de la neige. Le Père qui était connu et aimé de loin comme de près, en tant que « Prêtre de la Wissahikon » portait une cape de velours avec une croix d'argent suspendue par un lacet à son cou. La fille, avec un air d'adoration sur son visage, écoutait sans poser de question, la conversation entre son père et son frère dans les yeux desquels brillait la lumière de l'immortalité. Pendant dix-sept ans le vieil homme avait étudié les Révélations et là encore il répéta ce qu'il avait affirmé si souvent auparavant, en résultat de ces années d'études.

« Le Vieux Monde, disait-il, est immergé dans toutes sortes de crimes, comme l'était le Monde avant le déluge ; le Nouveau Monde est donné aux hommes, comme refuge, tout comme l'arche fut donnée à Noé et à ses enfants. »

« Le Nouveau Monde est le dernier autel de la liberté humaine qui reste sur la surface du globe. Les pas des Rois ne souilleront jamais son sol. C'est le dernier espoir de l'homme. Dieu a parlé, et c'est ainsi. Amen. »

C'est la fille qui leur demanda de rentrer à la maison, c'est elle qui rechercha la chaleur et l'abri de celle-ci pour ses bien-aimés, et qui tira les rideaux des fenêtres du salon, pour cacher la forêt ténébreuse et la nuit qui arrivait. C'est la fille qui tenta de rasséréner le petit groupe, pour dissiper la tristesse de ses père et frère, pour les distraire de leurs sombres pensées et études. Cette nuit-là, elle essaya en vain. Elle savait que des chasseurs en passant, entendraient de nouveau la voix de la prière tard dans la nuit, qu'ils verraient les lumières de la chapelle sillonner la neige jusqu'à l'aube.

L'heure de séparation arriva et le père ainsi que le fils dirent bonne nuit à la fille pour se rendre à la chapelle où deux chandelles étaient déjà allumées sur l'autel blanc. C'était une pièce circulaire avec des panneaux de chêne. Il y avait entre les chandelles un flacon d'argent élancé, une couronne de laurier, fraîchement cueilli sur les collines de Wissahikon et une Bible reliée en velours avec des fermoirs d'or.

Derrière l'autel se trouvait une croix icône. Le Prêtre de la Wissahikon fut le premier à rompre le silence. Il dit :

« A la troisième heure après minuit, viendra celui qui nous délivrera. »

Et, comme le jeune homme réfléchissait, le père répéta : « Il viendra cette nuit, à la troisième heure après minuit, il viendra par la porte là-bas pour accomplir lui-même sa grande mission et libérer le nouveau monde du joug des tyrans. Tout est prêt pour sa venue. Contemple la couronne, le flacon d'huile d'onction, la bible et la croix. »

Les heures passèrent, le jeune homme était à genoux, en prière, mais le père allait et venait dans la chapelle, en attendant que l'horloge du grand hall frappe les douze coups et que la Nouvelle Année commence. Alors le garçon se releva et essaya gentiment de préparer son père à un désappointement. Peut-être s'étaient-ils trompés, peut-être avaient-ils tort de croire que l'heure pour le Sauveur était venue.

« Le Sauveur viendra, à la troisième heure après minuit » fut la réponse du Père. Le garçon se remit à prier et le prêtre de la Wissahikon continua son attente solitaire, pendant que l'horloge frappait une - deux - trois fois. On entendit alors des pas dans le hall et un étranger de haute taille, de présence imposante, entra par la porte de la chapelle et prononça ces mots :

« Amis, j'ai perdu mon chemin dans la forêt. Pouvez-vous me mettre sur le bon chemin ? »

Le prêtre de la Wissahikon répondit : « Tu as trouvé le chemin de la raison d'être et de la renommée universelle. »

Surpris, l'étranger s'avança d'un pas pour voir si on se moquait de lui, mais le prêtre de la Wissahikon le questionna rapidement. Venait-il de la ville ? Oui. N'était-il pas troublé de savoir si un sujet avait le droit de lever la main contre son Roi ? Oui. Alors dit le Prêtre de la Wissahikon à l'étranger surpris :

« Tu es appelé à faire un grand travail. Agenouille-toi devant cet autel et ici, dans le silence de la nuit, dans la profondeur de ces bois sauvages, je te oindrai, toi, le Sauveur de ce grand pays ! »

Immédiatement, cet étranger sans pareil, devant qui dix mille pourraient ployer la tête, s'agenouilla devant l'autel blanc dans le vieux blockhaus et plaça ses mains sur la Bible. Alors dit la légende, ces mots tombèrent des lèvres du Prêtre de la Wissahikon :

« Tu es appelé à faire le grand travail d'un Champion et d'un Sauveur. Bientôt tu chevaucheras pour batailler à la tête de légions ; bientôt tu conduiras un peuple vers la Liberté ; bientôt ton épée luira comme un météore au-dessus des rangs de la guerre. »

La lumière des chandelles projetait sur le mur d'étranges ombres ; la croix en argent du Prêtre luisait ; le tissu blanc garnissant l'autel flottait dans le courant d'air venu de la porte ouverte ; les arbres gémissaient dehors, alors que le prêtre, ainsi va l'histoire, continua ainsi :

« Promets-tu que, lorsque le temps prévu arrivera, tu seras prêt, épée à la main, pour combattre pour ton pays et ton Dieu ? »

La réponse fut solennelle : « Oui. »

« Promets-tu qu'à l'heure de ta gloire, lorsqu'une nation s'inclinera devant toi, comme au dur moment où tu verras tes soldats mourant de faim par manque de pain, de te rappeler la grande vérité contenue dans ces mots « Je ne suis que le ministre de Dieu dans ce grand travail de la liberté d'une Nation... »

Clairement, fermement, la réponse fut : « Je promets ! »

« Donc, au Nom de Celui qui donna le Nouveau Monde à des millions d'êtres de la race humaine sur le dernier autel de leurs droits, je te consacre Son Sauveur ! »

Le Prêtre de la Wissahikon trempa ses doigts dans l'huile à oindre et traça les lignes d'une croix sur le front de l'étranger. Il allait placer la couronne de lauriers sur le front de l'étranger après avoir dit :

« Lorsque l'heure viendra, va vers la victoire. Sur ton front, ce n'est pas la couronne rouge sang du conquérant, mais cette couronne de laurier toujours vert. » — Lorsque la fille apparut, elle prit la couronne et couronna l'étranger.

Incapable de dormir, elle avait hâtivement revêtu une robe blanche et après avoir mis une cape noire sur ses épaules, elle était descendue à la chapelle où elle avait été témoin de la scène, sans se faire remarquer, avant qu'elle ne saisisse la couronne de lauriers des mains de son père. Craignant d'avoir été présomptueuse, la fille courba la tête, mais le père sourit :

« Il est bon, dit-il, que ce soit des mains d'une femme sans tache que le Sauveur d'une Nation reçoive sa couronne de lauriers. »

Alors le garçon parla : « Lève-toi, le Champion, Chef d'un peuple, lève-toi, Seigneur, et prend cette main qui n'a jamais été donnée à un homme. Je ne connais pas ton nom et cependant, sur ce Livre, je te jure fidélité jusqu'à la mort. » Alors Paul, puisque c'était son nom, attacha une épée au flanc de l'étranger. »

Lorsque la cérémonie fut terminée, l'étranger se tint debout dans la chapelle, dans une force et une majesté dominatrices. Il prononça finalement ces mots :

« De toi, vieil homme, je prends le vœu, de toi, belle enfant, les lauriers, de toi, brave garçon, l'épée. Sur ce livre, je jure d'être fidèle à vous tous. »

Un moment plus tard, l'étranger s'évanouit dans la nature extérieure de la Wissahikon et le son de ses pas s'éloignant se mélangea aux plaintes du vent. C'était la nuit de la nouvelle année 1774.

A l'heure la plus sombre de la révolution américaine, le blockhaus fut brûlé et pendant que la fumée continuait à s'élever des ruines, trois êtres dormaient dans leurs tombes près de la Wissahikon. L'un était un noble âgé, l'autre un garçon sans peur, et la troisième une jolie fille avec une crinière de cheveux dorés.

Des années plus tard, lorsque l'Amérique devint une Nation et que George Washington fut son Président, l'étranger de noble prestance revint sur les bords de la Wissahikon, pour chercher le blockhaus et les trois personnes qui l'avaient envoyé en mission cette nuit du Nouvel An 1774. Il ne trouva que le blockhaus ruiné et les tombes. Ce soir-là, lors d'une réception dans la brillante ville de Philadelphie, nombreux furent ceux qui se demandèrent pourquoi, au moment où une nation s'inclinait devant lui, le Père de notre Pays était triste et pensif, et pourquoi il pencha la tête comme s'il se rappelait un chagrin, lorsqu'une jeune fille blonde avec une masse de cheveux dorés chanta une chanson de la Wissahikon.

LA VISION DE GEORGE WASHINGTON

Publiée à l'origine par Wesley Bradshaw,
Copié d'une réimpression du National Tribune
Vol. 4, n° 12, décembre 1880

La dernière fois que je vis Anthony Sherman, c'était le 4 Juillet 1859, sur le square de l'Indépendance. Il avait alors quatre-vingt-dix-neuf ans et devenait très faible. Mais en dépit de sa vieillesse avancée, ses yeux pâlis rebrillèrent en regardant le le Hall d'Indépendance qu'il vint revisiter une fois encore.

« Allons dans le Hall, dit-il. Je veux vous raconter un incident de la vie de Washington, un incident que personne en vie ne connaît, sauf moi et si vous vivez, vous le verrez se vérifier avant longtemps.

A l'ouverture de la Révolution, nous passâmes par des fortunes diverses, quelquefois bonnes, parfois mauvaises, une fois victorieux, une fois conquis. La période la plus sombre que nous eûmes, je pense, fut lorsque Washington, après plusieurs revers, se retira à Valley Forge, où il prit la résolution de passer l'hiver de 1777.

« Ah ! J'ai souvent vu les larmes couler sur les joues amaigries de notre cher commandant, lorsqu'il conversait avec un officier confidentiellement au sujet de l'état de ses pauvres soldats. Vous avez sans doute entendu l'histoire de Washington allant dans un bosquet pour prier. C'était vrai, mais il avait aussi l'habitude de prier en secret pour demander l'aide et le réconfort de Dieu, dont la Divine Providence nous amena à passer en sécurité les jours des tribulations les plus sombres.

« Un jour, je m'en souviens bien, des vents froids sifflaient dans les arbres décharnés, bien que le ciel fût sans nuage et que le soleil brillât, il resta seul dans ses quartiers presque tout l'après-midi. Lorsqu'il sortit, je remarquai que son visage était d'un ton plus pâle que d'habitude et qu'il semblait avoir à l'esprit quelque chose plus important qu'à l'ordinaire. En rentrant, juste après le crépuscule, il expédia une ordonnance chez l'officier dont je parle, qui était de service à ce moment-là. Après une conversation préliminaire d'environ une demi-heure, Washington fixant son compagnon de cet étrange regard si digne que lui seul pouvait avoir, dit à ce dernier :

« Je ne sais pas si c'est dû à l'anxiété de mon esprit, ou quoi, mais cet après-midi, comme j'étais assis à cette table occupé à préparer une dépêche, quelque chose m'a dérangé. En levant la tête, j'ai vu en face de moi, une femme singulièrement belle. J'ai été si étonné, car j'avais donné des ordres stricts pour qu'on ne me dérange pas, qu'il m'a fallu quelques instants que je trouve mes mots pour demander la cause de sa présence. J'ai répété ma question une deuxième, une troisième et une quatrième fois, mais je n'ai reçu aucune réponse de ma visiteuse mystérieuse, sauf un léger soulèvement de ses yeux. A ce moment-là, j'ai eu des sensations étranges par tout mon corps, je me serais levé mais le regard rivé de l'être en face de moi rendait tous mes mouvements impossibles. J'ai essayé encore une fois de m'adresser à elle, mais ma langue était devenue inutilisable. Même mes pensées étaient paralysées. Une nouvelle influence, mystérieuse, puissante, irrésistible prit possession de moi-même. Tout ce que je pus faire fut de regarder fixement, d'un air perdu, ma visiteuse inconnue. Graduellement, l'atmosphère qui m'entourait me sembla devenir remplie de sensations, et lumineuse. Autour de moi tout sembla se raréfier, la visiteuse mystérieuse elle-même devenant plus aérienne et cependant plus distincte à ma vue qu'auparavant. Je commençai à sentir comme si je mourrais, ou plutôt à avoir la sensation que j'avais quelquefois imaginée, comme accompagnant la dissolution. Je ne pensais pas, je ne raisonnais pas, je ne bougeais pas, tout était impossible. Je n'avais conscience que de fixer ma compagne d'un air perdu.

Soudain, j'entendis une voix disant « Fils de la République, regarde et apprends » et en même temps ma visiteuse étendit le bras vers l'est. Je contemplai alors une vapeur blanche épaisse qui s'élevait vague après vague à quelque distance de là. Elle se dissipa graduellement et je contemplai une scène étrange. Devant moi gisaient étendus en une vaste plaine tous les pays du monde — Europe, Asie, Afrique et Amérique. Je vis rouler et se tourner entre l'Europe et l'Amérique les vagues de l'Atlantique, et entre l'Asie et l'Amérique, il y avait le Pacifique. « Fils de la République », dit la mystérieuse voix comme auparavant « Regarde et apprends. » A ce moment-là, je contemplai un être noir, silhouetté comme un Ange, se tenant ou plutôt flottant à mi-air entre l'Europe et l'Amérique. Recueillant de l'eau de l'océan dans le creux de chaque main, il en jeta quelques gouttes sur l'Amérique de sa main droite, alors qu'avec sa main gauche il en jetait sur l'Europe. Immédiatement, un nuage se leva de chacun de ses pays et ils se rassemblèrent au milieu de l'Océan. Pendant un instant il resta stationnaire et ensuite bougea vers l'Ouest jusqu'à envelopper l'Amérique de ses plis opaques. Des éclairs aigus le traversaient à intervalles et j'entendis les plaintes étouffées et les cris du peuple américain. Une seconde fois, l'Ange recueillit de l'eau de l'océan et la jeta comme avant. Le nuage sombre fut retiré vers l'océan où il disparut dans les vagues profondes. Une troisième fois, j'entendis la voix mystérieuse dire « Fils de la République, regarde et apprends. » Je jetai les yeux sur l'Amérique et contemplai des villages, des villes, des cités qui surgissaient les uns après les autres jusqu'à ce que toute la terre de l'Atlantique au Pacifique en soit couverte. Et là encore, j'entendis la voix mystérieuse dire « Fils de la République, la fin du siècle arrive, regarde et apprends. »

« A ce moment, l'Ange sombre tourna son visage vers le sud et je vis venant de l'Afrique un spectre de mauvais augure approcher notre pays. Il survola lentement chaque ville et chaque cité du pays. Les habitants se disposèrent en formation de bataille les uns contre les autres. Comme je continuais à regarder, je vis un ange lumineux dont le front supportant une couronne de lumière sur laquelle était tracé le mot « Union », portant le drapeau américain qu'il plaça entre les divisions en disant : « Rappelez-vous, vous êtes frères ». Instantanément, les habitants repoussant leurs armes, redevinrent amis pour s'unir autour de l'étendard National.

Et, là encore, j'entendis la voix mystérieuse qui disait « Fils de la République, regarde et apprends ». Là, l'ange sombre portant une trompette à sa bouche sonna trois fois et prenant de l'eau dans sa main, il en aspergea l'Europe, l'Asie et l'Afrique.

Ensuite mes yeux contemplèrent une scène terrifiante. De chacun de ces pays s'élevèrent d'épais nuages noirs qui se rejoignirent pour n'en former qu'un. Et dans cette masse, brilla une lumière d'un rouge sombre par laquelle je vis des hordes d'hommes armés qui, marchant avec le nuage, parcoururent le pays et voguèrent sur la mer vers l'Amérique, dont le territoire était enveloppé par le volume du nuage. Et je vis confusément ces vastes armées dévaster tout le pays et brûler les villages, villes et cités que j'avais vus naître. Et comme mes oreilles écoutaient le grondement du canon, les cliquetis d'épées, les hurlements et les cris de millions d'hommes se livrant un combat mortel, j'entendis de nouveau de voix mystérieuse me dire « Fils de la République, regarde et apprends ». Lorsque la voix se tut, l'Ange ténébreux reporta sa trompette à la bouche pour sonner une note longue et terrifiante.

Instantanément, une lumière comme provenant de mille Soleils brilla du haut du ciel et perça le nuage noir qui enveloppait l'Amérique, le réduisant en fragments. En même temps, l'Ange qui portait le mot Union sur le front tenant l'épée dans une main et notre étendard national dans l'autre, descendit des Cieux avec des légions d'Esprits blancs. Ceux-ci se joignirent immédiatement aux habitants d'Amérique qui, je le percevais, étaient presque submergés, mais qui reprirent immédiatement du courage, reformèrent leurs rangs et reprirent la bataille. De nouveau, dans le bruit effrayant du conflit, j'entendis la voix mystérieuse me dire « Fils de la République, regarde et apprends ». Lorsque la voix se tut, l'Ange des ténèbres prit pour la dernière fois de l'eau dans l'Océan et la projeta sur l'Amérique. Instantanément, le nuage sombre se retira avec les armées qu'il avait amenées, laissant les habitants du pays victorieux.

Je contemplais encore une fois les villages, villes et cités renaissant là où je les avais vus auparavant, pendant que l'Ange éclatant, plantant l'étendard azur qu'il avait amené au milieu d'eux, cria d'une voix forte : « Tant que subsisteront les Etoiles et que les cieux vous enverront la rosée sur Terre, l'Union subsistera. » Et enlevant de son front la couronne sur laquelle était gravé le mot « Union », il la plaça sur l'étendard pendant que les gens s'agenouillaient, en disant « Amen ! »

« La Scène commença instantanément à pâlir et à se dissoudre. Je ne vis finalement rien d'autre que la vapeur tourbillonnante que j'avais contemplée au début. Celle-ci disparut aussi, et je me vis regardant fixement encore une fois le visiteur mystérieux qui, avec la même voix, que j'avais entendue auparavant, dit « Fils de la République, ce que vous avez vu, s'interprète ainsi. Trois grands périls menaceront la République, le plus terrible est le troisième. (Le commentaire sur son mot « troisième » est : « L'aide contre le Troisième Péril vient sous la forme de l'Assistance Divine. Apparemment la Seconde Venue — Ed. P.N. » J.J.S.) Celui-là étant passé, même le monde entier uni ne prévaudra pas contre elle. Que chaque enfant de la République apprenne à vivre pour son Dieu, son pays, son Union ». Avec ces mots, la vision disparut ; je sursautais sur mon siège et je sentis que j'avais eu une vision qui m'avait montré la naissance, la progression, la destinée des Etats-Unis.

« Voici donc les mots, conclut le vénérable narrateur, mes amis, que j'ai entendus des propres lèvres de Washington et l'Amérique serait bien avisée d'en profiter. »

LA SIGNATURE DE LA DECLARATION
Par Georges Lippard

C'est un jour estival sans nuage. Un beau ciel bleu clair

s'étend au-dessus d'une étrange bâtisse située sous les arbres géants au centre d'une grande cité. Cette maison est construite en briques rouges, avec de lourds bâtis aux fenêtres et une grande porte. Voilà la maison de l'Etat de Philadelphie dans l'année de notre Seigneur 1776.

Dans le clocher en bois qui surplombe la maison de brique rouge, se tient un vieil homme aux cheveux d'un blanc de neige, au visage bronzé par le soleil. Il est humblement habillé, cependant son œil brille en regardant fixement la forme de la cloche suspendue dans ce clocher. A son côté, fixant son visage bruni d'un regard étonné se tient un garçon aux cheveux très blonds, aux yeux rieurs d'un bleu d'été.

Le vieil homme réfléchit un moment sur les mots étranges écrits sur la cloche et en prenant le garçon dans ses bras, il dit :

« Voyons, mon enfant, veux-tu rendre un service à ce vieil homme ? Va vite au bas des escaliers et attends dans le hall en bas. Là un homme te donnera un message pour moi et dès que tu l'auras, cours dans la rue et crie-le-moi, veux-tu ? »

Les minutes passèrent, le gardien de la cloche était seul. « Oh, se plaignit le vieil homme, il m'a oublié. »

A peine allait-il le dire, qu'un rire joyeux lui sonna aux oreilles et, en bas, sur le pavé, parmi la foule, le garçon aux yeux bleus, frappant dans ses petites mains, pendant que la brise faisait voler ses cheveux blonds autour de son visage, gonflant sa petite poitrine, se hissa sur la pointe des pieds pour crier un mot, un seul « Sonnez ! »

Voyez-vous les yeux de ce vieil homme étinceler ? Voyez-vous son bras, soudainement dénudé jusqu'à l'épaule ? Voyez-vous sa main desséchée saisir le battant d'airain de la cloche ? Ce vieil homme est redevenu jeune. Ses veines se remplissent d'une vie nouvelle, d'avant en arrière avec des mouvements fermes, il balance la cloche.

La cloche sonne, la foule dans les rues l'entend et pousse un long cri. Le vieux Delaware l'entend et le fait retentir sur les hourras de ses milliers de marins. La ville l'entend, tous abandonnent leur bureau ou leur atellier, comme s'il y avait eu un tremblement de terre.

Dans un vieux hall, sous cette même cloche retentissant à midi, cinquante-six commerçants, fermiers et mécaniciens s'étaient rassemblés pour rompre les liens du monde. Le comité qui avait été dehors toute la nuit allait apparaître. Enfin la porte s'ouvre et ils avancent, le parchemin est sur la table.

Sera-t-il signé ou non ? Il s'ensuit un débat orageux et long, les timides rongent leur frein. Mais Thomas Jefferson parle en quelques mots courageux et John Adams vide toute son âme.

Il y a encore un doute, et un homme ou visage pâle, se levant dans un coin, dit quelque chose au point de vue « haches, échafauds et gibets ». Un homme grand et mince se lève, ses yeux sombres luisent, brûlent, alors que ses paroles retentissent dans le hall :

« Gibets ! Ils peuvent étendre nos cous sur tous les échafauds du pays, ils peuvent faire de chaque roc un gibet, de chaque arbre une potence, et malgré cela, les mots écrits sur ce parchemin ne mourront jamais. Ils peuvent verser notre sang sur mille autels et de chaque goutte qui teintera la hache ou tombera goutte à goutte dans la sciure, surgira un nouveau martyr pour la liberté. Quoi ? n'y a-t-il ici que des cœurs timorés et des voix éteintes, alors que les morts de nos champs de bataille se lèvent et nous appellent à signer ce parchemin ou à être maudits à jamais ?

« Signez ! même si dans le moment qui suit la corde du gibet est autour de votre cou. Signez ! même si dans le moment qui suit ce hall retentit des échos de la hache qui tombe. Signez ! au nom de tous vos espoirs dans la vie, dans la mort, comme maris, comme pères, comme hommes ! Signez vos noms sur ce parchemin. »

« Oui ! même si mon âme tremblait sur le seuil de l'éternité, même si ma voix s'étouffait dans la dernière bataille, c'est avec la dernière impulsion de cette âme, avec le dernier soupir de cette voix, que je vous demanderais de vous rappeler cette vérité. Dieu a donné l'Amérique aux Hommes libres. Oui ! Lorsque je m'enfoncerai dans l'ombre lugubre de la tombe, avec mon dernier soupir, je vous demanderai : SIGNEZ CE PARCHEMIN ! »

Extrait de « The Workeday Readers »
Fifth Reader D.C. Heath and C° Chicago 111.

LE REVE DU GENERAL McCLELLAN
Publié à Portland, Maine
« Evening Courrier » 8 mars 1862

A deux heures du matin, la troisième nuit après l'arrivée à Washington D.C. du Général McClellan qui devait commander l'armée des Etats-Unis, celui-ci travaillait sur ses cartes, en étudiant les rapports des éclaireurs. Il ressentit tout à coup une immense fatigue, et, reposant son front sur ses bras pliés, il s'endormit sur sa table. Il ne dormait pas depuis plus de dix minutes, lorsqu'il lui sembla qu'on enfonçait la porte de son bureau et que quelqu'un marchait vers lui pour lui dire d'une voix terriblement impérieuse : « Général McClellan, vous dormez à votre poste ? Levez-vous ou, à moins que vous ne l'empêchiez, l'ennemi sera à Washington. »

Le Général décrit ensuite en détail son étrange sentiment. A ce moment-là, il sembla être suspendu au centre d'un espace infini, et la voix caverneuse l'assaillait de tous côtés. Il se leva mais ne put jamais dire s'il était vraiment éveillé. La table recouverte de cartes était toujours devant lui, mais les meubles, les murs de la pièce et tous les autres objets familiers n'étaient plus du tout visibles. Il regardait, en revanche, une carte vivante qui comprenait l'océan Atlantique.

McClellan essaya de discerner les traits de l'Etre qui se trouvait avec lui, mais ne put discerner qu'une vapeur ayant en général la silhouette d'un homme.

En regardant cette grande carte, McClellan fut surpris de voir les mouvements des différents régiments et troupes, ainsi qu'un schéma complet des lignes ennemies et de la distribution des forces. Le Général fut immédiatement rempli d'une grande exaltation car il perçut que les mouvements sur cette carte extraordinaire allaient lui permettre de conduire la guerre vers une fin victorieuse et rapide.

Son exaltation se mua ensuite en une grande appréhension, il vit les forces ennemies se déplacer vers certains points qu'il avait lui-même décidé d'occuper dans les jours qui allaient suivre. Il réalisa rapidement que, d'une façon ou d'une autre, l'ennemi connaissait ses plans.

Là encore, la voix parla : « Général McClellan, on vous a

trahi. Et si Dieu n'en avait pas décidé autrement, avant que le soleil du lendemain ne se couche, l'étendard de la Confédération aurait flotté au-dessus du Capitole et sur votre tombe. Mais notez ce que vous voyez. Le temps vous est compté. » Son crayon courant à la vitesse de la pensée, McClellan transféra la position des troupes d'après la carte vivante sur la carte de papier se trouvant sur son bureau. Lorsque ceci fut fait, McClellan se rendit compte que la silhouette se tenant auprès de lui avait augmenté en Lumière et en Beauté et elle brillait comme le soleil de midi. En levant les yeux, il put voir le visage de George Washington.

Le premier Président, avec une dignité sublimement aimable, baissa les yeux sur l'officier abasourdi et lui parla en ces termes : « Général McClellan, lorsque j'ai assisté à la naissance de la République américaine, en chair et en os, ce fut une naissance difficile et sanglante. Mais La bénédiction de Dieu était sur la nation et franchement grâce à cette bénédiction, dans sa première lutte pour l'existence, elle fut soutenue et Sa main puissante l'en fit sortir triomphalement. Un siècle ne s'est pas encore écoulé et voici que la République a pris une position égale à celles des nations qui ont des pages d'histoires s'étendant sur les siècles passés. Elle a grandement prospéré depuis ces sombres jours, par la faveur de Dieu. Et voilà que maintenant, en raison même de cette prospérité, elle est arrivée à sa deuxième lutte. C'est de loin la chose la plus dure qu'elle doit supporter puisqu'elle est en train de sortir de l'enfance pour s'ouvrir à la maturité, elle doit accomplir ce résultat très vaste : la conquête d'elle-même, apprendre cette leçon importante : le contrôle d'elle-même, se gouverner elle-même, qui la placeront à l'avenir à l'avant-garde du progrès et de la civilisation...

Mais sa mission ne sera pas encore finie, car avant qu'un autre siècle ne soit passé, les oppresseurs de toute la Terre, enviant et haïssant son succès, se joindront les uns aux autres pour lever leurs mains contre elle. Mais, si elle est toujours digne de sa haute destinée, les ennemis seront vaincus et cela mettra fin à sa troisième et dernière grande lutte pour la vie. Et à partir de ce moment-là, la République continuera, son pouvoir et sa bonté s'accroissant jusqu'à ce que ses frontières atteignent les coins les plus reculés de la terre qui tout entière, sous la protection de son aile, deviendra une République Universelle. Que toutefois la nation, dans sa prospérité se souvienne du Seigneur son Dieu, que sa foi réside toujours en Lui et elle ne sera jamais confondue. »

Lorsque l'esprit en visite arrêta de parler, il leva sa main au-dessus de la tête de McClellan pour le bénir et dans l'instant qui suivit, on entendit le grondement du tonnerre dans l'espace. McClellan s'éveilla en sursaut. Il était là dans sa chambre, avec ses cartes étendues sur le bureau devant lui. Il y avait cependant une différence, les cartes étaient recouvertes des marques, de signes et de chiffres qu'il y avait inscrits pendant la vision.

McClellan fit quelques pas dans la pièce, pour se convaincre qu'il était bien éveillé. Puis il revint regarder les cartes. Les marques étaient bien là. Convaincu dès lors que l'expérience était un don du ciel, McClellan fit seller son cheval et partit de camp en camp faire les changements de stratégie nécessaires pour faire face à l'offensive que l'ennemi projetait.

Ses mouvements furent réussis et il évita la prise de la ville de Washington. A ce moment-là, l'Armée confédérée était si près qu'Abraham Lincoln assis dans son bureau à la Maison Blanche put entendre le grondement de l'artillerie confédérée.

Le Général McClellan conclut son récit de l'étrange vision qui sauva l'Union, par ces mots : « Notre Bien-Aimé George Washington reposera dans sa tombe tranquillement, doucement jusqu'à ce qu'approche la fin du siècle prophétique qui amènera la République à sa troisième lutte qui sera finale. Là il se peut qu'encore une fois, en écartant le ciment du Mont Vernon, il redevienne un Messager de Secours et de Paix de la part du Grand Souverain qui a sous Sa gouverne toutes les Nations de la Terre.

« Mais l'avenir est trop vaste pour notre compréhension, nous sommes les enfants du présent. Lorsque la paix, en repliant ses ailes brillantes, se sera à nouveau établie sur notre sol, l'étrange carte irréelle, marquée lorsque l'esprit de George Washington était présent, restera dans les archives américaines, comme un précieux souvenir pour que les Américains se rappellent ce que dans leur seconde grande lutte pour l'existence, ils doivent à Dieu et au glorieux esprit de Washington. Vraiment les œuvres de Dieu surpassent l'entendement de l'homme. »

LA STATUE DE LA LIBERTE

Peu après la guerre franco-allemande, un groupe de Français éminents proposa que la France fasse à l'Amérique le don d'une statue, pour marquer le centenaire de l'indépendance américaine. Frédéric Bartholdi, le grand sculpteur français, fut choisi pour effectuer ce travail. En 1874, un comité fut formé en France afin de collecter des fonds. Cent quatre-vingts villes, quarante conseils généraux, des milliers d'individus donnèrent leur contribution. Le prix de la Statue fut de : 700 000 dollars.

Il y a eu cinquante-cinq ans, en juin, qu'un cuirassé français arriva dans le port de New York contenant la statue empaquetée dans 214 caisses.

Le Congrès avait réservé un site sur l'île de Bedloe, que le sculpteur avait lui-même choisi lors d'une visite en Amérique, comme étant le lieu le mieux approprié. Une souscription poulaire parmi le peuple des Etats-Unis avait collecté 300 000 dollars pour ériger le piédestal. Et voilà maintenant que ce fanal de la démocratie américaine se tient debout, une statue d'un million de dollars.

Bien qu'il y ait environ 250 000 visiteurs par an pour cette Statue de la Liberté, il est probable que peu de gens connaissent entièrement l'inscription qui orne son mur.

LE NOUVEAU COLOSSE

Ce n'est pas le fier géant de renommée grecque
Chevauchant les pays de ses jambes conquérantes,
Ici à nos portes du soleil couchant, léchées par la mer
Se tiendra une puissante femme avec une torche
Cette flamme est la lumière emprisonnée et a nom
Mère des exilés. De son phare
Elle irradie un salut de bienvenue au monde
Ses doux yeux commandent le port avec ses cités jumelles
Gardez vieux pays vos pompes historiques crie-t-elle
De ses lèvres silencieuses.

Donnez-moi vos masses fatiguées et pauvres,
Désirant respirer librement
Le malheureux rebut de vos rivages surpeuplés
Envoyez-les-moi les sans foyer que la tempête ballotte
Je lève ma lampe auprès de la porte d'or.

NOTE : cette plaque avec le sonnet à la Statue de la Liberté de Bartholdi est en mémoire d'Emma Lazarus née à New York le 22 juillet 1849, morte le 19 novembre 1887 (ex. Sunshine Magazine).

EDUCERE

Le temps est venu où nous devons concevoir un mode d'éducation qui convienne à notre ère.

La première obligation à laquelle l'éducateur doit faire face est de réaliser que l'enfant est un être spirituel, avec des pouvoirs latents et des attributs divins qui attendent de se déployer. Il vient à la vie avec sa propre mission à accomplir.

Comme les tendres pousses d'une jeune plante traversent les obstacles apparemment invincibles, écartant des objets importants de leur chemin, ainsi le potentiel divin du jeune enfant essaie de s'extérioriser dans une manifestation concrète.

Jusqu'à présent, l'enfant qui arrive rencontre une formule plus ou moins bien prescrite, imposée par l'extérieur, et à laquelle on s'attend à ce qu'il se conforme à la maison, à l'école et dans la société en général.

Seuls les plus solides ont pu traverser la croute de l'égoïsme parental, de l'ignorance des maîtres, des coutumes sociales établies. Ils ont amené à la floraison ce qui était jadis contenu dans la semence. Combien de poètes, d'artistes, de philosophes et de savants ont eu leurs grandes capacités naturelles atrophiées par des gardiens, à tel point que la providence elle-même a dû s'en mêler, en faisant du sujet un semblant de vagabond, plutôt que de voir le monde entier perdre ce que le génie était venu spécialement pour accomplir.

La future conscience de la nouvelle ère sera plus évoluée, plus sensible aux élans intérieurs et plus convaincue de leur service individualisé à la vie.

L'éducation fait face à une occasion d'avancement sans précédent. Il incombe de se préparer pour ses responsabilités. Il n'y a pas d'autre solution que de revenir à la « maison du Père ».

Comme nous sommes, en ce moment, à la difficile période de transition, nous devons utiliser sagement le bâton du sens commun pour guider nos pas au travers de l'abîme du présent vers l'avenir.

La raison pour laquelle les Conceptions ont échoué précédemment est que l'effort fut fait pour assumer le neuf avant qu'il n'ait été trouvé scientifiquement sûr, et sans colmater la fissure qui le séparait de ce qui avait été pratiquement valable dans le passé.

La nouveauté doit naturellement évoluer à partir de l'ancien, on ne peut pas l'imposer prématurément avec succès.

Pour être à la hauteur de la situation, il va sans dire que les meilleurs maîtres de la Nouvelle Ere seront les « gens innés » imbus de sagesse, avec un désir d'aimer profond, sincère et cependant impersonnel — d'accord pour exposer la Vérité sans biaiser et pour extirper les erreurs de conception qui camouflaient la réalité. Ce n'est pas pour suggérer l'approche négative de recherche d'erreurs personnelles, ce qui tend à magnifier la méfiance, le découragement et l'antagonisme, mais mieux stimuler l'intérêt pour une pensée exacte, pour inspirer un éveil spirituel et évoquer la qualité divine de discrimination qui d'elle-même, de l'intérieur, incitera une réponse constructive.

L'unité de principes fondamentaux pénétrera toute la nouvelle éducation et lui donnera une portée internationale. Dans ce but le sujet doit être revu.

L'étudiant s'appuiera moins sur les bibliothèques extérieures pour connaître. Il recherchera plutôt en lui-même dans l'encyclopédie de sagesse qui se tient depuis trop longtemps dans son âme, sans qu'on y touche.

Dès son jeune âge, il devrait vivre le plus possible dehors, se baignant dans le soleil impersonnel, se faisant compagnon des oiseaux, des fleurs et des insectes. Il observera ainsi la force de vie s'exprimant en eux, jusqu'à ce que l'extérieur ait pris une forme individuelle suivant le modèle de l'intérieur.

A l'approche de la maturité, il commencera à se rendre compte de la force de vie créative et naturelle se levant en lui, il la reconnaîtra pour ce qu'elle est vraiment, la vie divine surgissant pour se manifester. Il apprendra à la regarder de façon impersonnelle et scientifique et la considérera avec respect et crainte. Il verra qu'elle répondra à son contrôle.

Guidé par des idéaux élevés et des pensées fières, il pourra les diriger dans des canaux constructifs et pourra ainsi échapper au magma du désir, à l'esclavage des passions, à la lourdeur de la terre, à l'émoussement des sens les plus fins. Il deviendra plutôt un génie créatif, un dieu dans son plein droit, dirigeant par son cœur une compassion plus profonde pour l'humanité, par sa voix le pouvoir de commander. Par ses yeux il contemplera la perfection sans illusion, et par son cerveau il magnétisera à partir du cerveau universel des idées non encore manifestées pour le bénéfice de l'humanité. Finalement par la chair, il peut devenir un canal par lequel un véhicule physique sera créé pour qu'un futur courant de vie l'habite.

Pourrait-il y avoir une tâche plus noble pour les écoles de l'avenir, que d'éduquer — educere — « amener » vers une manifestation concrète le potentiel divin, existant dans notre jeunesse ?

CODE DE CONDUITE POUR UN DISCIPLE DU SAINT ESPRIT

1

Sois toujours conscient que tu aspires à l'expression de Dieu la plus entière, et voue tout ton être et ton service à cette fin ainsi que l'exprime si bien le premier commandement.

2

Apprends à rester neutre, ne fais aucun mal à une partie quelconque de la vie, ni par tes paroles, ni par tes pensées ou tes sentiments. Sache que l'action et la violence physiques ne sont que le fond du péché de l'expression pernicieuse.

3

N'agite pas la mer des sentiments chez un frère, soit par distraction, soit délibérément. Sache que la tempête que tu déchaînes dans son esprit, arrivera tôt ou tard sur les rives de ton propre courant de vie. Amène plutôt la sérénité à la vie et sois, comme le psalmiste le dit si bien : l'huile sur l'eau troublée.

4

Dissocie-toi des illusions personnelles. Ne laisse jamais l'autosatisfaction révéler que tu te préfères à l'harmonie de l'univers. Si tu as raison, tu n'as pas besoin de le proclamer. Si tu as tort, prie pour le pardon. En te penchant sur ton « Ego », tu verras que les vagues de l'indignation s'élèvent entre les ombres les plus subtiles sur le chemin de la rectitude, c'est ce qu'on appelle « la droiture ».

5

Chemine doucement par l'Univers — sachant que le corps est un temple dans lequel réside le Saint Esprit qui amène la Paix et l'Illumination partout. Entretiens toujours ton temple de façon respectueuse et propre, comme cela convient à la demeure de l'Esprit de Vérité. Respecte et honore, avec dignité, tous les autres Temples en te souvenant que, souvent, dans un extérieur rude, brûle une plus grande Lumière.

6

En présence de la Nature, absorbe les beautés et les dons de son Royaume avec une gratitude aimable. Ne la profane pas par des pensées ou des émotions viles, ou par des actes physiques qui souilleraient sa beauté virginale.

7

Ne forme ou n'émets pas d'opinions à moins qu'on ne te le demande et là encore, après avoir demandé en priant silencieusement l'inspiration.

8

Parle, lorsque Dieu choisit de dire quelque chose par ton intermédiaire. Autrement reste paisiblement silencieux.

9

Fais de l'observance des lois divines, le rituel de ta vie, de façon si discrète que personne ne puisse savoir que tu aspires à la sainteté, pour que la force de la volonté extérieure ne puisse être dressée contre toi ou que ton service ne devienne teinté d'orgueil.

10

Que la gratitude chante dans ton cœur, car le Très Haut t'a

donné à garder l'Esprit de Vie qui, par ton intermédiaire, choisit d'étendre les frontières de son Royaume.

11

Sois toujours vigilant, afin d'utiliser les facultés et les dons que le Père de toute vie t'a donnés, de manière à étendre son Royaume.

12

Ne demande rien pour toi-même, ni pouvoirs, ni honneurs, pas plus que tu ne réclamerais l'air que tu respires, ou le soleil ; utilise-les en sachant que Dieu possède tout.

13

Sois doux en paroles et en action, mais avec la gravité qui accompagne toujours la présence du Dieu vivant qui réside dans le temple.

14

Place constamment toutes les facultés de ton être et toutes les pensées intérieures de ta nature aux pieds de Dieu tout-puissant, spécialement lorsque tu essaies de manifester la perfection au travers de quelqu'un en détresse.

15

Que tes mots d'ordre soient l'amabilité, l'humilité, le service aimant, mais ne permets pas qu'on prenne pour de la léthargie cette expression d'humilité. Le service du Seigneur, comme le Soleil dans les Cieux, est éternellement vigilant et il distribue constamment les dons dont il a la garde spéciale.

MAHA CHOHAN

CONTENU

Préface 9
La tribune de cette instruction 12
Au commencement, Dieu 12
L'Observateur Cosmique Silencieux 14
L'Observateur Planétaire Silencieux 14
Les Septs Puissants Elohims 16
Directeurs des Grandes Forces de la Nature 16
Etres de Feu Blanc et la Présence Individuelle « JE SUIS » 20
« Et Dieu créa l'homme à sa propre Image » 23
Existence d'Etres Divins 24
La Suprême Importance de l'Heure 30
Signes d'une Aurore Nouvelle 31
La Lumière Nécessaire sur la Terre 32
Appel pour la Protection de la Lumière 33
L'Inspiration de Dieu 34
Descriptions des Dieux Parents 34
Seulement Deux Activités de Vie 36
La Galaxie à laquelle appartient la Terre 37
Corps Causal autour des Soleils 38
L'Accélération de l'Action Vibratoire de la Planète 42
Les Sept Sphères 44

CONTENU (SUITE)

La Première Sphère	44
La Deuxième Sphère	45
La Troisième Sphère	46
La Quatrième Sphère	47
La Cinquième Sphère	47
La Sixième Sphère	48
La Septième Sphère	48
Activités Créatrices des Présences « JE SUIS » lorsqu'elles passent par les sept Sphères	50
Formation du Corps Causal	58
Descente des Saints Innocents sur la Terre	62
Arrivée des retardataires (la chute de l'homme)	67
Le Plan Divin de Dieu pour Tous	71
L'Ascension et le Nirvana	72
La Loi de Pardon	79
La Flamme Violette de Transmutation et de Purification	80
Couronnement de Saint Germain	86
Un investissement cosmique	89
Le Pouvoir de Transmutation	92
Le Manteau de Lumière (Tube de Lumière)	92
Le libre arbitre	93
La Gravure de la Sainte Trinité	94
Les Corps de l'homme	102
Le Corps de Feu Blanc	102
La Présence « JE SUIS » (Corps Electronique)	102
Le Corps Causal	103
Le Saint Moi Christique	103
Les Quatre Corps Inférieurs	104
Le Corps Emotionnel	104
Le Corps Mental	106
Le Corps Ethérique	106
Le Corps Physique	108
Les Chakras	111
La Hiérarchie Spirituelle	112
Les Sept Puissants Elohims	112
La Couronne des Elohims	113
Les Sept Etapes vers la Précipitation	115
Précipitation sur Lemuria et Atlantis	121
Les Sept Archanges	122

CONTENU (SUITE)

L'Observateur Planétaire Silencieux 123
Le Seigneur du Monde 123
Le Bouddha 124
Le Maître du Monde 124
La Troisième Personne de la Sainte Trinité 124
Les Sept Chohans des Rayons 129
Les Salamandres 131
Le Bien-aimé Neptune (Elément eau) 133
Le Bien-aimé Ariès (Elément air) 136
La Bien-aimée Virgo (Elément Terre) 141
Vénus 148
Le Sacrifice de Sanat Kumara 151
La Construction de Shamballa 153
La Fondation de la Grande Fraternité Blanche 163
Les Rayons Jumeaux 172
Le Corps Elémentaire 175
Discours sur le Corps Elémentaire (Saint Germain) 176
La Deuxième Mort 179
Les Halls du Karma et le Conseil Karmique 182
Comment les dispenses sont accordées 192
Allocution à la Multitude par Le Seigneur Maitreya 198
Le Cœur de Dieu 200
Discours de Saint Eole sur le Saint Esprit 201
1 — Comment être un canal pour l'Esprit Saint 201
2 — Le But est de retenir la liaison avec le Saint Esprit 202
3 — Comment devenir l'Incarnation du Saint Esprit .. 202
4 — Comment diriger le Pouvoir du Saint Esprit 203
5 — Déracinez la crainte et le doute 203
6 — Donner de l'énergie à des formes pensées d'imperfection est un péché 204
7 — Comment s'accorder au processus de Précipitation 204
8 — Elevez l'action vibratoire de vos Corps Intérieurs 204
9 — Comment qualifier harmonieusement votre Energie 205
10 — Utilisez votre Saint Moi Christique pour qualifier l'énergie de votre courant de vie 205
11 — On demande : la radiation plutôt que les mots .. 206
12 — Maintenir la Vision du Bien 206
Religion 207
Un Message du Bien-Aimé Jésus 216

CONTENU (SUITE)

Le vrai But de notre Enseignement 219
La Lumière est dans le Cœur 220
Expansion du Corps Causal en présence du Maître 224
La Capacité de créer la Vibration 228
L'Usage du Libre Arbitre 229
L'Ame recherche la Lumière 233
Concernant la Musique 234
Temple de la Musique 240
Comment vous pouvez vous baigner dans un Océan de Musique 241
Musique : Un harmonieux courant d'Energie 244
Prière Védantique 247
Serment de la Retraite de Louxor 247
Cérémonie d'adoration 249
La Responsabilité du Directeur et du Groupe 249
L'Art de la Respiration Rythmique 254
Respiration Scientifique 257
Le Festival de Wesak 258
La Légende de la Wissahikon 261
La Vision du Général Washington 265
La Signature de la Déclaration 269
Le rêve du Général McClellan 272
La Statue de la Liberté 275
« Educere » 276
Code de Conduite pour une discipline de l'Esprit Saint .. 278

Le témoignage

Depuis un certain temps, vous étudiez le livre de la **Hiérarchie Solaire**, et vous avez pratiqué selon cet enseignement. Déjà, vous avez remarqué des changements dans votre vie, déjà, vous avez reçu des bénédictions, déjà, la chance vous a souri.

Alors, voici le temps d'accomplir un devoir très agréable : celui de témoigner. Vous témoignez pour vous, par reconnaissance envers votre conscience. Votre témoignage rejoindra les personnes qui en ont besoin, par l'intermédiaire des médias et des revues. Votre anonymat est totalement garanti, vous êtes en sécurité, soyez-en certains.

C'est très simple. Écrivez ceci :

J'ai connu **La Hiérarchie Solaire** ....(où, quand, comment)

Voici mes noms, adresse, téléphone :

J'étudie et je pratique régulièrement **la Hiérarchie Solaire** :
depuis .... (date), ...fois par jour, ...fois par semaine.

Voici ce qui a changé dans ma vie :

J'ai reçu les bénédictions suivantes :

Le témoignage est un acte de conscience qui permet de dire à tous : « Voici ce qui m'est arrivé et comment j'ai fait ... »

Expédiez ensuite votre précieux témoignage aux :

Éditions NECTAR, 25 rue des Berges
Trois-Rivières G8Y 1A1, Québec, Canada.
Téléphone et fax : 819-378-6895
Site web : www.katarosnectar.com Courriel : das@katarosnectar.com

Charte des Soleils et des Planètes sous le **SOLEIL CENTRAL** d'Alpha et d'Omega

SOLEILS	1	2	3	4	5	6	7
1 — Osiris et Isis	Padre	Conforta	Jésus	Pax	Viola	Compassia	Compréhension
2 — Apollon et Diana	Inspiria	Harmonie	Symphonia	Amore	Miséricorde	Ultimata	Intelligence
3 — Krishna et Sophia	Illumina	Mazda	Bella	Vénus	Justice	Unité	Clarté
4 — Hélios et Vesta	Mercure	Aquarius	Uranus	Terre	Liberté	Athene	Pureté
5 — Hercule et Amazone	Zeus	Thor	Vulcain	Mars	Libération [1]	Fraternité	Egalité
6 — Auréole et Aurea	Emeraude	Azur	Vert	Saturne	Consécration	Persuada	Raphael
7 — Aurore et Luz	Charité	Espérance	Foi	Pluton	Réalisation	Aspiration	Accomplissement [2]

Les planètes ayant des noms de qualités sont les dérivés français de langues anciennes comme le Sanskrit, le Pali, le Latin, le Grec et autres « langues oubliées ».

— Second mouvement, verticalement (en montant)
— Premier mouvement, horizontalement (vers la gauche)

1. Jupiter.
2. Voir page 40.

Origine du livre

Le livre 'Saint Germain Rèvèle...la Hierarchie solaire' dont le titre original était « Les Maîtres Ascensionnés écrivent le Livre de la Vie » est une compilation faite par un membre de longue date du Pont vers la Liberté, sur la base de textes de plusieurs sources : huit jeux de livrets contenant les instructions des Maîtres Ascensionnés ; le contenu du magazine mensuel Le Pont, rempli de matériel thématique ponctuel et informations appropriées et Le Bulletin, une publication hebdomadaire d'enseignements plus élevés. Une grande partie des textes a été assemblée par **Géraldine Innocente** dans les années 50 et au début des années soixante. Par la suite, des informations additionnelles y ont été ajoutées, et cet important livre spirituel fut offert à l'humanité en 1974 aux USA par Le Pont. C'est la premiere èdition autorisèe en francais - dècembre 2006.

L'image de la Sainte Trinité
Le poster 'je Suis'

L'image de la Sainte Trinité a été créée comme outil d'enseignement, dans le but graphique sincère de faire découvrir à ceux qui la regardent une représentation de la Vérité -(de la RÉALITÉ DE SOI)- c'est-à-dire la relation inséparable qui existe entre la présence de Dieu dans chaque être humain, donc le Divin Soi, et sa personalité. C'est un rappel divin de la gloire, beauté et perfection que chacun avait déjà par la Présence Universelle de Dieu « au commencement, avant même que ce monde soit ».

Le pont vers la libertè voir au verso.

Le Pont vers la Liberté

Le Pont vers la Liberté est venu au monde physique sous forme de corporation le 11 septembre 1954. Son but est d'écrire, éditer et enseigner la loi spirituelle sur la base des enseignements de la Hiérarchie Solaire; fournir les méthodes d'application active de ces principes divins et encourager l'établissement de groupes de chercheurs spirituels sur toute la planète. Nous continuons à servir l'humanité sous le nom de:

The Bridge to Spiritual Freedom, Inc.
B. P. 753, Payson, AZ 85547-0753
Téléphone : 1-928-476-4848
www.pathofthemiddleway.org

Note de l'éditeur

Géraldine Innocente était une 'Messagère' des Mâitres Ascensionnés. De 1952 à 1960 elle reçut, de nuit, les 'dictées' des Maitres Ascensionnés, de Saint Germain en particulier. Elle ascensionna en Juin 1961. Sa mère Mary Lehane Innocente a ascensionné le 7 mars 1960.

Le Nectar de la Conscience

L'EGO ET LE SOI

LES 13 PRINCIPES

JE SUIS CONSCIENCE

La Voie de la Conscience – si vaste, si grandiose, si mystérieuse, si abstraite – avait profondément besoin d'une approche simple, pratique, concrète. Rendre concret ce qui, par son essence même, est l'abstrait suprême. Voilà donc la tâche : oser **une pédagogie de la conscience**.

Das, durant vingt-cinq ans, a cherché, a découvert, a testé, a « senti » et a réalisé, **par ouverture de conscience**, sa propre expression de la **RÉALITÉ**. Il l'exprime aujourd'hui sur mille pages, de mille façons, pour que resplendissent vos mille pétales...

La lecture attentive **et la pratique** du « Nectar de la Conscience » procurent une profonde expérience de la conscience supérieure propre à chacun. C'est une expérience libératrice car l'Être comprendra profondément la véritable nature de sa conscience. Il aura ainsi semé les graines qui le conduiront à la transformation réelle de l'ego, donc à son émergence comme Être de Lumière.

NECTAR

Le Nectar de la Conscience

L'ego et le Soi

- **« L'EGO ET LE SOI »**, établit clairement la véritable nature de l'humain et du Divin. À travers les explications et les analogies, par une pédagogie agréable pour chacun, Das vous conduit à la reconnaissance de vous-mêmes comme Êtres de Lumière. Il s'ensuit une véritable transformation de la conscience et une authentique expérience de la Réalité.
- Vous réalisez le principe suprême : **« Je ne suis rien et je suis TOI »**, le lâcher-prise s'opère. Alors votre vie s'imprègne **d'Amour, de Richesse, de Guérison et de Conscience.**
- **Découvrez votre Pouvoir :** en changeant de conscience, vous allez changer profondément votre vie.
- **Découvrez** la véritable nature du **lâcher-prise** et les nombreux bienfaits qu'il vous apportera.
- **« L'ego et le Soi »** révèle la magie du **Chant du Cygne** – le chant de la Libération – son secret, son mystère, son Alchimie mystérieuse.

- **Das révèle les origines secrètes de la Bible, un lourd secret toujours soigneusement caché au grand public. Une révélation choc.**

Extrait de la table des matières

L'EGO ET LE SOI

- Le Grand Principe
- Le Service Suprême
- L'Attention Suprême
- Le Véritable Travail
- La Folie de l'Ego
- Le Lâcher-prise
- ...

- La Bible : son origine secrète.

Aspects pratiques :

- Observer son mental
- Le lâcher-prise
- L'ouverture de conscience
- Le Chant Alchimique

333 pages. ISBN 2-9804752-1-1

Le Nectar de la Conscience

Les 13 principes.

- **« LES 13 PRINCIPES »**, expose en pleine lumière la stratégie de l'ego. Avec des explications précises, vous comprenez comment l'ego s'y prend exactement pour vous manipuler à votre insu. Vous devenez capables d'observer lucidement la vie de votre conscience humaine. **Les treize principes**, parfaitement démontrés, rendent aux guerriers de la conscience leurs **pleins pouvoirs**; car l'Être est redevenu conscient du « jeu » qui lui gâchait la vie. Vous réalisez une conscience supérieure : **« la conscience d'Être ».**

- **Découvrez** comment accéder à une vie supérieure dans tous les domaines : **Amour, Richesse, Guérison, Conscience.**

- Das révèle **« l'ombre », la dictature mondiale**, l'ego planétaire, son activité silencieuse, perverse et secrète. Vous allez découvrir avec stupéfaction **la dictature mondiale** : ses auteurs, ses complices, sa stratégie, sa folie dominatrice. Vous découvrirez le désastre planétaire dont elle est coupable et vous connaîtrez les treize moyens d'action qui permettront à l'humanité de lui **faire échec**.

Extrait de la table des matières

LES TREIZE PRINCIPES

- La Voie de la Conscience
- Les trois voies
- Les trois pièges
- Le piège mental
- Les trois instincts
- L'Apocalypse
- L'abondance, la richesse
- La véritable liberté

Méthodes pratiques :

- La connexion au 7e Rayon
- La multiplication de l'abondance

- **« L'Ombre » : l'ego planétaire, son activité.**

333 pages. ISBN 2-9804752-2-X

Le Nectar de la Conscience

Je suis conscience.

« JE SUIS CONSCIENCE », est radieux et rafraîchissant; c'est **l'unité** de la conscience. Dans les états de conscience supérieurs, l'Être vit dans la pure conscience, là où seules existent la lumière, la joie, la beauté. C'est un état de conscience accessible à **tous**. C'est à vous d'y entrer. Vous réalisez **« la Conscience de l'Unité »**.

« Je suis conscience » expose la nature de la **véritable Richesse**, un état de conscience supérieur. Dès que celui-ci est atteint, la Richesse véritable jaillit dans la vie et chacun voit son existence se transformer pour le meilleur.

- **Vous découvrez** la véritable façon de rencontrer l'âme soeur dans la vie. Par une pratique vraiment simple, l'Être peut enfin rencontrer l'âme soeur, l'être qu'il cherche depuis toujours.
- **Vous découvrez** la guérison par la prise de conscience de Soi.
- **Das révèle « la lumière », c'est-à-dire la vie, l'activité et la conscience des Grands Maîtres Ascensionnés** qui nous tendent les bras et qui déversent déjà mille bénédictions sur tous les Êtres.
- **« Je suis conscience »** vous révèle comment réaliser et attirer à vous de façon concrète : **l'Amour, la Richesse, la Guérison, la Conscience.**

Extrait de la table des matières

JE SUIS CONSCIENCE

- Les pensées sont conscience
- L'argent est conscience
- La vie est conscience
- La mort est conscience
- L'Alchimie est conscience
- L'Ascension est conscience
- **La guérison, la santé**
- **La Richesse véritable**
- **L'âme soeur, comment la trouver**

– **« La Lumière », les Maîtres Ascensionnés, leur amour, leur activité et leur conscience.**

Méthodes pratiques :

- L'Âme soeur, la rencontrer
- La Richesse, s'y élever
- La guérison, se guérir
- Construire le Pont

333 pages. ISBN 2-9804752-3-8

Suprême Lâcher-prise

RÉALISATION DE SOI

Au coeur de l'Être

- J'ai toujours rêvé de découvrir la connaissance essentielle, celle qui permet au **lâcher-prise total** de se produire. Avec ***Suprême Lâcher-prise***, ce rêve est devenu une réalité vivante pour chacun. Vous voulez lâcher prise? Oui, mais comment?
- ***Suprême Lâcher-prise*** vous révèle en profondeur, mais de façon simple, accessible et pédagogique, l'essentiel de la connaissance de Soi. C'est le coeur de la Gnose qui va vous conduire directement au but : l'ouverture de la conscience, **le véritable lâcher-prise**.
- Avec une méthode simple mais très structurée, vous avancez rapidement vers l'essentiel, vers le coeur de l'Être, vers l'ouverture de la conscience, vers **l'expérience significative** du **Suprême**.
- **Avec *Suprême Lâcher-prise***, vous comprenez, vous saisissez le coeur, l'essence de votre Être. Vous pratique la triple méthode et **soudain...**

Soudain, le Suprême lâcher-prise.
Soudain, la conscience jaillit.

Extrait de la table des matières

SUPRÊME LÂCHER-PRISE

- ***LA CONNAISSANCE***
  - L'Être : ce que **« je suis »**, le principe unique
- ***LA CONNAISSANCE***
  - **« Je ne suis pas celui qui pense »** La Révélation essentielle
- ***LA CONNAISSANCE***
  - L'ego : ce que je **ne suis pas** Neuf aspects du non-être
- ***ACCEPTER***
  - Treize aspects de l'acceptation
- ***LA CONFIANCE***
  - Sept aspects de la confiance
- ***L'AMOUR***
  - Cinq aspects de l'amour Unité de l'Être

Aspects pratiques :

- La démarche
- La méthode
- La connexion au 7e Rayon

250 pages. ISBN 2-9804752-7-0

Le Chant du Cygne

Hymne d'Amour à ma Conscience

La grâce qui accorde

TOUT PAR SURCROÎT

LE POUVOIR DE LA PAROLE!

Le Chant du Cygne est un chant alchimique qui infuse la conscience Divine dans la conscience de l'être humain. Il est le moyen sûr et agréable de se procurer l'expérience de sa conscience Divine.

Le Chant du Cygne, par son alchimie mystérieuse, opère la transmutation du plomb en or, c'est-à-dire de l'ego-mental en l'or de la pure conscience Divine.

C'est un hymne d'amour à la conscience. C'est la grâce qui accorde **tout** par surcroît. C'est une source constante de bénédictions. Il suffit de le chanter ou de le lire et la conscience s'ouvre...

Le Chant du Cygne, c'est le livre de la chance.

Enfin, voilà un ouvrage auquel est attaché le pouvoir bénéfique de la conscience, d'une conscience capable de régler tous les problèmes. Trop beau pour être vrai?

Non! Car le Chant du Cygne est le livre de l'Alchimie de la conscience. Cette Alchimie Divine et Sacrée transmute le mental négatif en pure conscience Divine. Le plomb des difficultés se transforme en l'or des conditions agréables.

. Avec le Chant du Cygne, vous êtes au bord d'un changement de vie incroyable.

Ô, Être de Lumière, découvre le pouvoir de ta conscience, découvre la puissance de ta conscience.

Lorsque vous lisez le Chant du Cygne, vous vous connectez instantanément sur votre conscience supérieure, sur votre **Soi** Christique, sur votre source Divine.

Dans cet état de conscience élevé, situé **au-delà du mental** humain, il n'y a plus de problèmes d'aucune sorte, ni même de santé ou financiers. Prenez vos problèmes, ceux que vous n'avez jamais pu régler vous-mêmes et confiez-les à votre conscience Divine en chantant le Chant du Cygne.

Oui! Car votre conscience Christique frappe à votre porte pour vous dire : « Ô mon amour, laisse-moi donc régler cela pour toi, repose-toi, je suis là ».

Chantez! Chantez le Chant du Cygne! Alors votre conscience commence à couler dans votre vie et **vous allez obtenir les plus grandes bénédictions** : Amour, chance, succès, prospérité, richesse, santé, âme soeur, argent, liberté. abondance, conscience, conscience de l'unité, conscience Divine, Ascension. C'est si simple :

chante le Chant du Cygne,
ô Être de Lumière
ET REÇOIS TOUT PAR SURCROÎT.

Oui! Déclenchez
LE POUVOIR DE LA PAROLE!

1995. ISBN 2-9804752-4-6

Le Chant du Cygne

Le Chant du Cygne
est disponible en disque, DC
Musique et paroles chantées

Le Pouvoir de la Parole

La Présence des Maîtres Ascensionnés
dans VOTRE VIE, là où vous êtes!

Le Secret de Jésus

GUÉRIR AVEC RIEN

La Guérison Christique

Le Secret de Jésus, la Guérison Christique, révèle la méthode de guérison enseignée et pratiquée **par Jésus**. Cette connaissance cachée et secrète n'a **jamais** été offerte au public.

Cette méthode de guérison est une véritable révélation, tant par son extrême simplicité que par sa grande puissance, qui permet, avec la pratique, de vraiment **obtenir des guérisons** significatives et durables.

Le Secret de Jésus, la Guérison Christique, est axé sur la compréhension et sur la pratique, ce qui rend la méthode facile et accessible à tous les Êtres.

- À travers une pédagogie agréable, chacun comprendra les principes de la guérison.
- À travers une pratique simple,claire et facile à utiliser, chacun saura COMMENT s'y prendre.

Les méthodes de guérison sont **très en demande**, surtout celles qui sont **immédiatement** utilisables. Ce livre arrive au bon moment pour combler un **besoin essentiel**.

Oui, vous pouvez guérir avec rien.

Extraits de la table des matières

Le Secret de Jésus

- Les gestes guérisseurs
- L'imposition des mains
- **L'ouverture du Coeur**
- 7 aspects du pouvoir de l'Amour
- La conscience Christique
- **La Voie du Christ**
- La Guérison Christique
- **La méthode de Jésus**
- L'intention de guérir
- Santé et droits de l'homme
- **La liberté de guérir**

La Guérison Christique
⇒ Méthodes pratiques

- **Comment Jésus guérissait**
- Élargir sa conscience
- La méthode Héphaïstos
- Ôter les brûlures
- Stimuler le nadi-central
- **Guérir de façon globale**
- **Ouvrir son Coeur**
- Fusion-projection
- Ouvrir le Saint-Huit
- Les 13 points lumière
- **Le sentier du Graal**

260 pages. ISBN : 2-9804752-8-9

Vidéo

Le Secret de Jésus, la Guérison Christique, en images. Ce vidéo montrera en détails tous les aspects de la Guérison Christique, et **surtout** les possibilités qu'offre le travail en groupes, petits et grands.
En attendant, **ce livre vous procure déjà TOUT** ce dont vous avez besoin pour pratiquer avec succès la Guérison Christique dès maintenant.

Prochainement en DVD
et vidéo VHS (Pal, Secam, NTCS)

ATELIER DE GUÉRISON (deux jours)

Application immédiate et pratique du livre **Le Secret de Jésus**.

La Guérison Christique n'est pas un don, c'est une connaissance (Gnose) et elle fonctionne **IMMEDIATEMENT** pour tous les Êtres.

La Guérison Christique est un jaillissement d'Énergie,
d'Amour et de conscience, RESSENTI consciemment.

La Guérison Christique procure la force, la vitalité, la santé du corps et de l'esprit, la satisfaction sexuelle. De là découlent la paix, le rire et la joie de vivre.

La santé n'est pas seulement l'absence de maux.
La véritable santé, c'est la joie de vivre.
A nous de la conquérir !

Avec cette méthode pratique, globale et complète, **vous vous rechargez vous-même** en énergie vitale très facilement. C'est ainsi que j'ai vécu moi-même de façon **inattendue**, en 1987, une profonde guérison, **allant** jusqu'à **revivre ma naissance**. Cela a produit sur ma vie de grands effets bénéfiques, dont je profite encore aujourd'hui.

Calendrier : Téléphone 819-378-6895 ou www.katarosnectar.com

COMMANDES tarif 2007

Éditions Nectar, 25 rue des Berges
Trois-Rivières G8Y 1A1
Québec, Canada

Téléphone et fax : **819-378-6895**
www.katarosnectar .com
das@katarosnectar.com

LIVRES :	$ can	Euros
La Hiérarchie Solaire	27 $	26 €
Le chant du Cygne :	20 $	17 €
Le Nectar de la Conscience :		
L'EGO ET LE SOI	20 $	17 €
LES 13 PRINCIPES	20 $	17 €
JE SUIS CONSCIENCE	20 $	17 €
Suprême lâcher-prise	25 $	21 €
Le Secret de Jésus	25 $	21 €
Poster « je suis », couleur 16" X 20" (41 X 51 cm)	15 $	15 €
Le Chant du Cygne Musiques et paroles Sur CD ou cassette	20 $	17 €
GONGS cassette ou CD	20 $	17 €
Cassettes de conférence 60 min. environ		
- une conférence	13 $	9 €
- deux conférences	22 $	16 €
- trois ou plus, chacune	10 $	8 €
Spécial : Amour, abondance		
Amour : 3 conférences	27 $	20 €
Abondance : 3 conférences	27 $	20 €
Ascension : 3 conférences	27 $	20 €
Guérison : 3 conférences	27 $	20 €

Tarif postal international 2007
par Poste Canada

Maxi de 500 g	Maxi de 1 kg	Maxi de 2 kg
11 euros Avion	21 euros Avion	33 euros Avion

Maxi de 3 kg , 49 euros, Avion

Poids des articles

- La Hiérarchie Solaire ....370 g
- Le Secret de Jésus..................325 g
- Suprême lâcher-prise ....284 g
- L'Ego et le Soi ....422 g
- Les treize principes ....495 g
- Je suis conscience ....420 g
- Le Chant du Cygne..................259 g
- Cassette ....60 g
- Disque compact CD ....92 g
- Poster ....67 g
- Emballage.........Ajouter +1/5 du poids

Possibilité de paiement électronique sécurisé sur notre site web

Frais d'expédition : USA, Canada **8 $** Europe et tous pays : Tarif international

Règlement par chèque ordinaire à l'ordre de Nectar (euros, dollars can., dollars américains)
Autres devises : mandat international. Commande directe par téléphone, fax, internet.
**** SVP : avant de téléphoner ou de faxer, tenez compte du décalage horaire... Merci !***

Pour recevoir notre documentation, pour les cours et conférences,
contacter les Éditions Nectar par téléphone, fax ou courriel.

DAS
JE SUIS CONSCIENCE
DAS (Jean-Pierre Beunas)
Le Nectar de la Conscience
JE SUIS CONSCIENCE
La lumière
Les Maîtres Ascensionnés
Éditions NECTAR
NECTAR

DAS
Suprême Lâcher-prise
Das (Jean-Pierre Beunas)
Suprême Lâcher-prise
RÉALISATION DE SOI
Au coeur de l'Être
NECTAR
NECTAR

DAS
L'EGO ET LE SOI
DAS (Jean-Pierre Beunas)
Le Nectar de la Conscience
L'EGO ET LE SOI
La Bible
Son origine secrète
Éditions NECTAR
NECTAR

DAS
LES TREIZE PRINCIPES
DAS (Jean-Pierre Beunas)
Le Nectar de la Conscience
LES TREIZE PRINCIPES
L'ombre
La dictature mondiale
Éditions NECTAR
NECTAR

Table de matières page 281

Achevé d'imprimer
26 juillet, 2009
Transcontinental Gagné - Louiseville, Qc.